中文社会科学引文索引（CSSCI）来源集刊

产 业 经 济 评 论
REVIEW OF INDUSTRIAL ECONOMICS

第9卷第2辑（总第22辑）

主编　臧旭恒

经济科学出版社

责任编辑：吕　萍　程晓云
责任校对：杨　海
版式设计：代小卫
技术编辑：邱　天

图书在版编目（CIP）数据

产业经济评论．第9卷．第2辑/臧旭恒主编．—北京：
经济科学出版社，2010.6
ISBN 978 - 7 - 5058 - 9377 - 1

Ⅰ.①产…　Ⅱ.①臧…　Ⅲ.①产业经济学 - 文集
Ⅳ.①F062.9 - 53

中国版本图书馆 CIP 数据核字（2010）第 084446 号

产业经济评论
第 9 卷第 2 辑 （总第 22 辑）
主编　臧旭恒
经济科学出版社出版、发行　新华书店经销
社址：北京市海淀区阜成路甲 28 号　邮编：100142
总编部电话：88191217　发行部电话：88191540
网址：www.esp.com.cn
电子邮件：esp@esp.com.cn
汉德鼎印刷厂印刷
德利装订厂装订
787 × 1092　16 开　10.5 印张　210000 字
2010 年 6 月第 1 版　2010 年 6 月第 1 次印刷
ISBN 978 - 7 - 5058 - 9377 - 1　定价：22.00 元

目　　录

CONTENTS

第 9 卷第 2 辑　　　　　　　　　产业经济评论　　　　　　　　　Vol. 9　No. 2
2010 年 6 月　　　　　　　Review of Industrial Economics　　　　　　June 2010

中国工业企业规模分布的特征事实：
齐夫定律的视角

方明月　　聂辉华[*]

摘　要：基于发达国家企业样本的研究表明，企业的总体规模分布会服从齐夫定律，其齐夫系数近似于 1。利用 1999～2005 年中国全部国有和规模以上工业企业数据库，以销售额作为度量企业规模的主要指标，本文第一次对中国企业的总体规模分布进行了经验检验。我们发现，中国工业企业总体规模分布偏离了齐夫定律，国有企业是导致偏离的主要原因。国有企业的进入壁垒导致国企规模分布偏离齐夫分布，而国有企业的退出壁垒对国企规模分布的影响方向不确定，这取决于政府行政干预的方式。国企和民企之间斯塔克伯格式的序贯竞争格局导致市场竞争效应不显著，从而导致国企规模分布偏离了齐夫分布。

关键词：企业规模　齐夫定律　国有企业　民营企业

一、引　　言

　　根据统计资料，1999 年中国全部国有和规模以上工业企业中，小型企业、中型企业和大型企业分别为 109038 家、30834 家和 2823 家，占企业总数的比例分别为 76.41%、21.61% 和 1.98%。2005 年，三类企业分别为 157044 家、79486 家和 9847 家，各自比例为 63.74%、32.26% 和 4.00%。[①] 对比 1999 年和 2005 年可以发现一个奇怪的现象，尽管小型、中型和大型企业的绝对数量都增加了，但是在相对数量上，大、中型企业增加了，而小型

　　[*] 感谢匿名审稿人的意见。方明月感谢中国人民大学研究生科研项目"对威廉姆森企业边界理论的实证检验及其应用价值的探讨"（No. 22396065）的资助，聂辉华感谢"全国优秀博士学位论文专项课题"（No. 200903）的资助。

　　方明月：中国人民大学经济学院；地址：北京市海淀区中国人民大学品园 4 – 534，邮编：100872；电话：13811447154；E-mail：fmingyue0708@ ruc. edu. cn。

　　聂辉华：中国人民大学经济学院；地址：北京市海淀区中国人民大学经济学院，邮编：100872；E-mail：niehuihua@ 263. net，nie@ fas. harvard. edu。

　　① 小型企业、中型企业和大型企业的分类依据《统计上大中小型企业划分办法（暂行）》，其中，就工业企业而言，按销售额分，小型企业是指销售额在 3000 万元以下的企业，中型企业是指销售额介于 3000 万元至 30000 万元（包括 3000 万元）的企业，大型企业是指销售额在 30000 万元及以上的企业。统计结果根据国家统计局的 1999～2005 年全部国有及规模以上工业企业数据库计算获得。

企业却减少了。如果再以销售额来衡量规模，我们类似地发现，三类企业的绝对规模都增加了，与此同时中小型企业的相对规模变小了，而大型企业的相对规模却增加了。与直觉相悖，中国工业企业的总体规模分布呈现出一种"倒金字塔"型的特征。我们感兴趣的问题是，这种奇怪的企业总体规模分布是否合理？为什么会出现这种奇怪的企业总体规模分布？

　　有趣的是，企业的总体规模分布具有其内在的自然特征。西方学者在近一个世纪的时间里，通过对不同国家不同年份的企业样本的研究，发现最优的企业总体规模分布应该服从齐夫定律（Zipf's law）。Axtell（2001）明确指出，"齐夫分布是任何经验上准确的企业理论必须符合的标准"。齐夫定律起源于帕累托对收入分布的研究，帕累托发现，个人收入 Y 不小于某个临界值 y 的概率与 y 的常数次幂存在简单的反比关系，该规律被称为帕累托定律。一个通俗的版本是，在一个组织中，20% 的关键员工创造了 80% 的产出，简称"二八法则"，这一思想经被 Zipf（1949）加以完善。Zipf（1949）指出，美国企业的资产规模不仅服从帕累托分布，且幂指数为 1，即 $s_r \sim 1/r$，齐夫定律由此得来。其中，s_r 为企业资产按从大到小的顺序排列，r 表示企业规模的排序。之后，半个多世纪以来，西方学者利用不同的国别数据和研究方法，均发现企业的总体规模分布服从齐夫定律。例如，Okuyama *et al.*（1999）发现，日本企业的销售额在 30 多年的时间里都服从齐夫分布。Axtell（2001）利用 1988～1997 年美国纳税企业的全体样本，发现使用不同的企业规模度量指标，企业规模分布均服从齐夫定律。Fujiwara *et al.*（2004）利用 1992～2001 年 45 个欧洲国家 26 万个大企业的数据，分别以总资产、销售额和员工人数度量企业规模，发现企业规模分布的上尾遵循齐夫分布。Luttmer（2007）利用 2002 年美国统计局的数据，使用对数正态分布的最大似然估计方法，发现对于不同的企业规模度量指标，企业规模的右尾均服从齐夫分布，齐夫系数为 1.06。最近，Gabaix & Landier（2008）利用 2004 年美国 500 强企业的数据，以市场价值（股权和债权之和）度量企业规模，也验证了美国大企业的规模分布服从齐夫定律，且系数为 1.01。[①]

　　上述文献有两个显著的共同点：第一，齐夫定律对于不同年份和不同企业的规模度量指标均表现出良好的稳健性；第二，对企业规模分布的研究主要着眼于发达国家，特别是欧美和日本等国，鲜有对发展中国家的研究。[②]近年来，国内学者也开始了对中国企业规模问题的关注，但主要是从企业个体的角度探讨中国企业规模的决定因素，如聂辉华、李文彬（2006）、方明月、聂辉华（2008）、唐跃军、宋渊洋（2008）。此外，国内学者更多地关注

---

　　① 关于齐夫定律的更全面介绍，可参考方明月（2009）的有关论著。

　　② Hernandez-Perez *et al.*（2006）是一个例外，他们通过对南美洲发展中国家的研究，发现企业规模分布的参数显著不同于发达国家。

行业内企业的进入与退出问题，以及企业规模与其他因素的关系，如杨蕙馨、王军（2004）、周黎安、罗凯（2005）、聂辉华等（2008）。这些研究进行的是"一棵棵树木"般的"显微镜"式研究，尚未对中国企业规模分布进行总体考察。从总体上看，我们需要了解，中国企业规模分布是否接近理想的齐夫分布？如果回答是否定的，那么背后的影响机制是什么？尤其有价值的是，由于中国企业的成长环境是从高度集中的计划经济体制向现代市场经济转型，政府的力量不可忽视，这些特征是否影响了企业规模分布的自然特征？或者说，与西方成熟市场经济条件下的企业规模分布有所不同？为了回答这些问题，本文使用中国工业企业的微观数据，第一次从总体上对齐夫定律进行检验，进行"整片森林"般的"望远镜"式研究，这与现有研究相得益彰。此外，本文还详细考察了影响中国企业规模分布特征事实的微观机制，着重探讨了产权结构和政策变量对企业行为的影响，这在一定程度上为后续的深入研究奠定了基础。

利用 1999~2005 年中国全部国有和规模以上工业企业数据库，以销售额作为度量企业规模的主要指标，本文发现：（1）中国工业企业总体规模分布偏离了齐夫定律。1999 年齐夫系数仅为 0.548，2005 年齐夫系数上升到 0.720。民营企业的规模分布接近齐夫分布，但由于受到一定的外力干预，呈现出一定的波动性。1999 年民营工业企业的齐夫系数为 0.955，2000~2003 年有了一定幅度的下降，2004 年接近理想分布，2005 年又有所偏离。国有工业企业的规模分布严重偏离齐夫分布，1999 年的齐夫系数为 0.425，2005 年这一系数下降到 0.402。（2）国有工业企业是中国工业企业规模分布偏离齐夫定律的主要原因，政府"有形之手"人为地扭曲了企业规模的自然分布。自 20 世纪 90 年代中期以来，中国的国有企业进行了大规模的改制，国有企业的数目在急剧减少。2003 年 3 月，国资委的成立使国有资产管理体制改革进入了突破性的阶段。这一政府主导下的国有经济结构的调整对中国企业总体规模分布特别是国有企业规模分布产生了深刻的影响。（3）国有企业的进入壁垒导致国企规模分布偏离齐夫分布，这突出地表现在国有经济拥有绝对或较强控制力的行业，如石油、交通运输、有色金属和黑色金属等行业。（4）国有企业的退出壁垒对国企规模分布的影响方向不确定，这取决于政府行政干预的方式。（5）国企和民企之间斯塔克伯格式的序贯竞争而非古诺式的对等竞争格局导致市场竞争效应不显著，从而导致国企规模分布偏离齐夫分布。特别有意思的是，这一发现超越了关于国企改革的"市场论"和"产权论"的争执，从一个侧面表明了市场竞争本身并不一定会使国有企业具有正常的行为和绩效，还需要进一步区分竞争的性质。

本文剩余的部分安排如下：第二部分是理论假说；第三部分介绍主要的估计方法；第四部分是数据来源和主要变量的描述性统计；第五部分是主要结果和稳健性检验；最后是结论。

二、理论假说

齐夫分布体现的是在市场充分竞争下经济资源在企业之间最优配置的结果，即企业规模均匀分布的理想状况。理论上，Takayasu & Okuyama（1998）通过模型证明了齐夫分布是市场充分竞争的结果。经验上，Ramsden & Kiss-Haypal（2000）利用广义齐夫定律模型 $s_r = P(r+\rho)^{-1/\theta}$，使用欧美和日本等发达国家的数据，发现参数 ρ 与竞争排斥程度相关，$\rho \to 0$ 表示完全竞争的特例，即在市场"无形之手"的引导下，企业规模分布遵循齐夫定律。Hernandez-Perez *et al.*（2006）使用 Ramsden & Kiss-Haypal（2000）的模型框架，通过对南美洲发展中国家的研究，发现企业规模分布的参数（θ 和 ρ）显著不同于发达国家，尤其是表示竞争排斥程度的 ρ 显著高于发达国家。对企业规模的齐夫分布的实证研究是通过"排名—规模"法则计算齐夫系数。齐夫系数越接近于 1，就说明市场竞争越充分，从而企业规模分布越均匀；而齐夫系数越偏离 1，就说明受到的外力干预越严重，从而企业规模分布越不均匀。齐夫定律对欧美等发达国家的普遍适用性更在实证上佐证了企业规模的齐夫分布是市场自由竞争的最优结果。任何外力干预必然会导致企业规模分布对齐夫定律的偏离，在经验中表现为较小的齐夫系数。众所周知，中国是一个市场经济还不完善的发展中国家和转型国家。在经济发展过程中，政府的"有形之手"发挥了重要的作用，并且制度因素也对企业行为施加了更多的约束。例如，政府对企业债务融资的干预（黎凯等，2007），政府对国有商业银行经营的干预（洪正，2007）。而中国的国有企业更集中地体现了政府对市场的行政干预，突出表现在某些行业限制性的市场准入政策使国企成为市场上的主导企业（刘小玄，2005）。国有企业控制了国民经济的命脉，因此政府对国有企业的法律或行政干预可能导致中国企业的总体规模分布偏离理想中的齐夫分布。根据上述逻辑，我们得到理论假说 1。

假说 1：中国企业总体规模分布偏离齐夫定律，而国有企业是导致企业总体规模分布偏离齐夫定律的主要原因。

对于市场结构而言，最重要的影响因素是进入壁垒，因为进入壁垒从源头上决定了市场的进入企业数量和定价权。因此，如果中国的国有企业的规模分布偏离了齐夫定律，那么首要的原因可能是在行业进入壁垒方面。既然非国有企业不能平等地参与市场竞争，那么行业内的国有企业的规模分布偏离齐夫分布就不足为奇了。事实上，在国有经济占主导地位的垄断性市场中，非国有企业面临着很高的产业进入壁垒。而即便是竞争性领域，由于地方政府为了本地区的利益往往会设置一些隐性的区域性市场壁垒，因此地方国有企业也具有不可忽视的市场势力（market power）。因此，我们认为政府有限制的市场准入政策阻隔了不同经济成分之间以及不同区域市场之间的自由竞争，从而可能导致国有企业的规模分布偏离齐夫分布。于是，我们得到理论假说 2。

假说 2：行政性进入壁垒导致国有企业规模分布偏离齐夫定律。

在中国的经济转型过程中，存在相当多占主导地位但亏损严重的国有企业。这些企业承载着很多社会保障功能，如减轻就业和社会保障压力，另外还可能是为了维持既得利益集团的利益。因此，这些亏损企业能够通过财政补贴、国有银行贷款、政府再投资等途径来勉强维持经营（谢地、李世朗，2004；谷汉文、聂正安，2003；杨蕙馨、王军，2004）。这些制度性退出壁垒导致亏损国企难以在行业利润率的信号下正常退出市场，进而阻碍行业内资源在企业之间的优化配置。由于政府的制度性干预，一方面导致在某些行业即使是长期亏损的国企依然在政府的维持下"惨淡经营"，其结果是国有企业规模分布的齐夫系数低于正常值；另一方面，政府通过资产重组和股份制改造将原有的国企改制成国有控股企业，或是通过产业内"拉郎配"的方式将企业人为合并，通过所谓的"结构调整"来保留国有资产的存量。非国有成分的引入可能导致国企规模分布齐夫系数的提高，而人为合并和人为维持经营又会导致齐夫系数的下降，这两种因素综合作用的影响是不确定的。因此，我们得到理论假说 3。

假说 3：行政性退出壁垒可能导致国有企业规模分布偏离齐夫分布，这取决于政府对国企的干预方式。

根据经典的产业组织理论范式，市场结构影响企业行为。充分竞争会使企业行为优化，并导致市场绩效改善（Bain，1956）。"市场论"或"超产权论"认为，在激烈的市场竞争下，只有实现利润最大化的企业才能生存下来，因此企业的产权是不重要的（Vickers，1995；Hay & Liu，1997）。如果民营企业和国有企业进行平等的竞争，那么市场竞争会使国有企业具有正常的行为和绩效（林毅夫，1995、1998）。而"产权论"则认为，国有企业的产权性质决定了国企在与民企的市场竞争中必然处于劣势，因此国企必须进行民营化改制（张维迎，1995）。问题是，上述两种观点都忽略了对竞争类型的区分。如果国有企业和民营企业进行对等的古诺竞争，即双方实力相当，那么竞争的结果应该是国有企业规模符合齐夫定律。典型地，如果不考虑固定成本，竞争的结果应该是国企和民企获得相似的市场份额。但是，如果国企和民企之间进行的是不对等的斯塔克伯格竞争，即国有企业在竞争中占据主导地位，而民营企业只能处于跟随地位，那么相对于古诺竞争，国有企业的市场份额实际上提高了，而民营企业的市场份额则相应降低了，这实际上是国有企业在发挥另一种形式的市场势力，其结果是国企规模分布可能偏离齐夫分布。可见，国企和民企的斯塔克伯格式序贯竞争会导致竞争效应不显著，而这点是以往的争论和现有文献所忽视的。如果我们的推测是对的，那么即便是民营企业的比重较高的地区，其国有企业的分布仍然可能偏离齐夫定律。而这种现象是"市场论"或"超产权论"所不能解释的。于是，我们得到理论假说 4。

假说 4：国企和民企的不对等竞争导致国有企业规模分布偏离齐夫分布。

三、估 计 方 法

早期的齐夫定律表述形式是一种简单的幂律关系，即 $s_r = Ar^{-\beta}$，其中，s_r 为按从大到小的顺序排名在第 r 位的企业规模，r 为企业规模的排名，A 为大于 0 的常数，β 为帕累托指数。特殊地，$\beta = 1$ 的情形即为齐夫定律。Mandelbrot（1952）提出一种广义的齐夫定律模型，该模型表示为 $s_r = P(r + \rho)^{-1/\theta}$，其中，$s_r$、$r$ 的经济含义不变，θ 类似于 β，P 为正态化的系数，$P^{-1} = \sum_{r=1}^{N} (r + \rho)^{-1/\theta}$，$N$ 为参加排序的个体数目，ρ 表示市场竞争参数。$\theta = 1$、$\rho = 0$ 的情形即为齐夫定律。晚近的齐夫定律多从概率的意义上加以定义，即企业规模 S 超过某一临界值 s 的概率与 s 成反比，表示为 $P(S > s) = k/s^{\alpha}$。其中，α 为齐夫系数，且 $\alpha = 1$，k，$s > 0$。例如 Axtell（2001）、Gabaix（1999、2006）等人的研究。关于齐夫系数 α 的估算，有很多种方法。Gabaix（2006）指出，比较常用的主要有两种估算方法，一种是 Hill 估算，另一种是排名—规模（rank-size）法则。如果将企业规模按从大到小的顺序进行排列，$S_1 \geq S_2 \geq \cdots \geq S_n$，则 Hill 估算的齐夫系数为 $\hat{\alpha}^{Hill} = (n-1) / \sum_{i=1}^{n} (\ln s_i - \ln s_n)$。排名—规模（rank-size）法则运用 OLS 估计方法，其回归方程为：$\ln r = c - \hat{\alpha}^{OLS} \ln s + \varepsilon$，其中，$\hat{\alpha}^{OLS}$ 为齐夫系数。在图形中，以 $\ln s$ 为横坐标，以 $\ln r$ 为纵坐标，则齐夫分布表示为一条直线，斜率的绝对值即为齐夫系数。Gabaix & Ibragimov 2008）认为，排名—规模法则由于其简单性和稳健性在经验研究中更受欢迎，例如 Stanley et al.（1995）和 Eeckhout（2004）等人的研究。但是这一方法由于低估真实的标准误，从而在小样本中可能存在偏误。因此，他们提出修正的排名—规模法则，用 $(r - 1/2)$ 代替原始 OLS 回归中的 r，即 $\ln(r - 1/2) = c - \hat{\alpha}'^{OLS} \ln s + \varepsilon$，$\hat{\alpha}'^{OLS}$ 的标准误为 $\hat{\alpha}'^{OLS} (2/n)^{1/2}$。

由于本文使用的是全部国有和规模以上工业企业的大样本，包括接近 130 万个观测值，因此主要采用简单且常用的排名—规模法则，即通过 $\ln r = c - \hat{\alpha}'^{OLS} \ln s + \varepsilon$ 回归得到齐夫系数 $\hat{\alpha}'^{OLS}$，并且利用 $\ln(r - 1/2) = c - \hat{\alpha}'^{OLS} \ln s + \varepsilon$ 进行稳健性检验。本文的经验结果表明对于全部企业样本以及国有和民营企业的子样本而言，原始的 OLS 回归和修正的 OLS 回归得到的结果基本相同，而对分地区、分省份以及分行业的更小的样本来说，二者的结果尽管呈现一定的差异，但依旧表现出较好的稳健性。

四、数　　据

（一）数据来源

本文数据来源于国家统计局的全部国有及规模以上工业企业数据库，它包括全部国有工业企业和主营业务收入超过 500 万元的非国有工业企业。本文对数据进行了必要的处理，主要是删除了不符合逻辑关系的观测值，如企业的各项投入为负、销售额为负以及工业增加值大于总产值等错误记录。此外，根据企业规模的经济含义，删除了企业员工人数和总资产为 0 以及缺损的观测值，这样得到了 1999 ~ 2005 年共七年的非平衡面板数据，大约有 130 万个观测值，包括销售额、固定资产、所有制、员工人数、所属行业和地理位置等基本信息。根据所有制类型，我们还构造了 1999 ~ 2005 年国有企业的非平衡面板数据和民营企业的非平衡面板数据等两个子样本。因为国有企业和民营企业对于我们的研究而言是最主要的两种企业类型，并且两者的对比更能揭示所有制、国家干预、市场竞争的互动效果。注意到，中国经济在 2000 ~ 2004 年包含了从衰退、复苏到繁荣的一个完整经济周期，因此我们的数据集能够比较完整地反映中国企业规模分布的动态变化趋势。

（二）指标设计

关于企业规模的度量指标有很多种，取决于研究者的研究目的和数据的可获得性。经验研究中主要有销售额、员工人数、总资产、净资产、股票和债券的市场价值、销售成本、子公司数目、企业增加值等几种度量企业规模的指标，但使用最多的是销售额、员工人数和总资产三个指标。Hart & Oulton （1996）分析了各自的局限性。由于销售额对生产要素的投入比例是中性的，并且一定意义上能够反映短期需求的变动，因此被学者认为是最好的企业规模的度量指标（Scherer，1965）。因此，本文以销售额作为度量企业规模的主要指标，此外也用员工人数和总资产进行了稳健性检验。此外，为了平滑异方差性，以及根据回归模型设定需要，对企业规模的每一种度量指标都取了自然对数。

不同行业和不同地区的经济环境可能差别很大，从而会导致企业规模分布的差异，因此我们对此分别进行了区分。本文使用二位数的行业分类标准[①]，依据代码 13 ~ 43（无 38），生成了从"农副食品加工业"、"食品制造业"到"废弃资源和废旧材料回收加工业"等 30 个工业制造业行业虚拟变量。此外，为了考察地区发展水平以及市场化程度对企业规模分布的影响，

[①]　根据《国民经济行业分类》（GB/T4754 - 2002）代码中的大类划分。

本文参照世界银行的地区分类标准，将全国 31 个省级行政区域（不含香港、澳门和台湾）分为东北、环渤海、东南、中部、西南和西北等六个经济区域①。此外，参照"中国各地区市场化进程相对指数"②，根据国家行政区划，将全国 31 个省级行政区域（不含香港、澳门和台湾）分为东部、中部和西部三个区域进行了稳健性检验。另外，为了考察产权结构对企业规模分布的影响，本文依据企业登记的所有制类型，即国有、集体、私营、港澳台、外商、联营、股份有限、股份合作以及其他企业等九种，根据本文研究的需要，生成了国有和民营两个产权虚拟变量，前者包括国有企业和国有独资公司，后者包括各种形式的私营企业（独资、合伙、股份有限和有限责任公司）。

（三）主要变量的描述性统计

表 1 是 1999～2005 年中国工业企业总体规模和国有、民营企业规模的描述性统计，我们以销售额来度量企业规模。就数量而言，国有企业不到民营企业的一半。但是就销售额而言，国有企业的平均规模大于中国企业总体的平均规模，更大于民营企业的平均规模。并且，样本中规模最大的企业是国有企业。如果我们以固定资产和员工人数来衡量企业规模，结论也类似。

表 1　　　　1999～2005 年中国工业企业销售额的描述性统计　　　单位：千元

类型	观测值	均值	标准差	最小值	最大值
全部样本	1280598	67890.34	603690.7	1	$1.30e+08$
国有企业	176736	101907.8	1008387	1	$1.30e+08$
民营企业	402616	29607.41	90472.16	1	$1.39e+07$

五、主 要 结 果

（一）全部企业、民营企业和国有企业的规模分布

我们首先对中国企业规模分布进行检验，然后探讨背后的原因，同时对前面的四个假说进行检验。我们使用整理后的 1999～2005 年全部国有和规

---

① 资料来源：世界银行东亚和太平洋地区减贫与经济管理部、金融和私营发展部，2006，《中国政府治理、投资环境与和谐社会：中国 120 个城市竞争力的提高》，报告编号：No. 37759 - CN。其中，东北地区包括黑龙江、吉林和辽宁，环渤海地区包括北京、天津、河北和山东，东南地区包括上海、江苏、浙江、福建和广东，中部地区包括河南、湖北、湖南、安徽和江西，西南地区包括重庆、四川、云南、海南、贵州和广西，西北地区包括山西、陕西、甘肃、宁夏、内蒙古、新疆、青海和西藏。

② 该指数来自樊纲、王小鲁、朱恒鹏的《中国市场化指数：各省区市场化相对进程 2006 年度报告》。

模以上工业企业样本，以销售额衡量企业规模，利用基本的回归模型 $\ln r = c - \alpha \ln s$ 计算了每年所有企业规模的齐夫系数，并根据修正模型 $\ln(r - 1/2) = c' - \alpha' \ln s$ 计算了修正的齐夫系数。结果见表 2，模型 1、模型 2 分别对应基本模型和修正模型[①]。

表 2　　　　　　　　　　　　　　1999 ~ 2005 年中国企业总体规模分布

年份	企业个数	企业平均规模（单位：千元）	模型 1	模型 2
1999	140862	44776.09	0.557 (0.000)	0.557 (0.000)
2000	141820	53429.55	0.566 (0.000)	0.566 (0.000)
2001	151882	55805.61	0.603 (0.000)	0.603 (0.000)
2002	163048	61143.34	0.623 (0.000)	0.623 (0.000)
2003	182574	73817.26	0.630 (0.000)	0.630 (0.000)
2004	254672	72718.94	0.738 (0.000)	0.738 (0.000)
2005	245740	92023.45	0.723 (0.000)	0.723 (0.000)

注：小括号内为 p 值，下同。

从表 2 可以看出，从 1999 年到 2005 年，中国的企业数目有了大幅度的增长，从 1999 年的 14 万多个增加到 2005 年的 24 万多个，净增了 10 万多个。而企业平均规模（以销售额度量）则翻了一番，由 1999 年的 44776.09 万元上升到 2005 年的 92023.45 万元。但 1999 年企业规模分布的齐夫系数仅为 0.557，距离理想的 1 非常远。尽管从趋势上看，从 1999 年到 2005 年，中国工业企业总体规模分布的齐夫系数基本在上升，直到 2005 年为 0.723，但仍小于 1。这说明：第一，中国企业总体规模分布偏离了齐夫定律，企业规模分布不均匀，这初步验证了假说 1。第二，中国企业总体规模分布特征一直在改善，齐夫系数呈现上升趋势。从 1999 年到 2005 年，正是中国市场经济体制深入改革的阶段，也是非国有经济蓬勃发展的时期，因此齐夫系数逐步接近 1 是符合直觉的。第三，模型 1 和模型 2 得出几乎相同的齐夫系数，这说明在大样本中，基本模型的偏误很小，回归结果具有良好的稳健性。

---

① 由于齐夫分布的理想标准是系数为 1，因此理论上我们还必须计算对该系数的偏离程度。但因为我们的样本非常大，只要齐夫系数稍微偏离 1，就会导致拒绝原假设，即整体规模不符合齐夫分布。这一点从齐夫系数上也可以看出来。鉴于此，我们没有额外报告 F 检验的 p 值。事实上，研究企业规模分布的文献也很少报告该值。

问题是，究竟是什么因素导致了中国企业总体偏离了齐夫系数呢？由于众所周知的原因，国有企业受到外力干预的作用最强，因此本文推测国有企业是导致企业总体规模分布偏离齐夫分布的重要因素。如果我们的猜测是对的，那么单独对民营企业的规模分布进行分析，其结果应该更接近于理想状况，而对国有企业的规模分布分析的结果则应该相反。利用类似的方法，我们分别计算了 1999 ~ 2005 年民营企业和国有企业规模分布的齐夫系数，结果见表 3。① 由于基本模型和修正模型的计算结果几乎一样，因此我们只报告了基本模型的结果。

表 3　　　　　　　　　　1999 ~ 2005 年民营企业和国有企业规模分布

年份	民营企业		国有企业	
	平均规模（千元）	齐夫系数	平均规模（千元）	齐夫系数
1999	20626.17	0.954 (0.000)	54125.65	0.430 (0.000)
2000	22056.93	0.920 (0.000)	68857.96	0.424 (0.000)
2001	22679.94	0.944 (0.000)	78286.55	0.425 (0.000)
2002	25055.69	0.933 (0.000)	94363.82	0.419 (0.000)
2003	29809.38	0.891 (0.000)	134534.6	0.412 (0.000)
2004	28409.57	1.044 (0.000)	158384.8	0.411 (0.000)
2005	37085.44	0.941 (0.000)	244578	0.405 (0.000)

从表 3 可以看出，从平均规模上看，不管是民营企业还是国有企业，都一直在增加，这表明中国企业的绝对实力在提升。但是国企平均规模增加得比民企快很多，其规模差距从 1999 年的一倍增加到 2005 年的五倍多。这应该是由于国有企业在这一阶段进行了大规模的重组，因此规模变得更大。相对而言，民营企业在这一时期的发展比较平缓。从齐夫系数上看，民营企业规模分布的齐夫系数在 0.9 上下波动，非常接近于齐夫系数的理想值 1。相比之下，国有企业规模分布的齐夫系数则一直在 0.4 左右徘徊，而且一直呈下降趋势。换言之，民营企业作为一类样本，其规模分布比较接近齐夫分

---

① 本文使用的样本在统计时包括了全部的国有企业以及规模以上的非国有企业，但是实际上也包括了一些当年没有达到规模（年销售额 500 万元）的非国有企业，这部分样本占大概 14% 的比例。因此，样本中规模以下的非国有企业具有一定的代表性。另外，当我们删除规模以下的国有企业时，国有企业的齐夫系数仍然在 0.40 ~ 0.42 之间，结果几乎没有变化。从经济总量上看，以进行了经济普查的 2004 年为例。样本企业的销售额大约为 185200 亿元，占当年全部工业企业的销售额（218442.81 亿元）的 85% 以上。可见，本文使用的样本具有很强的代表性。

布。但是单独考虑国有企业，其规模分布则远离齐夫分布，并且其系数低于总体规模分布的系数。正是由于国有企业的向下拉动，导致了总体规模分布对理想状态的偏离。这就证实了我们的假说 1。

中国民营企业的规模分布比较接近齐夫分布，这可能是由于民营企业主要是市场力量自然催化的缘故，这也进一步佐证了齐夫分布是市场充分竞争的结果。而国有企业在这一阶段一直在进行各种优化重组。特别是 2003 年成立国务院国有资产监督管理委员会之后，国有企业规模更是进入了转折性的扩张时期。我们推测，正是由于政府的强力干预，导致国有企业的规模变化偏离了自然状态和市场竞争常态，导致其规模分布严重偏离齐夫分布。而政府对国企干预的方式，主要是对进入壁垒的管制和对退出壁垒的管制。为了检验我们的猜测，我们接下来分别考察进入壁垒和退出壁垒与国企规模分布的关系。

（二）进入壁垒与国有企业规模分布

Bain（1956）将进入壁垒（entry barriers）定义为在位企业相对于潜在进入企业的优势，这些优势体现了在位企业可以持续地把价格定在完全竞争水平以上，且并未引起潜在进入企业进入的能力。一般地，对进入壁垒的度量主要是市场集中度，相应的衡量指标有 HHI 指数和 CR_m，即主要计算销售额最大的 m 家企业的销售额之和占全行业销售额的份额。本文所指的进入壁垒主要是行政性壁垒，即政府限制非国有企业对行业内主要产品进行有效供给的政策[①]，经验上表现为行业内国有企业销售额占全部企业销售额的比重较高。以处于中间年份的 2003 年为例，我们从 30 个大类行业中选取了几个国企销售额比重较高的行业。其中，国企销售额在烟草制品业的比重高达 92.45%，在黑色金属冶炼及压延加工业的比重为 36.19%，在石油加工、炼焦及核燃料加工业的比重为 26.68%，在交通运输设备制造业的比重为 24.31%，在有色金属冶炼及压延加工业的比重为 23.24%。与之相对应，我们也选取了几个国企销售额比重较低的行业。其中，皮革、毛皮、羽毛（绒）及其制品业的国企销售额比重为 0.86%，家具制造业为 0.99%，纺织服装、鞋、帽制造业为 1.21%。根据假说 2，国有企业在销售额比重相对高（即进入壁垒较高）的那些行业应该有较低的齐夫系数，而在销售额比重较低的那些行业应该有较高的齐夫系数。我们计算了上述八个代表性行业的国

---

① 例如 2006 年 12 月 18 日，国务院办公厅正式转发了国资委《关于推进国有资本调整和国有企业重组指导意见》。在此基础上，国资委提出对国有经济结构调整的最新部署：在军工、电网电力、石油石化、电信、煤炭、民航、航运等七大行业里，要保持"绝对控制力"；在装备制造、汽车、电子信息、建筑、钢铁、有色金属、化工、勘察设计、科技等九大行业，要保持"较强控制力"。这实际上是要在这些行业对非国有企业形成一种进入壁垒。

企分布规模的齐夫系数，见表 4。①

表 4　　　　　　　　　八个行业国企分布规模的齐夫系数

年份	烟草	黑色金属	石化	交通机械	有色金属	皮革	家具	纺织
1999	0.394	0.366	0.317	0.376	0.391	0.399	0.463	0.385
2000	0.385	0.361	0.305	0.374	0.370	0.375	0.486	0.405
2001	0.365	0.359	0.348	0.358	0.364	0.384	0.456	0.372
2002	0.293	0.350	0.320	0.350	0.388	0.329	0.469	0.412
2003	0.297	0.308	0.342	0.354	0.391	0.430	0.367	0.427
2004	0.309	0.338	0.275	0.363	0.349	0.391	0.366	0.421
2005	0.305	0.316	0.289	0.351	0.344	0.267	0.458	0.401

从表 4 可以看出，在国有企业销售额比重较高的五个行业中，各年份国有企业规模分布的齐夫系数均明显低于国有企业总体规模分布的齐夫系数。在国有企业销售额比重较低的三个行业中，国企的齐夫系数明显更高了。并且，家具制造业国企的齐夫系数显著高于总体国企的齐夫系数，这验证了假说 2。皮革、毛皮、羽毛（绒）及其制品业和纺织服装、鞋、帽制造业国企规模分布的齐夫系数在某些年份低于国有企业总体规模分布的齐夫系数。这很可能是由于政府强行让国有企业从这些竞争性较强的非战略性行业退出，而非市场"无形之手"自然淘汰的结果。因为这两个行业的国企数目分别从 1999 年的 243 个、425 个变成 2005 年的 35 个和 131 个。而五个国企销售额比重较高的行业，国企数目相对更多。

（三）退出壁垒与国有企业规模分布

关于退出壁垒（barriers to exit），我们将其定义为在位企业发现更好的获利机会或经营亏损时意欲退出某一行业，但由于各种经济因素和制度因素的阻碍，导致退出受到阻碍。由于国有企业担负的特殊功能以及市场经济发育不成熟，其退出壁垒多源于行政性障碍。根据对齐夫定律的分析，在市场经济成熟的国家，由于市场机制健全，政府对企业的干预较小，企业在行业利润率的引导下可以自由地退出某一行业，这一动态调整过程必然导致企业规模分布遵循齐夫定律。然而，在资本市场发育不完善、就业和社会保障压力、既得利益集团压力等制度性壁垒的作用下，中国的国有企业大量滞留于某些行业，使其处于过度竞争状态，从而导致企业总体获利能力下降，其中，部分企业长期处于亏损状态。根据本文假说 3，如果全部亏损企业都在市场竞争的作用下自由退出市场，大量非国有经济进入市场，那么，国有企业规模分布的齐夫系数会有所上升；但是，考虑到政府可能通过行业内"拉

---

①　所有系数均根据基本模型计算，并且均在 1% 的水平上显著。

郎配"的方式将亏损国企和盈利国企强行进行资产重组，导致行业内盈利国企的规模分布受到扭曲，偏离了自然状态，其齐夫系数下降。因此，退出壁垒对国有企业规模分布的影响取决于这两种效应综合作用的结果。

为了细致地分析这些亏损企业对国有企业规模分布的影响，我们首先将国有企业样本中全部亏损的企业剔除，分别计算了 1999～2005 年其余国企（包括零利润率的盈亏平衡企业）的齐夫系数。考虑到企业在某一年份由于经营不善或受经济景气影响出现亏损，而在下一年份改善经营或经济好转重新盈利，我们又构造了 2003～2005 年国有企业子样本，剔除了连续三年亏损的企业。然后我们将通过这两种方式计算的齐夫系数与全部国企的齐夫系数进行对比（图 1），发现全部剔除和部分剔除亏损国企之后的样本齐夫系数均低于全部国企的齐夫系数。这说明，政府行政干预对齐夫系数的向下压低作用超过了企业在市场竞争的作用下自由退出市场对齐夫系数的向上拉伸作用。

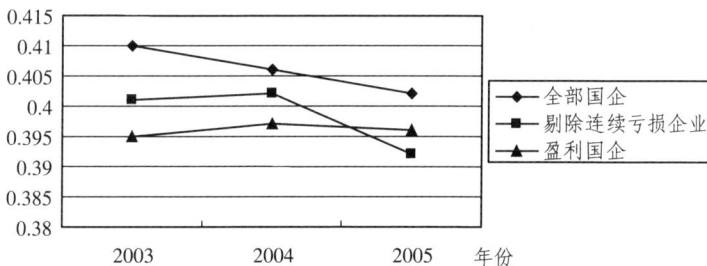

图 1　2003～2005 年全部国企和不同程度盈利国企的齐夫系数比较

（四）竞争效应与国有企业规模分布

不同地区的行政干预色彩不同，政府对产权保护的程度不同，从而会产生不同的竞争环境。为了考察竞争效应对国有企业规模分布的影响，我们参照世界银行的标准，根据经济发展程度将全国 31 个省级行政区域（不含香港、澳门和台湾）分为东北、环渤海、东南、中部、西南和西北六个经济区域，并着重分析了国有企业比重较高、市场化程度较低的东北和西南地区，以及国企比重较低、市场化程度较高的东南地区。[①] 更具体地，我们选取了民营经济比重较高的浙江省、江苏省与国有经济比重较高的辽宁省进行省级层面的比较。

在地区层面，与国企比重较高的东北和西南地区相比，东南地区国企规模分布的齐夫系数只是略高。具体地，1999～2005 年间，东北地区国企的平

---

① 此外，我们也参照"中国各地区市场化进程相对指数"，将全国 31 个省级行政区域（不含香港、澳门和台湾）分为东部、中部和西部三个区域进行了对应的研究，结果略去。

均齐夫系数为 0.426，西南地区为 0.433，而东南地区为 0.442。在省级层面，市场竞争比较充分的浙江和江苏的国企齐夫系数要显著高于辽宁国企的齐夫系数（见图 2）。这说明，无论是就地区层面而言，还是就省级层面而言，市场化水平带来的竞争效应对国有企业规模分布的确具有一定的改良作用。

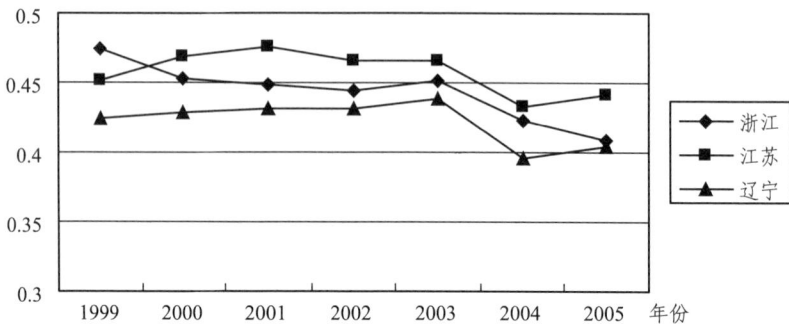

图 2　1999～2005 年浙江、江苏和辽宁三省国企规模分布的齐夫系数

　　但是纵向来看，我们发现浙江和江苏两省的国企齐夫系数呈现一种下降趋势，2003 年更是一个拐点。这是比较奇怪的。因为从数量上看，从 1999 年到 2005 年，浙江省和江苏省的国有企业数量剧减，分别从 1318 个和 2352 个减少到 471 个和 488 个。在民营化程度很高的这两个省，国有企业的大幅度退出本应该提高国企的齐夫系数，但是事实却相反了。一个有趣的问题是，为什么国有企业退出后，国企和民企之间的市场竞争没有使国企规模分布变得更加均匀呢？回顾一下国企改革的现实，我们不难发现，1999～2002 年"国退民进"是国有企业改革的重大主题。民营经济得到迅猛发展，一批规模型的民营企业通过租赁、承包、兼并、收购、参股、控股等多种形式积极参与国有企业改革，并且不断拓展到新的行业领域。民营经济的大规模进入改善了市场竞争的格局，从而提高了国企规模分布的齐夫系数。但 2003 年随着国资委的成立，政府提高了某些行业的政策性进入壁垒，加大了对国有企业的扶持力度，民企和国企之间的竞争则由短暂的古诺式对等竞争转为斯塔克伯格式不对等竞争。根据假说 4，相对于古诺式对等竞争，在斯塔克伯格式不对等竞争格局下，国有企业的市场份额实际上提高了，而民营企业的市场份额则相应降低了，其结果必然导致竞争效应不显著，从而市场"无形之手"的作用难以有效发挥，进一步导致国企规模分布对齐夫分布的偏离更加明显。浙江省国企齐夫系数近似直线式的下降和江苏省国企齐夫系数曲线式的下降验证了本文的假说 4，即国企和民企之间不对等的竞争格局导致国企规模分布偏离齐夫分布。这一结果深刻地揭示了一个现象，即民营化不等于市场化。只有民营企业获得了和国有企业平等的市场地位，民营化才意味着市场化。

六、结　论

企业的规模问题始终是企业理论和产业组织理论的核心问题。与现有的角度不同，我们从总体规模分布的角度，利用 1999～2005 年中国全部国有和规模以上工业企业数据库，对中国企业是否符合齐夫定律进行了检验。我们发现，中国企业规模分布总体上偏离了齐夫定律，而国有企业是偏离的主要原因。国企的行政性进入壁垒、退出壁垒和不对等的竞争格局是导致国企规模分布偏离齐夫分布的主要原因。本文的发现具有重要的政策含义，这说明行政干预如果不符合市场原则，就会导致干预的结果偏离自然状态，这对被干预的企业未必是一件好事。这对于产业政策的制定和国有经济战略性调整都具有重要的启示。特别是，我们发现民营化不等于市场化，这一发现对于如何更深刻地理解市场竞争的性质以及如何度量市场化提出了新的课题。如何从更广泛的、超越企业本身的角度去考察影响不同地区和不同企业的齐夫系数，也是未来值得期待的研究。

参 考 文 献

[1] 方明月、聂辉华：《企业规模决定因素的经验考察：来自中国企业面板的证据》，载《南开经济研究》2008 年第 6 期。

[2] 方明月：《中国企业规模分布合理吗？——基于 1999～2005 年工业企业数据的实证研究》，中国人民大学经济学院硕士学位论文，2009 年。

[3] 谷汉文、聂正安：《国有企业的"非常福利"与国有企业退出》，载《经济评论》2003 年第 1 期。

[4] 洪正：《管理能力、私人利益、政府干预与国有银行战略投资者选择》，载《世界经济》2007 年第 12 期。

[5] 黎凯、叶建芳：《财政分权下政府干预对债务融资的影响：基于转轨经济制度背景的实证分析》，载《管理世界》2007 年第 8 期。

[6] 林毅夫、蔡昉、李周：《国有企业改革的核心是创造竞争的环境》，载《改革》1995 年第 3 期。

[7] 林毅夫、李周：《竞争、政策性负担和国有企业改革》，载《经济社会体制比较》1998 年第 5 期。

[8] 刘小玄：《国有企业改制模式选择的理论基础》，载《管理世界》2005 年第 1 期。

[9] 聂辉华、李文彬：《什么决定了企业的最佳规模》，载《河南社会科学》2006 年第 4 期。

[10] 唐跃军、宋渊洋：《中国企业规模与年龄对企业成长的影响：来自制造业上市公司的面板数据》，载《产业经济研究》2008 年第 6 期。

[11] 谢地、李世朗：《我国国有企业退出壁垒分析及对策》，载《当代经济研究》2002 年第 8 期。

［12］杨蕙馨、王军：《进入退出与国有企业的退出问题研究》，载《南开经济研究》
2004 年第 4 期。

［13］张维迎：《从现代企业理论看中国国有企业改革》，载《改革》1995 年第 1 期。

［14］周黎安、罗凯：《企业规模与创新：来自中国省级水平的经验证据》，载《经济学
（季刊）》2005 年第 4 卷第 3 期。

［15］Axtell, R. L., 2001: Zipf Distribution of U. S. Firm Sizes, *Science*, Vol. 293, No. 5536.

［16］Bain, J., 1956: *Barriers to New Competition*, Cambridge: Harvard University Press.

［17］Eeckhout, J., 2004: Gibrat's law for (All) cities, *American Economic Review*, Vol. 94, No. 5.

［18］Fujiwara, Y., Di Guilmi, C., Aoyama, H., Gallegati, M. and Souma, W., 2004: Do Pareto-Zipf and Gibrat Laws Hold True? An Analysis with European Firms, *Physica A*, Vol. 335.

［19］Gabaix, X. and Landier, A., 2008: Why has CEO Pay Increased so Much?, *Quarterly Journal of Economics*, Vol. 123, No. 1.

［20］Gabaix, X., 1999: Zipf's Law for Cities: An Explanation, *Quarterly Journal of Economics*, Vol. 114, No. 3.

［21］Gabaix, X., 2006: Power Laws, *Working Paper.*

［22］Hart, P. and Oulton, N., 1996: Growth and Size of Firms, *Economic Journal*, Vol. 106, No. 438.

［23］Hay, D. A. and Liu, G. S., 1997: The Efficiency of Firms: What Difference Does Competition Make? *Economic Journal*, Vol. 107, No. 442.

［24］Luttmer, E. G. J., 2007: Selection, Growth, and the Size Distribution of Firms, *Quarterly Journal of Economics*, Vol. 122, No. 3.

［25］Mandelbrot, B., 1952: An Informational Theory of the Statistical Structure of Language, in *Proceedings of the Symposium on Applications of Communication Theory*, London.

［26］Okuyama, K., Takayasu, M. and Takayasu, H., 1999: Zipf's Law in Income Distribution of Companies, *Physica A*, Vol. 269, No. 125.

［27］Ramsden, J. J. and Kiss-Haypál, Gy, 2000: Company Size Distribution in Different Countries, *Physica A: Statistical Mechanics and its Applications*, Vol. 277.

［28］Scherer, F. M., 1965: Firm Size, Market Structure, Opportunity, and the Output of Patented Inventions, *American Economic Review*, Vol. 55, No. 5.

［29］Stanley, M. H. R., Buldyrev, S. V., Havlin, S. and Mantegna, R. N., 1995: Zipf Plots and the Size Distribution of Firms, *Economics Letters*, Vol. 49, No. 4.

［30］Takayasu, H. and Okuyama, K., 1998: Country Dependence on Company Size Distributions and A Numerical Model Based on Competition and Cooperation, *Fractals*, Vol. 6, No. 67.

［31］Vickers, J., 1995: Concepts of Competition, *Oxford Economic Papers*, Vol. 47, No. 1.

［32］Zipf, G. K., 1949: *Human Behavior and the Principle of Least Effort*, Cambridge: Addison-Wesley.

The Stylized Facts of Size Distribution of China Manufacturing Industries: A Perspective of Zipf's Law

Fang Mingyue　　*Nie Huihua*

Abstract：The studies based on developed economies indicate that the total size distribution of enterprises should abide by Zipf's law whose coefficient is 1. Using the sample of China large and medium-size manufacturing enterprises (LMEs), measuring the size with sales of enterprises, this paper firstly tests the total size distribution of Chinese enterprises. We find out that the total size distribution deviates Zipf's distribution mainly due to the existence of State-owned enterprises (SOEs). The barriers to entry in industries induce SOEs' deviation, but the barriers to exit has ambiguous effects on SOEs' deviation which depends on the way of government intervention. What's more, the sequential competition between SOEs and private enterprises weakens competition effect, which further leads to SOE's deviation.

Keywords：Enterprise Size　Zipf's Law　State-Owned Enterprise　Private Enterprise

JEL Classification：D40　L11　L52

第 9 卷第 2 辑　　　　　　　产业经济评论　　　　　　　　Vol. 9　No. 2
2010 年 6 月　　　　Review of Industrial Economics　　　　　June 2010

纵向企业网络理论研究进展述评

陈艳莹　　姜滨滨　　夏一平 *

摘　要： 专业化和模块化生产的兴起加剧企业间竞争，上下游企业间的松散合作受到广泛关注。学术界开始利用纵向企业网络理论对这一现象进行分析。本文从纵向企业网络的概念界定、形成、稳定性及其社会福利水平的影响四个方面对纵向企业网络的相关研究文献进行综述，指出了现有研究的不足，并对纵向企业网络理论的深入研究做出展望。

关键词： 纵向企业网络　形成　稳定性　社会福利

进入 20 世纪 90 年代后期，专业化和模块化生产引致的竞争加剧使很多企业将业务分离，只从事具有核心竞争力的环节，众多上下游企业必须通过交易才能完成生产、分配等，对于上下游企业间普遍存在的这种松散合作，国外学者主要借助于纵向企业网络理论进行分析。自 Kranton & Minehart（2000a，2000b，2001）开始对纵向企业网络的研究以来，学术界对于纵向企业网络的研究主要集中于概念、形成机制和影响因素以及网络的稳定等。

一、纵向企业网络的概念界定与形成机制

（一）纵向企业网络的概念界定

企业网络形成于 20 世纪 70 年代，Granovetter（1973）最先提出联结力量的概念，他从社会学的角度阐述了正式和非正式的社会交易网络，重点研究网络内部之间的联系。企业网络是一种以独立个体或群体为结点、以彼此

* 国家自然科学基金资助项目：嵌入性约束下的中介服务业市场结构演进与规制研究（70603003）；国家社科基金项目"规范发展市场中介组织的政策创新：嵌入性视角的研究"（08BJY120）。感谢三位匿名审稿人的宝贵意见。

陈艳莹：大连理工大学经济系；地址：辽宁省大连市甘井子区凌工路 2 号，邮编：116023；电话：0411 - 84707221；E-mail：yychen@ dlut. edu. cn。
姜滨滨：大连理工大学经济系；地址：辽宁省大连市甘井子区凌工路 2 号，邮编：116023；电话：13504093933；E-mail：blueberry1029@126. com。
夏一平：大连理工大学经济系；地址：辽宁省大连市甘井子区凌工路 2 号，邮编：116023；电话：15042495032；E-mail：elsie. smile@ yahoo. com. cn。

之间复杂多样的经济连接为线路而形成的介于企业与市场之间的制度安排，早期以分包制、特许经营、战略联盟、虚拟企业、产业集群等形式出现。它可以分为三种类型，即横向型企业网络、纵向型企业网络和混合型企业网络。其中横向型企业网络是指相同行业、相同生产阶段或贸易阶段的企业实行的联合；纵向型企业网络是指同一价值链上的不同企业由于相互之间的关联度和依存度较高而形成的联合；而混合型企业网络是跨行业、跨地区、跨所有制甚至跨国界的不同企业之间的联合。

对企业网络的现有研究将侧重点放在横向企业网络上，而对于纵向企业网络的研究则较少。最早提出纵向企业网络概念的是 Kranton & Minehart（2001），他们从网络构成的角度指出纵向企业网络是由买方、卖方以及他们之间的网络关系共同构成的交易环境。而 Baudry & Gindis（2005）则从它产生的实质进行分析，用"V-Network Forms"表示纵向企业网络，指出纵向企业网络是大型企业纵向解体及竞争模式变化的产物，是由处于上游或下游的旗舰企业协调网络内其他企业的生产、分配等环节而形成的生产组织形式。

上下游企业在交易的基础上形成的纵向企业网络具有以下三个特点：首先，具有企业和市场的双重特性。纵向企业网络将价值链上两个或多个相关环节上的企业整合到一起参与市场交易，从这个层面来看它具有企业的性质；网络内任意企业可以自由地进入、退出纵向网络，利用网络进行交易，因而纵向企业网络又具有市场的性质。其次，企业间信息传递是网络维系基础。纵向企业网络内部关于交易方的信任、良好声誉和产品质量的信息有助于网络交易，降低信息的不对称性，因此高效、快速、真实的信息会促进纵向企业网络交易的持续性。最后，网络内的企业间具有较高的关联度和依存度。竞争加剧使企业将业务集中在各自的优势和专长上，上下游企业间产品、技术依赖和关联性的存在促进了纵向企业网络内企业的优势互补和紧密合作。

纵向企业网络和纵向一体化、纵向限制在内涵上有一定的交叉，容易产生混淆，这里有必要对它们进行区分。三者都侧重于研究价值链上下游企业间的关系，但存在本质上的差别。纵向一体化是参与产品、服务生产的单个企业将上下游业务整合到一起来增强它在市场中的地位，实质是外在价值链的内部化。Kranton & Minehart（2000a）运用投入品专用性区分纵向企业网络和纵向一体化，指出纵向一体化是企业内部行为，而纵向企业网络通过从外部供给者获得专用投入品进行生产；Baudry & Gindis（2005）认为纵向企业网络是纵向一体化解体的结果。范金等（2004）认为，纵向限制是非纵向一体化企业与上下游企业签订长期的、具有约束力的合同关系，合同中列明价格、其他条款或行为方式。其实质是上下游企业间的合同约束行为，而纵向企业网络是上下游企业的非正式契约关系，不存在合同性约束，交易任一方可以将自身支付意愿和市场价格进行比较，选择在原有网络中交易或者与其他交易方建立新的网络获取投入品。

（二）纵向企业网络形成的影响因素

作为一种新的生产组织形式和资源配置方式，纵向企业网络的形成受诸多因素的影响。当前学术界对于纵向企业网络形成的影响因素的分析主要集中在交易成本、模块化和技术、产品依赖性三方面。

首先，交易成本是影响纵向企业网络形成的主要因素。Williamson（1985）的交易费用理论从资产专用性、交易的不确定性和交易频率三个维度分析了交易成本的产生过程。交易成本越高，企业越倾向于利用纵向企业网络规避市场交易成本。企业面对的交易成本主要体现在两方面：一是通过市场配置资源时，企业要支付搜寻成本、评估成本以及低质量产品甄选等成本；二是要应对交易方采取机会主义行为的可能性。纵向企业网络建立在企业长期交易的基础上，可以减少网络参与方的产品搜寻与评估的成本，降低产品质量的不确定性以及交易中的机会主义行为等，使企业获得竞争优势（Cannon et al.，1999）。企业还可以通过网络基础上的合作，跟踪价值链不同环节的发展趋势，获取市场信息和技术发展方向，提高自身效率等，这些都促进了纵向企业网络的形成。

其次，模块化促成了纵向企业网络的形成。青木昌彦（2003）将模块化界定为半自律的子系统通过和其他同样的子系统按照一定的规则相互联系构成更加复杂系统的过程。徐庆东（2006）认为模块化生产方式直接导致了垂直一体化模式的解体，导致垂直一体化的企业基于无限追求高效率和高利润的根本目的，将原来在企业内部进行的生产流水线上的一些生产环节适当分离出去，转而依靠外部的供应商来供应所需的产品和服务，这便促成了纵向企业网络组织的形成。

最后，技术、产品依赖性也是纵向企业网络形成的影响因素。技术、产品依赖性指上下游企业由于在价值链上的高度关联性，较高的交易频率或者由结构性、社会性联系导致的合作使得企业对其交易方所提供的技术、产品产生依赖（Wilson，1995）。上下游企业的交易次数增多，双方的联系愈加紧密，存在依赖性的企业甚至有激励向另一方投资以促进技术改进或产品创新，这对纵向企业网络的构建有促进作用。

（三）市场结构与纵向企业网络的形成

由于利用纵向企业网络配置资源的企业所处的市场结构不同，导致了不同情形下纵向企业网络的形成过程也存在差别，当前研究主要从完全竞争和垄断两种极端的情形分析纵向企业网络的形成。

最早从竞争的角度研究纵向企业网络形成的是 Kranton & Minehart（2001）。他们假设市场中有大量的买方和卖方，卖方的产品是同质的，且独自完成一单位产品的生产，买方对于产品存在不同的支付意愿。当纵向企业网络的交易成本低于市场交易成本时，买卖双方会通过纵向企业网络的构建进行交易。引入英式拍卖定价模式，网络参与方按照婚姻定理①进行交易会实现竞争性纵向企业网络的均衡，此时产品分配和价格达到双向稳定②，并且总的社会福利最大。然而，资产专用性和上下游企业的技术、产品依赖揭示了 Kranton & Minehart 对产品同质的假设存在缺陷。Wang & Watts（2006）在此基础上考察同质的买方与产品、服务存在差异的卖方间的纵向企业网络的形成过程。他们同样假定交易在网络内进行，纵向企业网络中的卖方可以是单个的卖方，也可以是产品存在差异的卖方形成的联盟。由于产品存在差异，当高质量产品的卖方多于买方时，高质量产品的卖方需要参与网络才能实现产品出清，低质量产品的买方被排除在网络之外；当买方数量多于卖方且建立网络和卖方联盟的成本都足够低时，高质量产品卖方会通过联盟与买方建立网络关系，并且将产品价格定在联盟的保留价格之上，将不参与网络的卖方挤出市场来降低竞争程度，使联盟中的卖方获利；当买方数量少于卖方时，所有的买方都会参与网络交易来保证生产稳定性。上述研究对竞争情形下纵向企业网络形成的分析都是在婚姻定理的限制下，对于卖方只提供一单位产品或服务的假设也过于简单。在现实中，交易匹配过程本身就存在竞争，交易参与方可能同时参与几个网络，在其中选择、权衡，最终实现产品或服务的交易，这是后续研究需要改进和扩展的地方。

Zhao et al.（2007）在卖方垄断和买方垄断两种情形下研究纵向企业网络的形成。他们假定卖方垄断市场中买方对于产品存在不同的支付意愿，而买方垄断情况下卖方的生产成本存在差别。网络内的买卖双方间通过拍卖的方式形成交易价格，则卖方垄断和买方垄断情形下的纵向企业网络分别实现产品的有效分配，其中卖方垄断市场中支付意愿高的买方获得产品，买方垄断市场上生产成本低的卖方会出清。纵向企业网络给参与方带来的正的网络效应使在位企业尽量保持在网络中，而非在位企业会着力构建网络来提升自身的盈利能力。

现实的产品、服务市场中完全竞争和垄断的情形是很少见的，所以对介于其中的寡头垄断和垄断竞争的市场结构研究是必要的。放宽上面的生产能力和产品同质的假设，企业可以提供多单位的产品或服务，互补性资产的应用使得寡头可以与多个对其存在依赖性的买方建立网络关系，按照不同买方

---

①　婚姻定理（marriage theorem）：由男人和女人分别组成集合 M、W，对于任意 $k \in M$ 个男人组成子集，W 中的至少有 k 个女人组成子集与 k_M 中的所有男人存在联系，这时两个集合 M、W 是完全匹配的，Hall 把它称为婚姻定理。例如对于 4 个男人和 4 个女人组成集合，$|M_1| = |W_1, W_2|$，$|M_2| = |W_1|$，$|M_3| = |W_3, W_4|$，$|M_4| = |W_1|$ 表示各自的联系，假设选取 $k = 2$ 的子集中包括 $|W_3, M_4|$，$|W_3, W_4|$，则不能构成匹配，因为 M_4 与 W_3 或 W_4 都不存在联系。

②　双向稳定指网络参与方不可能通过新的网络交易来增加双方总的盈利水平，此时达到最优收益水平。

的支付意愿制定歧视价格，攫取消费者剩余；垄断竞争结构下的企业可以依靠自身产品的特性，与对其存在需求的买方在纵向企业网络中进行交易，这两种情形应当是后续研究的重点。

二、纵向企业网络的稳定性

纵向企业网络作为上下游企业间的一种松散性合作组织，不可避免面临着稳定性的问题。对于纵向企业网络稳定性的影响因素，现有研究主要集中在转换成本、声誉和网络结构三方面。

（一）转换成本与锁定

纵向企业网络的转换成本指网络中对某种产品或技术具有持续性需求的买方通过构建新的网络代替原有纵向企业网络来获取产品、技术时所支付的成本或费用。纵向企业网络的转换成本主要源于专用性资产和交易成本两方面。纵向企业网络中的企业由于专用性资产的应用使其在放弃原有网络而构建新的网络时可能面临产品、技术的不兼容性，新产品不适用等转换成本；交易成本层面的转换成本体现在买、卖双方在原有的网络之外搜寻、评估新的交易方以及网络的构建、协调上所花费的时间、精力、费用等。Farrel & Klemperer（2006）的研究表明转换成本越高，网络越趋向于稳定。他们指出较高的转换成本可以增强网络中卖方的市场势力和竞争能力，达到规模经济，使其在网络中处于主导地位，促进纵向企业网络的稳定。

转换成本的存在使得交易双方需要对转换交易方后的成本与收益进行比较、权衡来选择继续锁定在原来的网络中或构建新的网络，当转换成本过高时，企业选择与原交易方形成锁定。追求自身利益最大化的企业倾向于通过维持较高的转换成本来锁定其他企业，获取超额利润，从这个层面看由转换成本引起的锁定是通过影响纵向企业网络内部的竞争机制来维持网络的稳定的。同一环节上竞争的加剧会降低纵向企业网络中的转换成本，有助于解除锁定，促使原有纵向企业网络的解体和新网络的构建。

（二）声誉效应与信任对网络稳定性的影响

有限理性和交易不确定性使企业间的合作存在机会主义和"搭便车"风险，影响网络的稳定性。纵向企业网络是上下游企业长期交易、重复博弈的产物，企业在网络中的声誉和信任对于交易的持续性以及网络稳定性都有正向促进作用。

Buskens（1998）以买卖双方的交易为例，证明不存在限制性契约的情况下，交易双方会出于对自身声誉的考虑采取合作的行为来促进信任的建立，保证交易的持续性。他指出网络中的声誉和信任是一种非正式契约，网络成员可以利用社会关系来促使关于其信任和声誉信息的转移，利用相关信息来决定交易与否以及交易中的行为方式。Bolton *et al.*（2008）运用信息反馈机制研究信任、声誉对网络稳定性的作用，指出网络内的竞争会促进有效信息的反馈，降低网络成员采取机会主义行为的可能性和道德风险，有助于网络稳定。他们通过对价格竞争和匹配竞争[①]的分析来完善信息反馈的作用机制。在完全竞争的产品市场上，交易方会采取诚信行为来建立、维护声誉和信任，这在很大程度上促进网络均衡的实现。现有研究表明纵向企业网络内的企业间高水平的信任和良好的声誉会降低交易的不确定性，信息交流、反馈有利于企业将声誉不好的交易者排除在网络之外，促进网络内部的均衡和网络稳定性。

（三）网络结构、维持成本与网络内部稳定性

Kranton、Minehart 和 Caffarelli 等学者分别从网络结构和网络的维持成本角度研究纵向企业网络的内部稳定性。Kranton & Minehart（2000b）用机会选择路径（opportunity path）来衡量网络结构，将它定义为纵向企业网络中不同的买方和卖方间的联系及他们的产品支付意愿和生产成本的组合，而外部选择（outside options）是指买卖双方与纵向企业网络外的买方或卖方间的联系。他们的研究证明由机会选择路径和外部选择引致的潜在竞争促进了网络的内部稳定，纵向企业网络的成员借助各自的机会选择路径中的组合对其交易成本与收益进行权衡来选择交易的方式。竞争的纵向企业网络中的机会选择路径和外部选择加剧价值链同一环节企业间的价格竞争和不同环节企业间的匹配竞争，通过影响交易方维持原有网络或者建立新网络的决策影响网络结构，促进有效网络结构的形成及其稳定性。

Caffarelli（2004）分析了网络维持成本对网络稳定性的影响。纵向企业网络的维持成本是指利用网络进行交易的企业为了维持其在网络中的地位所支付的各种费用，主要表现为企业花费在参与网络、与相关企业的协调、维持稳定网络关系上的费用等。他假设卖方产品是同质的，任意买方从卖方处获得产品的边际收益相同，相对于不变的边际收益，边际维持成本与成员参与的网络数正相关，随着其参与网络的数目增多而增多，因为过多的参与者可能造成网络的拥挤，导致企业花费在网络协调、维持上的成本增加。维持成本对纵向企业网络内部稳定性产生负向作用，体现在网络维持成本所导致的网络规模收益递减，企业所参与的网络越多，维持成本越高，导致企业总收益减少，使企业只针对必要的上下游企业建立网络关系，退出多余的网络以增加其福利水平。

---

① 匹配竞争指网络中的买卖双方利用信息反馈对其网络中的交易方进行甄选、匹配。

三、纵向企业网络的社会福利分析

纵向企业网络中的企业作为理性的、自利的经济个体，出于对自身利益的追求会促进社会均衡的实现以及社会福利的最大化。现有的纵向企业网络相关文献中涉及到社会福利的分析主要从竞争情况下的网络结构及网络动态性两方面展开。

Kranton & Minehart（2001）在竞争的纵向企业网络的研究中得出的结论是买方在产品和价格竞争中的地位受参与的网络的限制。对于确定的网络结构和买方支付意愿，买方参与网络的激励与其消费者剩余水平正相关，且消费者剩余是他对整个社会福利的贡献，运用婚姻定理，引入英式拍卖定价模式即可得出最大的社会福利水平和网络出清水平。由于买方对同质产品的支付意愿存在差异，所以最终的社会福利水平取决于哪个买方获得产品。随着价格水平的上升，支付意愿低的买方会放弃交易。在均衡的情况下，买方对于产品支付的价格等于他的社会机会成本。Kranton & Minehart 是在竞争的纵向企业网络状态下对社会福利进行研究，而且网络结构也是确定的，没有考虑到现实的经济系统中，交易参与方面临的需求不确定性，信息不对称以及契约不完备性等，这些情况的存在限制了剩余在消费者和生产者间的分配以及有效网络结构的形成与稳定。所以拓宽假设，对垄断竞争、寡头垄断等市场结构的研究将是后续研究的重点。

由于网络动态性的存在，网络结构是不断变化的。当纵向企业网络之外的企业意识到参与网络的收益大于网络进入和维持成本时，会通过参与网络获取资源来获利；而当网络带来的收益小于需要支付的成本时，会选择退出网络。Kranton & Minehart（2000b）通过向网络中增加联系（links）、加入新的交易方来考察网络规模的动态变化对社会福利的影响。增加网络中的联系会使交易方的机会选择路径增多，消费者和生产者剩余发生变化，但整体社会福利水平不变。如任意买方与其他卖方建立新的网络关系，买方获得上游资源机会增大，由于其支付意愿不变，消费者剩余增加，而卖方间竞争加剧导致生产者剩余降低。当向网络中加入新的交易方时，交易方的外部选择增加，也加剧了同一环节上的竞争，使对方获利。Wang & Watts（2006）考察纵向企业网络中买方多于卖方且有的卖方不参与网络的情况下网络动态变化与社会福利的关系。由于潜在竞争的存在，网络中的卖方需要降低价格以防价格过高时，买方与未参与网络的卖方进行交易，此时买方剩余增加，社会福利也增加。卖方联盟的建立会加剧卖方间竞争，促使不参与联盟的卖方退出市场，增加联盟中卖方的福利水平。

现有的对纵向企业网络社会福利效应的研究都是建立在网络存在的基础上，本文认为应该对存在网络和不存在网络两种情况下的社会福利进行对比分析，因为价值链上下游企业的交易是普遍存在的，而只有当纵向企业网络所带来的收益大于成本时企业才会通过参与网络来完成其所处的环节的生产、分配，所以有必要对这两种情况进行比较。

四、结论与展望

纵向企业网络作为新的生产组织形式，已经被众多上下游企业广泛应用。本文从纵向企业网络的概念界定、形成、稳定性及它的福利效应四个方面对现有研究进行整理和综述。随着纵向企业网络相关研究的兴起，学术界也侧重从不同的角度对其理论进行研究、完善。但现有的文献对于纵向企业网络的形成和福利效应的研究只是集中于竞争和垄断两种极端的情形，极少甚至没有涉及其他的市场结构，所以结合现实，应当把不同市场结构下的纵向企业网络作为今后研究的重点。

另外，当前的研究主要集中在理论层面，几乎没有学者从实证的角度研究纵向企业网络。而随着专业化分工以及模块化生产导致的竞争加剧，纵向企业网络理论将得到越来越多的应用，从实证角度对纵向企业网络进行测度、确定衡量指标以及它们对社会福利的影响等应当在后续的研究中重点关注。

参 考 文 献

[1] 范金、郑庆武、梅娟：《应用产业经济学》，经济管理出版社 2004 年版。

[2] 青木昌彦：《模块时代：新产业结构的本质》，上海远东出版社 2003 年版。

[3] 徐庆东：《论模块化生产与现代企业网络》，载《商业现代化》2006 年第 24 期。

[4] Baudry, B. and Gindis, D., 2005：The V-Network Form：Economic Organization and the Theory of the Firm, Unpublished, University of Lyon II（available at http：//papers. ssrn. com/abstract = 795244）.

[5] Buskens, V., 1998：Social Networks and the Effect of Reputation on Cooperation, *Working Paper*, http：//www. fss. uu. nl/soc/iscore/papers/paper042. pdf.

[6] Bolton, G. E., Loebbecke, C. and Ockenfels, A., 2008：How Social Reputation Networks Interact with Competition in Anonymous Online Trading：An Experimental Study, *CESifo Working Paper Series*, No. 2270, Available at SSRN：http：//ssrn. com/abstract = 1114755.

[7] Caffarelli, F. V., 2004：Non-Cooperative Network Formation with Network Maintenance Costs, *EUI Working Paper ECO*, No. 2004/18.

[8] Cannon, J. P., Perreault Jr., W. D., 1999：Buyer-seller Relationships in Business Marketing, *Journal of Marketing Research*, Vol. 36, No. 4.

[9] Farrell, J. and Klemperer, P., 2006：Coordination and Lock-In：Competition with Switching Costs and Network Effects, *Working Paper*, http：//ssrn. com/abstract = 917785.

[10] Granovetter, M. S. , 1973: The Strength of Weak Ties, *American Journal of Sociology*, Vol. 78, No. 6.

[11] Kranton, R. E. and Minehart, D. F. , 2001: A Theory of Buyer-Seller Networks, *The American Economic Review*, Vol. 91, No. 3.

[12] Kranton, R. E. and Minehart, D. F. , 2000: Network versus Vertical Integration, *RAND Journal of Economics*, Vol. 31, No. 3.

[13] Kranton, R. E. and Minehart, D. F. , 2000: Competition for Goods in Buyer-Seller Networks, *Review of Economic Design*, Vol. 21, No. 5.

[14] Wang, P. and Watts, A. , 2006: Formation of Buyer-Seller Trade Networks in a Quality-Differentiated Product Market, *Canadian Journal of Economics*, Vol. 39, No. 3.

[15] Williamson, O. E. , 1985: *The Economic Institutions of Capitalism: Firms, Markets, Relational Contracting*, New York: Free Press.

[16] Wilson, D. T. , 1995: An Integrated Model of Buyer-Seller Relationships, *Journal of the Academy of Marketing Science*, Vol. 23, No. 4.

[17] Zhao, K. , Xia, M. , Shaw, M. J. and Subramaniam, C. , 2007: The Equilibrium of B2B e-Marketplaces: Ownership Structures, Market Competition, and Previous Buyer-Seller Relationships, *Working Paper*, http://www.business.uiuc.edu/mxia/papers/zhao_b2b_eq.pdf.

A Research and Review on Vertical Enterprise Network Theory

Chen Yanying   Jiang Binbin   Xia Yiping

Abstract: The competition between enterprises becomes fiercer with the growing trends of specialization and modularization, which makes cooperation between upstream and downstream enterprises an economic phenomenon that attracts many scholars, attention. The economists begin their analysis on this phenomenon using Vertical Enterprise Network Theory, which is still new to us. In this paper we research and review on the related works on Vertical Enterprise Network Theory, specialized in its concept definition, formation, stability and its effects on the social welfare, and in the end of the paper we have an expectation on later research on Vertical Enterprise Network Theory.

Keywords: Vertical Enterprise Network   Formation   Stability   Social Welfare

JEL Classification: L14   L22

第 9 卷第 2 辑　　　　　　　产业经济评论　　　　　　　Vol. 9　No. 2
2010 年 6 月　　　Review of Industrial Economics　　　　June 2010

"最小差异化原则"还是"最大差异化原则"？

——兼论 Hotelling 模型及其发展

高建刚 [*]

摘　要： 自 Hotelling 模型于 1929 年发表以来，空间竞争理论获得了长足的发展，与之有关的文献非常丰富和繁多。本文所进行的工作主要包括两个方面：第一，详细说明了"最小差异化原则"和"最大差异化原则"的由来；第二，对这两种原则的争论进行了较为详细的文献回顾和综述。希望通过这两个方面的论述，可以勾勒出 Hotelling 模型及其空间竞争理论发展的一些轮廓，以期人们能够管窥 Hotelling 模型发展的一些方向和面貌。

关键词： Hotelling 模型　最小差异化原则　最大差异化原则　空间竞争理论

一、引　　言

Hotelling 模型是产业组织理论中颇负盛名的一个模型，它由 Hotelling 于 1929 年发表于英国最著名的经济学期刊 Economic Journal 上。这一模型在厂商竞争理论的发展史上可以说起着承上启下的作用，理论地位非常重要。它上承 Cournot、Bertrand、Edgeworth 等寡占竞争模型，同时，Hotelling 模型又开启了空间竞争（spatial competition）理论的先河。

Cournot（1838）提出了著名的古诺模型（Cournot 模型），描述两个非合作厂商如何设定产量以赚取最大利润而达到市场均衡。Bertrand（1883）指出 Cournot 模型存在一个缺点，即根据 Cournot 模型很难了解厂商之间的价格是如何决定的。因此，他提出另一种双占模型即伯川德模型（Bertrand 模型）。在 Bertrand 模型中，厂商以价格作为决策变量，其结论是市场均衡时，厂商的价格等于边际成本，即存在所谓的"Bertrand 悖论"。为解决这一问题，1897 年，Edgeworth 在 Bertrand 模型中引进了产能限制，发现 Bertrand 模型的均衡不一定存在。这三个模型存在一个重要的共同点，即均衡时厂商会设定相同的价格。而且如果此一均衡价格存在的话，它具有唯一性。这三个

———————————

　*　感谢山东大学产业经济研究所的支持和鼓励；特别感谢匿名审稿人的修改建议，文责自负。
　高建刚：聊城大学商学院；地址：山东省聊城市文化路 34 号，邮编：252059；电话：13963570972；E-mail：gjgbs@ 126. com。

模型提出之后，当时的经济学界都认为寡占理论很难再有突破了。但在 1929 年，Hotelling 提出了一个线性区位（linear location）模型，解释为什么一个产品会存在不同的价格，以弥补上述三个模型的缺点和不足。Hotelling（1929）模型的一个重要结论是，均衡时两家厂商会聚集在直线市场的中间处，即后来文献所谓的"最小差异化原则"（principle of minimum differentiation）。

D'Aspremont *et al.*（1979）延续 Hotelling 模型的设想，但对其假设加以修正，将运输成本改为距离的二次函数，却得到截然不同的结果。在 Bertrand 竞争（价格竞争）下，两厂商聚集在中心点会使均衡价格为零（即存在削价竞争）。他们进而得出结论认为，两厂商必会在线形市场的两个不同端点选址，即"最大差异化原则"（Principle of Maximum Differentiation）。此后，有关最小差异化和最大差异化原则的争论时常见诸有关文献。

Hotelling 模型发表后，在经济学界产生很大的反响，并由此开启了对空间竞争理论的研究。此后，不断有经济学家沿用上述模型但由于修改其假定的不同而发展成不同的研究分支，如关于市场形状、厂商数目、竞争形式、产品性质、需求曲线、厂商进入时序等不同的假定，导致了 Hotelling 模型的不同的发展方向。单就市场形状而言，这一模型就经历了从 Hotelling（1929）的直线市场模型，至 Eaton & Lipsey（1975）、Salop（1979）等的圆形市场模型，再至陈勇民和赖尔登（Chen & Riordan，2007）的"辐条模型"（spoke model）等重大发展，更不用说一些细节上的发展了。

但本文不打算对 Hotelling 模型的多方面的发展进行全方位的巨细无遗的论述，而是将焦点集中在以下两个问题：（1）对 Hotelling 模型进行尽可能"原汁原味"的回顾，并证明有关文献中经常提及的"最小差异化原则"；（2）对"最小差异化原则"和"最大差异化原则"的争论进行较为详细的回顾和评述。我们这样做的主要理由是，在国内经济学界，应用 Hotelling 模型的文献多有（丁国荣，2004；米建华，2008；祝福云，2009；刁新军等，2009），但对"模型本身"进行系统的论述和延伸探讨的文献几无（高建刚，2006）。在产业组织理论的经典教科书中，Tirole（1988）曾经约略地提及 Hotelling 模型及其发展，但他并没有对 Hotelling 模型本身展开论述，可谓语焉不详。马丁（2003）在其畅销教科书《高级产业经济学》一书中以一章的篇幅对 Hotelling 模型及其发展进行过论述，其论述虽然全面，但较为繁杂，令人难得其要。

基于上述理由，本文的内容安排如下。除去引言外，第二部分对 Hotelling（1929）之模型进行较为系统的论述和回顾，说明"最小差异化原则"的来龙去脉；第三部分对"最小差异化原则"和"最大差异化原则"之争进行较为详细的文献回顾和评述；第四部分延伸第三部分的讨论，论述垂直差异市场中的产品差异化原则；第五部分是本文的结语。

二、Hotelling 原始模型与"最小差异化原则"

Hotelling（1929）之前的传统厂商竞争理论模型，如古诺（产量）竞争模型、伯川德（价格）竞争模型、艾奇沃斯（产能限制）模型等，均忽略了空间的重要性，即这些模型中均不讨论厂商的位置决定，因为传统厂商理论中的市场是一个"点"（point），它没有长度、宽度，也没有厚度。Hotelling 认为"点"状市场的假设虽然有其合理性，但他同时认为为了某些特定的目的和用途，将市场的形状拓展为一个区域（extended region）为好。作为例子，他进而提出了"线性"空间模型，即将市场的形状看做是直线型的，假定其长度为 l。消费者均匀分布（uniformly distributed）在此一线性市场中上。消费者对产品的需求完全无弹性，即不论价格多高，消费者均会购买一单位产品（实际上，这意味着消费者的保留价格很高）。假设有两家生产同质产品[①]的厂商，其单位生产成本为零。他们先决定在线性市场的某一点设厂，设定厂址后，再销售产品。

根据马丁（2003）的看法，Hotelling 模型可以被标准化为或者被规范化为一个两阶段的静态博弈。第一阶段，两家厂商同时选择最佳设厂位置，决定厂址后，然后进入博弈的第二阶段，即两家厂商同时设定价格，以使各自的利润最大化。在处理两阶段问题时，可以采用子博弈完美纳什均衡的概念，使用逆向归纳法求解厂商的决策。即先求第二阶段的均衡，然后求解第一阶段的均衡。可以借助图 1 来求解第二阶段的均衡。

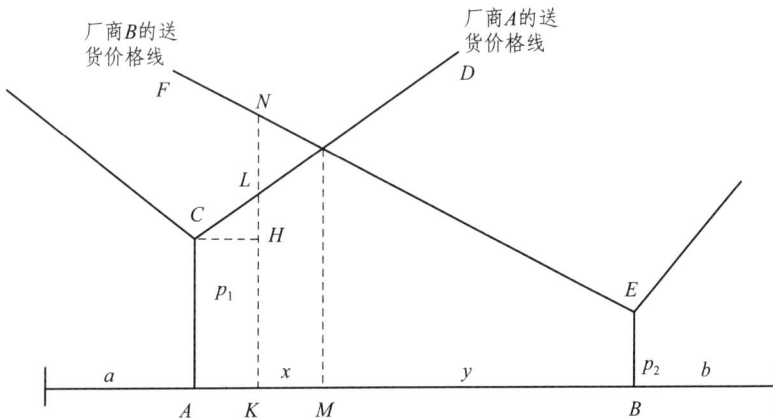

图 1　Hotelling 双占线性模型示意（运输成本为距离的一次函数）

---

①　这里的产品"同质"指的是产品的物理、化学性能等方面完全一样，产品同质不等于产品不存在差异。在 Hotelling 模型及其空间竞争理论中，厂商的位置代表了产品差异。如果区位相同，则同质的两种产品没有差异，或者有最小差异。如果厂商分布在市场的两个端点，则同质的两种产品存在最大差异。

假设两家厂商分别为厂商 A 和厂商 B。厂商 A 距离线段左端的距离为 a，厂商 B 距离线段右端的距离为 b，并且 $a + b \leqslant l$（即企业 A 位于企业 B 的左边或者两者在同一点）。假设每单位产品的运输费率为 t。消费者所关心的是送货价格（delivered price），即出厂价格（mill price）与运费之和。假设两厂商 A、B 制定的价格分别为 p_1、p_2，则 CD、EF 分别表示两家厂商的送货价格线。以 CD 线上的某一点如 L 为例，LK 是 K 点消费者购买一单位产品的花费。其中 KH 是付给厂商 A 的出厂价格，即 p_1，LH 则是从 A 点至 K 点的运费。若 K 点之消费者向厂商 B 购买产品，则他的花费是 NK。因为 NK > LK，且两厂商产品同质，因此 K 点之消费者会选择向厂商 A 购买产品。而对于 M 点之消费者，不论向哪一家厂商购买，其实际支出是相等的。由此分析可知，M 点左侧消费者，会选择向厂商 A 购买产品，而 M 点右侧消费者，会选择向厂商 B 购买产品。即 M 点左侧是厂商 A 的市场范围或区域（market area），而 M 点右侧则是厂商 B 的市场范围。Hotelling 在求解厂商的设厂位置时，将整个线性市场分为 a，x（从 A 点至 M 点的距离），y（从 B 点至 M 点的距离），b 等四个区域。其中 a，b 分别为厂商 A、B 的腹地（hinterland），而 x，y 则分别为厂商 A、B 在竞争区域（competitive region）所占有的市场范围。由于 Hotelling 假设消费者均匀分布在此直线市场中，因此厂商 A、B 的市场份额分别是 $a + x$ 与 $y + b$。

由以上分析可知，厂商 A、厂商 B 是根据他们的送货价格线 CD 和 EF 来决定他们在竞争区域的市场份额。由图 1 可知，M 点之消费者，不论向哪一家厂商购买，其实际支出是相等的。即满足下列等式：

$$p_1 + tx = p_2 + ty \tag{1}$$

其中 tx、ty 分别表示 M 点之消费者向两厂商 A、B 购买单位产品所支付的运费。由于整个市场的长度为 l，则有：

$$a + x + y + b = l \tag{2}$$

求解（1）式与（2）式，可得：

$$x = \frac{1}{2}\left(l - a - b + \frac{p_2 - p_1}{t}\right) \tag{3}$$

$$y = \frac{1}{2}\left(l - a - b + \frac{p_1 - p_2}{t}\right) \tag{4}$$

设两家厂商 A、B 的利润函数分别为 π_1、π_2，由于 Hotelling 假设厂商的单位生产成本为零，因此有：

$$\pi_1 = p_1(a + x) \tag{5}$$

$$\pi_2 = p_2(b + y) \tag{6}$$

将（3）式、（4）式分别代入（5）式、（6）式中，可得利润函数为 p_1、p_2 的函数：

$$\pi_1 = \frac{1}{2}(l + a - b)p_1 - \frac{p_1^2}{2t} + \frac{p_1 p_2}{2t} \tag{7}$$

$$\pi_2 = \frac{1}{2}(l - a + b)p_1 - \frac{p_2^2}{2t} + \frac{p_1 p_2}{2t} \tag{8}$$

厂商利润最大化的一阶条件是:

$$\frac{\partial \pi_1}{\partial p_1} = \frac{1}{2}(l + a - b) - \frac{p_1}{t} + \frac{p_2}{2t} = 0 \tag{9}$$

$$\frac{\partial \pi_2}{\partial p_2} = \frac{1}{2}(l - a + b) - \frac{p_2}{t} + \frac{p_1}{2t} = 0 \tag{10}$$

由于利润最大化的二阶条件满足, 即有:

$$\frac{\partial^2 \pi_1}{\partial p_1^2} = \frac{\partial^2 \pi_2}{\partial p_2^2} = -\frac{1}{t} < 0 \tag{11}$$

$$\frac{\partial^2 \pi_2}{\partial p_1^2}\frac{\partial^2 \pi_2}{\partial p_2^2} - \left(\frac{\partial^2 \pi_2}{\partial p_1 \partial p_2}\right)^2 = \frac{3}{4t^2} > 0 \tag{12}$$

解 (9) 式、(10) 式可得两厂商的均衡出厂价格如下:

$$p_1^* = t\left(l + \frac{a - b}{3}\right) \tag{13}$$

$$p_2^* = t\left(l - \frac{a - b}{3}\right) \tag{14}$$

将 (13) 式、(14) 式代入到 (3) 式、(4) 式中, 则可以求得两厂商 A、B 的销量 $q_1 = a + x$ 与 $q_2 = b + y$。

$$q_1^* = \frac{1}{2}\left(l + \frac{a - b}{3}\right) \tag{15}$$

$$q_2^* = \frac{1}{2}\left(l - \frac{a - b}{3}\right) \tag{16}$$

最后, 将 (13) 式 ~ (16) 式代入 (5) 式、(6) 式中, 可得两厂商的均衡利润为:

$$\pi_1^* = \frac{t}{2}\left(l + \frac{a - b}{3}\right)^2 \tag{17}$$

$$\pi_2^* = \frac{t}{2}\left(l - \frac{a - b}{3}\right)^2 \tag{18}$$

由 (17) 式、(18) 式可以得出下述重要结论。

第一, 厂商利润随着市场长度 l 的增加而增加, 即有 $\frac{\partial \pi_1^*}{\partial l} > 0$, $\frac{\partial \pi_2^*}{\partial l} > 0$。这是因为市场长度的增加意味着消费者人数的增加, 厂商利润自然会随着消费者人数的增加而增加。

第二, 可以看出, $\frac{\partial \pi_1^*}{\partial a} > 0$, $\frac{\partial \pi_2^*}{\partial b} > 0$。即厂商利润会随着厂商腹地增加而增加。这是因为, 厂商的市场范围分为腹地和竞争区域; 而腹地这一市场范围为该厂商所专有, 不需与另一厂商竞争, 因此, 腹地增加会提高厂商的利润。而这就意味着, 两个厂商都会向市场的中心移动以扩大自己的腹地而提高利润。均衡时，必然是两个厂商位于线性市场的中间。此即由 Hotelling 模型引申而来的"最小差异化原则"（Principle of Minimum Differentiation）。

三、"最小差异化原则"与"最大差异化原则"之争

Hotelling（1929）模型成功地解决了同一产品只能有一个价格的困惑，这是 Hotelling 模型的成功之处，但 Hotelling（1929）模型本身也存在一个缺陷，即 Hotelling 未考虑厂商削价（undercutting）竞争问题。D'Aspremont *et al.*（1979）证明了 Hotelling 模型的均衡并不存在。这一论文的发表在经济学界引起较大的反响，引发了 20 世纪八九十年代对 Hotelling 模型的研究风潮。

（一）Hotelling（1929）均衡的错误与最大差异化原则

由 Hotelling（1929）的结论可知厂商聚集在 $l/2$ 处，其均衡价格为 (p_1^*, p_2^*)，此时厂商 A 的利润为 OMNC 的面积（见图 2）。D'Aspremont *et al.*（1979）推论道，若厂商 A 将价格稍微调低至 $p_1' = p_1^* - \varepsilon$，则厂商 A 可以独占整个市场，其利润为 ODEl 的面积，很显然，厂商 A 进行削价对自身有利，所以 (p_1^*, p_2^*) 不是均衡价格，因此 Hotelling（1929）之均衡将不复存在矣。

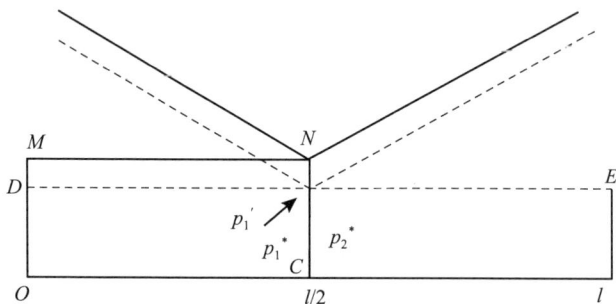

图 2   削价竞争（undercutting price）示意

D'Aspremont *et al.*（1979）证明如下：若 $p_1 > p_2 + t(l - a - b)$，则市场由 B 独占，厂商 A 的利润为 0；若 $p_2 > p_1 + t(l - a - b)$，则市场由 A 独占，其利润为 lp。若两家厂商同时存在，则必有 $p_1 \leqslant p_2 + t(l - a - b)$，$p_2 \leqslant p_1 + t(l - a - b)$。整理后可得：$|p_1 - p_2| \leqslant t(l - a - b)$。若两家厂商同时存在，且两家厂商同时制定最优价格的条件 (p_1^*, p_2^*) 需满足下列条件：

$$\pi_1^* = p_1^* \cdot q_1^* \geqslant l \cdot p_1^U \tag{19}$$

其中 p_1^U 表示厂商 A 的最高削价价格。

由 Hotelling（1929）模型的结论可知，$p_1^* = t\left(l + \dfrac{a-b}{3}\right)$，$q_1^* = \dfrac{1}{2}$ $\left(l + \dfrac{a-b}{3}\right)$，且 $p_1^U = p_2^* - t(l-a-b) - \varepsilon$，$\varepsilon$ 为任意小的正数。代入到（19）式中，可得 $\left(l + \dfrac{a-b}{3}\right)^2 \geqslant \dfrac{4}{3}l(a+2b)$。同样，由厂商 B 观之，则必有：$\left(l + \dfrac{b-a}{3}\right)^2 \geqslant \dfrac{4}{3}l(b+2a)$。所以 Hotelling 模型中的价格（$p_1^*$，$p_2^*$）要成为稳定的价格（均衡），必须满足上述两个不等式。进一步论之，若厂商的区位选择对称，即 $a = b$，则有 $a = b \leqslant \dfrac{l}{4}$。换言之，在厂商区位对称的情况下，两厂商必须在 $[0, l/4]$ 和 $[3l/4, l]$ 处设厂才能存在价格均衡，但是由于 $\dfrac{\partial \pi_1^*}{\partial a} > 0$，$\dfrac{\partial \pi_2^*}{\partial b} > 0$，这将驱使厂商向线性市场的中间移动，遂使得稳定的价格均衡需满足的区位条件被打破，故 Hotelling 模型的均衡将不存在，这使得 Hotelling（1929）之论题 "Stability in competition" 颇具反讽意味。[①]

　　针对 Hotelling 模型均衡不存在的问题，D'Aspremont *et al.*（1979）将运输成本改为距离的二次函数，即（1）式改为：

$$p_1 + tx^2 = p_2 + ty^2 \tag{20}$$

其他假设同 Hotelling（1929）。经过计算，可以得到两家厂商的最大利润为：[②]

$$\pi_1^* = \frac{t}{18}(l-a-b)(3l+a-b)^2 \tag{21}$$

$$\pi_2^* = \frac{t}{18}(l-a-b)(3l-a+b)^2 \tag{22}$$

由上述两式，可以得到：

$$\frac{\partial \pi_1^*}{\partial a} = -\frac{t}{18}(l+3a+b)(3l+a-b) < 0 \tag{23}$$

$$\frac{\partial \pi_2^*}{\partial b} = -\frac{t}{18}(l+a+3b)(3l-a+b) < 0 \tag{24}$$

　　由此可知，厂商利润随着自己腹地的减少而增大，故两厂商必然将厂址设在线性市场的端点，以增加自己的利润，此即 "最大差异化原则"。

　　从博弈论的角度来看，Hotelling 模型是一个没有被完整定义的博弈，从而导致了子博弈均衡不存在。然而，由于经济学研究特别重视 "均衡" 的特

---

　　① 当然，应注意 "stability" 这里有两层意思：第一，在一定范围内，每一厂商都有一定的定价能力——即使它的价格比对手高，其市场份额也不为零。若厂商提高价格，它的市场份额会逐渐减少，而不是突然消失为零。第二，是 "双占模型" 的稳定，即市场上存在两家厂商，不会由一家独占，但这一点后来被证明是错误的，因为若厂商进行削价竞争（假定对手价格不变），会导致另一家的市场份额为零，成为独占市场。

　　② 详细推导过程可以参考马丁（2003），第 92～93 页。

点，所以 D'Aspremont *et al.*（1979）之后不断有经济学家对 Hotelling 模型进行修正，尝试得出"最小差异化原则"能够成立的条件。以下便是一些著名的尝试。有些尝试仍然无法得到均衡解，有些尝试在某些条件下有均衡解。虽然很多尝试是为了处理均衡不存在的问题，但由于他们修改 Hotelling 模型假设的不同，而导致了其不同的发展方向，甚至使研究跨出了经济学的领域。

（二）线性运输成本和凸性运输成本

D'Aspremont *et al.*（1979）将运输成本改为距离的二次函数，得到与 Hotelling（1929）截然相反的结论。一个颇具经济直觉的想法是，也许运输成本的类型（或结构），影响到厂商的区位决定，Economides（1986）即是进行了此一方面的尝试。

为了研究厂商的区位选择是否与运输成本的设定有关，Economides（1986）将运输成本设为一般化形态为 $d(\alpha) = d^{\alpha}$，其中 d 为距离，$1 \leqslant \alpha \leqslant 2$。Economides 对所有 $1 \leqslant \alpha \leqslant 2$ 的区间求解市场均衡。其结论主要如下：首先，对于任意 $1 \leqslant \alpha \leqslant 2$，"最小差异化原则"总是不成立。其次，"最大差异化原则"只能局部成立。具体情形是，当 $5/3 \leqslant \alpha \leqslant 2$ 时，存在市场均衡，均衡时两家厂商分别在市场的两个端点设厂，此时"最大差异化原则"成立；当 $5/3 \geqslant \alpha \geqslant \bar{\alpha} \approx 1.26$ 时，存在市场均衡，均衡时两家厂商会在市场的内部设厂，其位置随着 α 的不同而变化，由于均衡是内部解，"最大差异化原则"不成立。最后，当 $1 \leqslant \alpha \leqslant \bar{\alpha} \approx 1.26$ 时，不存在市场均衡。此外，Gabszewicz & Thisse（1986）讨论了 linear-quadratic 形式的运输成本，即 $c(x) = ax + bx^2$，a，$b > 0$，发现仍然不存在均衡。

值得一提的是，对于凹性运输成本，如 $c(x) = x^{1/2}$ 等，文献上较少涉及，这是因为凹性成本在线性市场中有着令人无法解释的困扰，如消费者距离厂商 B 较近，但却会向距离较远的 A 购买等。因此，Hotelling 模型中一般将运输成本假定为距离的线性函数或凸性成本函数，很少涉及凹性成本。[①]

（三）低保留价格和高保留价格（需求有弹性和需求无弹性）

Hotelling 模型假设消费者的需求完全无弹性，即无论价格多高，消费者均会购买一单位产品，即市场完全覆盖，这实际上意味着消费者的保留价格很高。Smithies（1941）即指出，需求无弹性的假设过于强烈。因为需求无弹性意味着"竞争的双方，不会因入侵对手的区域（competitive region）而

---

① de Frutos *et al.*（2002）则分析了圆形市场中运输成本为凹性的情况。他们证明，在圆形市场中，凹性运输成本可以转换为对等的凸性运输成本，但在直线市场中却不存在这种对等转换。

担心自己的腹地 (hinterland) 被侵蚀", 所以 Hotelling 才不需要分析 "厂商一心向中间移动而最终聚集在一起" 的命题是否为真。Smithies (1941) 遂之提出线性需求函数 (弹性需求), 在弹性需求的条件下, 其结论是厂商会分散设厂, 与 Hotelling (1929) 结论不同。①

Bockem (1994) 研究表明, 当市场不能完全被覆盖时, 企业将不再遵循最大差异化原则, 而是将厂址向中间移动, 以扩大市场份额, 增加利润。

Hinloopen & Marrewijk (1999) 沿用 Hotelling 模型, 假定消费者负担的交通成本为线性成本, 但在模型中明确引入消费者保留价格, 并将保留价格分为高、中、低三种情形。其结论主要如下: 首先, 如果消费者的保留价格较高, 则不存在纯策略均衡, 与 D'Aspremont et al. (1979) 结论同; 其次, 如果消费者的保留价格较低, 则均衡结果不唯一; 最后, 如果消费者的保留价格处于 "适中" (Intermediate), 均衡结果唯一, 均衡时两家厂商的距离大于整个市场长度的 1/4, 但小于整个市场长度的 1/2。

(四) 需求随机性和产品异质性

在基本的 Hotelling 模型中, 消费者的购买行为是确定的, 即消费者要么从厂商 A 购买, 要么从厂商 B 处购买, 消费者的购买行为不存在随机性。此时, 企业能够确定自己的腹地。然而, 若消费者偏好是随机的, 分散设厂的期望收益将减少。因为原本属于某一厂商的腹地的消费者可能会转向另一个企业购买。因此随机的偏好可能减少企业分散设厂的动机, 从而产生聚集解。

Anderson et al. (1992) 提出了一个随机偏好模型, 并给出了两家企业居于市场中心的条件。这些条件中的一个重要特征是消费者的随机购买行为必须足够大。当企业根本不能确定消费者的需求时, 最小差异化原则将成立。de Fraja & Norman (1993) 引进异质产品, 发现均衡时厂商会聚集在市场的中点。

(五) 数量竞争和价格竞争

Anderson & Neven (1991) 认为 Hotelling (1929) 模型在解释厂商的区位时存在两个缺点。第一, 厂商各自的市场范围是完全分割的, 不会发生市场重叠, 但现实中, 市场重叠经常发生; 第二, 由于激烈的价格竞争, 厂商会选择分离区位 (D'Aspremont et al., 1979), 但现实中常发生同类厂商互相聚集的现象。为此, 他们提出以 Cournot 竞争为基础的空间竞争模型。假定

---

①　其实, 影响厂商 "腹地" 的任何因素, 都可能影响 Hotelling 模型的结果。圆形市场模型即是将 Hotelling 的线形街道两端连接成一点而成。这一模型使得厂商不再存在腹地, 因此, 当厂商向对手靠近时, 需要考虑自己原先的领域, 其结果最终可能造成厂商在圆形市场的分散区位均衡。

长度为 l 的直线市场上, 有两家厂商分别位于 x_1、x_2, 每一个市场点 $x \in [0, l]$ 均存在一个反需求函数 $p = a - bq$。厂商的生产成本均为 0, 厂商所需负担者唯运费而已, 同时假定不存在套利行为。

Anderson & Neven (1991) 证明, 只要 $a > 2tl$, 即所有市场均可被两家厂商所服务, 则 $x_1 = x_2 = l/2$ 是唯一的 Cournot 均衡区位, 且厂商的市场范围完全重叠。[①] 采用数量竞争的文献尚有 Mayer (2000)、Pal & Sarkar (2002)、Yu & Lai (2003) 等。一般而言, 如果厂商采用数量竞争方式, 则厂商会聚集在一处。此时, 最小差异化原则成立。[②]

（六）圆形市场和直线市场

Pal (1998) 将 Cournot 竞争引入圆形市场, 其初衷是为了打破文献上认为 Bertrand 价格竞争导致厂商位置分散, 而 Cournot 竞争导致厂商空间聚集的结论和成见。Pal (1998) 证明, 在圆形市场下, 即使是 Cournot 竞争, 厂商也会分散在同一直径的两端设厂, 即最大差异化。由此可见, 厂商聚集与否和竞争的方式 (Bertrand 或 Cournot 竞争) 无关, 而和市场的型态 (线性和圆形) 有关。

Pal (1998) 一文虽然简短, 但贡献较大。因为它挑战了 Cournot 竞争必然聚集在一起的成见, 因此激发了后续的诸多研究。Matsushima (2001) 提出了一个 Pal (1998) 模型的反例。他证明, 当厂商数目为偶数时, 存在一个特殊的均衡。即一半厂商聚集在直径的一端, 而另一半厂商则聚集在同一直径的另一端。该文的重要性在于改变了文献上的一个错误认知: 认为 Cournot 竞争模型的厂商区位由市场形状决定—直线市场会聚集, 圆形市场则分散。Matsushima 证明市场形状不是关键因素, 因为圆形市场的 Cournot 竞争也会有厂商的聚集现象。

（七）替代品和互补品

Anderson & Neven (1991) 开创了线性市场下 Cournot 竞争的分析, Pal (1998) 将其研究框架延伸至圆形市场, 得到厂商会在圆周上等距离设厂的均衡, 即分散区位均衡。Chamorro-Rivas (2000) 将一个厂商多个分店的概念引入到 Pal 的圆形市场模型, 结论表明所有分店也会等距离分散设厂。

此前, Kats (1995) 在 Bertrand 竞争下, 同样得到厂商在圆形市场等距离设厂的均衡。Pal (1998)、Chamorro-Rivas (2000) 在 Cournot 竞争下所得结论呼应了 Kats (1995) 的研究, 似乎并无特别之处, 但其在文献的发展上

---

① 若市场存在 n 家厂商, 则厂商聚集一处仍是唯一的区位均衡。

② Yang et al. (2007) 指出这一结论存在局限性。他们证明, 在某些假定下, 即使厂商从事数量竞争, 但若运输费率足够大, 仍然存在分离解, 即最大差异化。

却影响甚巨。因为 Pal（1998）、Chamorro-Rivas（2000）的结论再一次凸显出圆形市场的均衡是厂商等距离分散设厂，由此自然引申的问题是：圆形市场中难道不存在聚集均衡吗？Matsushima（2001）首先给出了问题的答案，表明存在聚集性均衡。之后，Yu & Lai（2003）从产品的相关关系（替代、互补或者无关）切入，同样表明圆形市场中存在聚集均衡：假定厂商从事数量竞争，当厂商的产品为互补品，则唯一均衡为聚集区位。当然，若产品为替代品，则唯一均衡为两厂商等距离分散设厂。此外，若两产品独立，则均衡不唯一。[①]

（八）一维空间和二维空间（多维空间）

一般文献在研究厂商的设厂位置时，均假定厂商不存在其他方面的差异，即使用一维空间模型。若厂商存在其他方面的差异，其均衡区位又当如何，是聚集解还是分离解（Economides，1989）。将产品空间扩展至二维及三维空间，认为企业在各个维度上差异化原则同各个维度上运输成本的权重相关。在权重相对较大的维度上表现为"最大差异化原则"，而在其他维度上表现为"最小差异化原则"。Ferreira & Thisse（1996）考察了厂商存在二维差异即垂直差异（质量差异）和水平差异（空间差异）的情形。Ferreira & Thisse 的分析引人入胜之处在于，他们认为厂商之间的两种差异具有替代关系：当水平差异最小时，垂直差异便会最大；反之，若水平差异最大时，垂直差异减至最小。文献中有时将其称之为"最大—最小差异化"和"最小—最大差异化"。

上述结果表明，若考虑多维度的产品特征空间，则所谓的最小差异化或者最大差异化可能均不成立。例如，Ansari *et al.*（1998）考虑了三维度的水平差异模型，发现两个厂商的最优产品差异将是"最大化—最小化—最小化"；而 Irmen & Thisse（1998）设立一个更加一般化的 n 维水平差异模型，他们指出厂商的最优策略将是"最大化—最小化…最小化—最小化"。Irmen & Thisse 的研究表明若考虑产品的多重特征，则厂商只需在某一特征上将产品的差异最大化就足以避免激烈的价格竞争。因为产品的 n 种特征中只有 1 种不同，当 n 值越大时，$1/n$ 值越小，产品越相似，因此，这一结论较倾向于支持 Hotelling 的"最小差异化原则"，故 Irmen & Thisse（1998）认为"Hotelling 几乎是对的（Hotelling was almost right）"。

（九）其他重要拓展形式

另有一些文献也试图找到能使最小差异化原则成立的条件。例如 Mai & Peng（1999）强调知识外溢效果的重要性。他们的研究表明，即使运输成本

---

① 此外，Yu & Lai（2003）还考虑 $n > 2$ 家厂商、偶数目厂商、奇数目厂商时的均衡。

是距离的二次函数，但若知识外溢效果足够强，厂商仍然选择聚集区位，最小差异化原则仍然成立；Liang & Mai（2006）讨论中间产品代工与厂商谈判能力（bargaining power）对厂商区位的影响。他们发现厂商区位选择依赖于中间产品与最终产品运输费率的相对大小，当中间产品的运输费率够大时，最小差异化原则成立。Liang et al.（2006）研究市场规模对厂商区位的影响。在哑铃模型（barbell Model），即空间隔离市场设定下，当厂商进行数量竞争，若大市场的规模够大，两厂商均在大市场设厂；当厂商进行价格竞争，两厂商必会分开设厂。

勾结和串谋的影响。根据博弈论的有关原理，博弈结构的改变（也许）将改变博弈的结果。由于上述得到"分离解"的文献，均采用非合作博弈的假设，因此，若改变此一假设，令厂商进行合作博弈或者串谋，则即使存在二次运输成本，最小差异化原则也许仍然可以成立。这一经济直觉确实可以得到有关文献的支持，如 Jehiel（1992）、Friedman & Thisse（1993）的研究。

最后，Hotelling 模型及其拓展模型中的定价方式通常为单一出厂定价（uniformly mill pricing），然而在理论和现实中，除了此一定价方式外，还有另外两种重要的定价方式，即单一送货定价（uniformly delivered pricing）和歧视定价（discriminatory pricing），如果厂商采用后两种定价方式，是否会影响厂商的区位选择？关于此一方面的文献，可以参考 Thisse & Vives（1988）、Kats & Thisse（1993）、Eber（1997）、Tabuchi（1999）、Aguirre & Martin（2001）及 Zhang & Sexon（2001）的论述。

四、延伸讨论：垂直差异市场中的"产品差异化原则"

上述 Hotelling 模型及其有关延伸模型讨论的均是关于产品的水平差异。但其中最小差异化原则和最大差异化原则的探讨同样可以引申到垂直差异。[①]同水平差异化模型相似，在垂直差异化模型中，如果用 $s_i (i = 1, 2)$ 表示产品质量，并且 $s_i \in [\underline{s}, \bar{s}]$，则当两家厂商分别选择最低质量和最高质量生产时，可以称之为"最大差异化原则"。当两家厂商质量相等时，可以称之为"最小差异化原则"，如果两厂商的产品差异既不是最大差异也不是最小差异，则称之为"部分差异化原则"。

（一）最大差异化原则

Gabszewicz & Thisse（1979）建立双占模型探讨垂直差异厂商面临收入

---

① 在对运输成本做出适当的假定后，Cremer & Thisse（1991）证明，任何 Hotelling 式的空间竞争模型（水平差异模型）都可以成为垂直产品差异模型的特例。

不同的消费者时的质量—价格决策。[①] 结果发现，只有在消费者的收入差异足够大时，才能容纳两家以上的厂商，否则只有一家厂商能存活下来，且两家厂商会将彼此间的质量差距扩大，以避免激烈的价格竞争，提高利润水平，即"最大差异化"。

研究垂直差异的文献，一般只考虑厂商的价格和质量决策，很少考虑消费者偏好对市场的影响力。Tirole（1988）于消费者效用函数的使用上捕捉早期文献的精神设定了一个简洁有力的效用函数，这一效用函数将价格、质量、消费者偏好均纳入其中，运用此效用函数可以表达出厂商面临的市场需求。Tirole 并在消费者偏好为均匀分布的情况下利用边界消费者的概念进一步求算高低品质产品的需求。假定市场上存在两家厂商，其边际成本同为常数 c（与质量无关），结论发现，高品质厂商会选择最高质量产品生产，低品质厂商会选择最低质量产品生产，即存在"最大差异化"。

（二）部分差异化原则

Choi & Shin（1992）沿用 Tirole（1988）模型的基本设定，但修改其模型的一个不足。在 Tirole（1988）的模型中，假定消费者均会购买一单位产品，即市场是完全覆盖的，但 Choi & Shin 认为如果消费者支付意愿较低，在厂商既定的价格设定下可能会有部分消费者被排挤出市场。Choi & Shin（1992）考虑市场不完全覆盖情形，在消费者品质偏好为均匀分布下，假定两家不存在成本的厂商进行两阶段非合作博弈。第一阶段为品质竞争，第二阶段则为价格竞争。博弈结果证明低质量厂商所选的品质为高质量厂商所选品质的 4/7，低品质厂商的价格为高品质厂商价格的 2/7，其结论与 Tirole（1988）不同。

Motta（1993）分别考虑品质改善为固定成本与变动成本的情况下，分析厂商进行 Bertrand 竞争与 Cournot 竞争时的决策。他发现 Bertrand 价格竞争下的产品差异大于 Cournot 数量竞争，但厂商的产品差异既不是"最大差异化"也不是"最小差异化"。与 Motta（1993）的分析相类似的文献还有 Boom（1995）、Baake & Boom（2001）等。

（三）存在潜在进入时的垂直产品差异化

垂直差异化模型中一般假定市场中存在一家或两家厂商。文献中较少分析多家厂商的情形，这是有原因的。Shaked & Sutton（1987）认为，如果市场上只存在两家厂商，在无潜在进入威胁的情形下，其中一家厂商会选择最高品质，另一家厂商会选择较低的品质（但严格高于最低品质）。如果第三

---

① 在独占市场或者完全垄断的条件下，探讨产品质量与价格均衡的文献主要有 Spence（1976）、Mussa & Rosen（1978）等，事实上，他们开创了垂直产品差异的研究。

家厂商进入市场，将不会存在均衡解。对于潜在进入威胁的情况下，市场会发生什么变化，文献没有进一步探讨。Hung & Schmitt（1988）、Donnenfeld & Weber（1992）进一步探讨了存在潜在进入威胁对市场均衡发生的影响。Hung & Schmitt（1988）假定第一家进入市场的厂商没有生产成本及进入成本，以后进入的厂商必须负担固定的进入成本。均衡结果表明潜在进入威胁会降低在位厂商的品质水准。并且第一家进入市场的厂商的质量选择是任意的。亦即第一家厂商的品质不一定设定在最高品质。但是第一家进入市场的厂商无论在品质决定上还是在利润的获取上均有较大优势。Donnenfeld & Weber（1992）假定已经在位的两家厂商不存在固定成本和变动成本，但潜在进入厂商进入市场需要负担固定成本。Donnenfeld & Weber 认为，在位厂商会将通过"限定质量"（limiting quality）策略阻止潜在厂商进入。按照固定成本的大小情形，均衡时厂商数目和在位厂商产品质量差异有如下特征。如果这一固定成本足够大，则会导致进入被阻滞，均衡时只能存在两家厂商，在位厂商的产品质量差异将会最大化；如果固定成本较小，使得第三家厂商容易进入市场，在位厂商将会生产存在较大质量差异的产品；如果固定成本处于中间（moderate），此时在位厂商的产品质量差异最弱，且当固定成本处于中间时，潜在进入厂商的固定成本和在位厂商的产品质量差异存在正相关关系，即潜在进入厂商的固定成本越小，在位厂商的产品质量差异越小。从 Hung & Schmitt（1988）、Donnenfeld & Weber（1992）结论可知，已进入市场的两家厂商会联合采取一定的品质策略，让潜在厂商即使进入市场也因无利可图而退出市场。但即使两家厂商不采取品质定位策略，市场存活的厂商数目也是有限的。此即为垂直差异市场的"有限性特征"（finiteness property）。

（四）Wang（2003）之分析

Wang（2003）沿用 Tirole（1988）的模型设定，以两阶段非合作博弈，假定市场完全覆盖，分析高质量厂商是否能够获得高利润，即高质量优势是否成立。Wang（2003）与以往文献在模型设定上主要有两点不同。其一，他将消费者偏好的分布一般化，不指定消费者偏好分布的具体概率密度函数，与以往文献一般将消费者偏好（收入）概率密度函数设为均匀分布不同。其二，Wang 与以往文献的不同之处还在于他将产品的成本设为与质量有关的变动成本。Tirole（1988）是将产品变动成本设为不依赖于质量的固定常数，固定成本为 0；Choi & Shin（1992）则假定厂商生产不存在成本；Motta（1993）则假定仅在产品研发阶段存在与质量有关的成本，变动成本则为零。在上述假定下，Wang（2003）的结论主要有如下几点：

第一，当且仅当一家厂商的市场份额大于 1/2 时，可以获得比对手更高的利润；第二，如果变动成本与质量无关，无论消费者偏好如何分布，高质量优势均成立；第三，如果变动成本与质量有关，则高质量优势可能不成立。

（五）收入分配、质量改善成本与垂直产品差异化原则

高建刚（2007）在 Tirole（1988）、Motta（1993）、Wang（2003）等文献的基础上，综合了上述文献的成本设定（并分析了新的成本设定，如考虑与质量有关的固定成本和变动成本同时并存的情况等），并将消费者的收入分配由均匀分布拓展为更加一般化的 β 分布，运用双占垂直差异模型，系统分析了消费者收入分配和质量改善成本（设定）对垂直产品差异化和高质量优势的影响。

高质量优势方面。值得注意的是，在固定成本（与质量有关）设定下，高建刚（2007）发现了低质量优势成立的情况。他发现，高质量优势一般在消费者为均匀分布和负偏分布时成立，在正偏分布下，可能出现低质量优势。并且低质量优势的出现，并不一定需要其市场份额高于整个市场的 1/2。换言之，即使高质量产品的市场需求大于整个市场的 1/2，高质量厂商的利润也不一定大于低质量厂商，亦即高质量优势原则不一定成立，此与 Wang（2003）的结论有很大不同（Wang 认为市场份额大的厂商会获得高利润）。

垂直差异方面。如果厂商进行非合作博弈，高建刚（2007）之结论主要如下：

第一，不可能出现最小差异化，即厂商不可能选择同样质量的产品；第二，如果产品质量提升成本为 0，或者为常数，或者为变动成本，则无论消费者收入分布如何，最大差异化原则成立；第三，只要存在与质量有关的固定成本，则最大差异化原则、最小差异化原则均不成立。

五、结　语

Hotelling 模型在空间竞争理论的发展上占有重要地位。自出现之后，它便不断得到修正与发展，与之有关的理论文献也颇为丰富和繁多。然而，国内经济学文献一直缺乏对这一模型及其发展进行较为系统的回顾和介绍。为此，本文借以阐明 "最小差异化原则" 的由来以及后来学者对此原则的质疑、探讨和分析，来对 Hotelling 模型及其发展进行较为详细的回顾和介绍，希望借此能够加深人们对模型的认识，澄清一些模糊观念，并以此管窥 Hotelling 模型以及空间竞争理论发展的一些面貌。

本文已进行的主要工作包括：（1）对 Hotelling 原始模型进行较为详细的回顾，并说明 "最小差异化原则" 的由来；（2）对与 "最小差异化" 和 "最大差异化原则" 有关的文献进行归整和梳理；（3）并将此争论延伸至垂直产品差异市场，介绍和评述有关的文献。

　　本文所进行的工作主要是围绕两家厂商的空间区位的争论进行论述。但空间竞争理论的发展方向很多，仍然有许多东西值得人们加以系统整理和回顾。比如市场形状的发展。传统厂商理论的"点"（point）状市场，发展为 Hotelling（1929）模型及其有关模型的"线"（line）型市场，后至 Salop（1979）等的"圆"（circle）型市场，再至 Chen & Riordan（2007）的"辐条"模型（spoke model）。

　　再如多厂商情形。Hotelling 模型假设市场上仅有两个厂商，但也可以分析多个厂商的情形，如 Eaton & Lipsey（1975）、Gupta *et al.*（2004）、Vogel（2008）等。Eaton & Lipsey（1975）考察了直线市场中多厂商的价格—区位均衡。假设厂商间必须至少有一 ε 距离（ε 可以非常小）。当厂商数目为 3 时，不存在市场均衡。当厂商数目为 4 时，均衡时市场分成两对，分别在市场的 1/4 处与 3/4 处设厂。当厂商数目为 5 时，一个厂商在中间处设厂，另外四个厂商分成两对，分别在市场 1/6 处和 5/6 处设厂等。Gupta *et al.*（2004）则分析圆形市场中的 Cournot 竞争的区位均衡，发现厂商的均衡区位不唯一。但无论厂商数目多少，等距离分散设厂是一个均衡。若厂商数目为大于 2 的偶数，则存在无穷多均衡等等，若为奇数，则均衡有多个（但不是无穷）。Vogel（2008）则考察了圆形市场中异质性厂商的区位问题。他发现边际成本较小的厂商或者生产效率较高的厂商，越能占有较大的市场范围。若转换为直线市场，则意味着边际成本较小的厂商越能在市场的中心处设厂。

　　以笔者之浅见，Hotelling 模型仍有值得进一步发展的地方。首先，Hotelling（1929）之模型及其延伸模型一般假设厂商在制定价格时猜测对手价格不变。此一猜测方式在文献上被称之为 Hotelling 竞争模型，即零价格猜测变量（zero price conjectural variation，猜测变量等于 0，即 $dp_2/dp_1 = dp_1/dp_2 = 0$）。但除了 Hotelling 竞争方式外，厂商间的价格竞争也可能为 Löschian 竞争方式（猜测变量等于 1，即 $dp_2/dp_1 = dp_1/dp_2 = 1$，相当于厂商串谋）、Greenhut-Ohta 竞争方式（猜测变量等于 -1，即 $dp_2/dp_1 = dp_1/dp_2 = -1$，相当于完全竞争），或者更一般化的猜测变量竞争方式。其次，空间模型中，一般假定消费者沿着直线或者圆周成均匀分布，即等概率密度分布，对于其他分布的情况，如正态分布、β 分布、指数分布等等，文献上较少论及，值得进一步探讨。最后，在市场形状的发展上，Hotelling 模型还有发展的潜力，比如可以查以下形状的市场：正多边形、井子形，以及同心圆形等。

参 考 文 献

[1] 刁新军、杨德礼、任雅威：《基于扩展 Hotelling 模型的企业竞争策略研究》，载《管理学报》2009 年第 7 期。

[2] 丁国荣：《基于 Hotelling 模型的网络外部性研究》，载《系统工程理论方法应用》2004 年第 5 期。

[3] 杜创：《信誉、市场结构与产品质量——文献综述》，载《产业经济评论》2009 年第 3 期。

[4] 高建刚：《Hotelling 模型再探讨》，载《太原理工大学学报（社会科学版）》2006 年第 4 期。

[5] 高建刚：《质量成本、收入分配与垂直产品差异》，山东大学博士学位论文，2007 年。

[6] 米建华：《基于 Hotelling 模型的上市公司信息披露在竞争中的溢出效应研究》，载《管理评论》2008 年第 6 期。

[7] 斯蒂芬·马丁著：《高级产业经济学》，史东辉等译，上海财经大学出版社 2003 年版。

[8] 祝福云：《竞争强度与企业创新动机的关联机理——基于 Hotelling 模型的分析》，载《中南财经政法大学学报》2009 年第 4 期。

[9] Aguirre, I. and Martin, A. M., 2001: On the Strategic Choice of Spatial Price Policy: the Role of the Pricing Game Rules, *Economics Bulletin*, Vol. 12, No. 2.

[10] Anderson, S. P., Palma, D. and Thisse, J. F., 1992: *Discrete Choice Theory of Product Differentiation*, Cambridge, MA: The MIT Press.

[11] Anderson, S. P. and Neven, D., 1991: Cournot Competition Yields Spatial Agglomeration, *International Economic Review*, Vol. 32, No. 4.

[12] Ansari, A., Economides, N. and Steckel, J., 1998: The Max-Min-Min Principle of Product Differentiation, *Journal of Regional Science*, Vol. 38, No. 2.

[13] Baake, P. and Boom, A., 2001: Vertical Product Differentiation, Network Externalities, and Compatibility Decisions, *International Journal of Industrial Organization*, Vol. 19, No. 1.

[14] Beckmann, M., 1972: Spatial Cournot Oligopoly, *Papers in Regional Science*, Vol. 28, No. 1.

[15] Bertrand, J., 1883: Rechercher sur la Theorie Mathematique de la Richesse, *Journal des Savants*. September, Vol. 48.

[16] Bockem, S., 1994: A Generalized Mode of Horizontal Product Differentiation, *Journal of Industrial Economics*, Vol. 42, No. 3.

[17] Boom, A., 1995: Asymmetric International Minimum Quality Standards and Vertical Differentiation, *Journal of Industrial Economics*, Vol. 43, No. 1.

[18] Chamorro-Rivas, J. M., 2000: Plant Proliferation in a Spatial Model of Cournot Competition, *Regional Science and Urban Economics*, Vol. 30, No. 5.

[19] Chen, Y. M. and Riordan, M. H., 2007: Price and Variety in the Spokes Model, *Economic Journal*, Vol. 117, No. 522.

[20] Choi, C. J. and Shin, H. S., 1992: A Comment on A Model of Vertical Product Differentiation, *Journal of Industrial Economics*, Vol. 40, No. 2.

[21] Cournot, A., 1838: *Recherches sur les Principes Mathematiques de la Theorie des Richesses*. Paris: M. Riviere & C., Translated in *Researches into the Mathematical Principles of Wealth*, New York: A. M. Kelly, 1960.

[22] Cremer, H. and Thisse, J. F., 1991: Location Models of Horizontal Differentiation: A

Special Case of Vertical Differentiation Models, *Journal of Industrial Economics*, Vol. 39, No. 4.

[23] D' Aspremont, C., Gabszewicz, J. J. and Thisse, J. F., 1979: On Hotelling's "Stability in Competition", *Econometrica*, Vol. 47, No. 5.

[24] de Fraja, G.. and Norman, G., 1993: Product Differentiation, Pricing Policy and Equilibrium, *Journal of Regional Science*, Vol. 33, No. 3.

[25] de Frutos, M. A., Hamoudi, H. and Jarque, X., 2002: Spatial Competition with Concave Transport Costs, *Regional Science and Urban Economics*, Vol. 32, No. 4.

[26] Donnenfeld, S. and Weber, S., 1992: Vertical Product Differentiation with Entry, *International Journal of Industrial Organization*, Vol. 10, No. 3.

[27] Dos Santos Ferreira, R. and Thisse, J. – F., 1996: Horizontal and Vertical Differentiation: The Launhardt Model, *International Journal of Industrial Organization*, Vol. 14, No. 4.

[28] Eaton, B. C., 1972: Spatial Competition Revisited, *Canadian Journal of Economics*, Vol. 5, No. 2.

[29] Eaton, B. C. and Lipsey, R. G., 1975: The Principle of Minimum Differentiation Reconsidered: Some New Developments in the Theory of Spatial Competition, *Review of Economic Studies*, Vol. 42, No. 1.

[30] Eber, N., 1997: A Note on the Strategic Choice of Spatial Price Discrimination, *Economics Letters*, Vol. 53, No. 3.

[31] Economides, N., 1986: Minimal and Maximal Product Differentiation in Hotelling's Duopoly, *Economics Letters*, Vol. 21, No. 1.

[32] Economides, N., 1989: Quality Variations and Maximal Variety Differentiation, *Regional Science and Urban Economics*, Vol. 19, No. 1.

[33] Friedman, J. M. and Thisse, J. – F., 1993: Partial Collusion Fosters Minimum Product Differentiation, *RAND Journal of Economics*, Vol. 24, No. 4.

[34] Gabszewicz, J. J. and Thisse, J. – F., 1979: Price Competition, Quality and Income Disparities, *Journal of Economic Theory*, Vol. 20, No. 3.

[35] Gabszewicz, J. J. and Thisse, J. – F., 1986: On The Nature of Competition with Differentiated Products, *Economic Journal*, Vol. 96, No. 381.

[36] Gupta, B., Lai, F. C., Pal, D., Sarkar, J. and Yu, C. M., 2004: Where to Locate in a Circular City? *International Journal of Industry Organization*, Vol. 22, No. 6.

[37] Greenhut, M. L., Hwang, M. and Ohta, H., 1975: Observations on the Shape and Relevence of the Spatial Demand Function, *Econometrica*, Vol. 43, No. 4.

[38] Hartwick, J. M. and Hartwick, P. G., 1971: Duopoly in Space, *Canadian Journal of Economics*, Vol. 4, No. 4.

[39] Hinloopen, J. and Marrewijk, C., 1999: On the Limits and Possibilities of the Principle of Minimum Differentiation, *International Journal of Industrial Organization*, Vol. 17, No. 5.

[40] Hotelling, H., 1929: Stability in Competition, *Economic Journal*, Vol. 39, No. 153.

[41] Hung, N. M., Schmitt, N., 1988: Quality Competition and Threat of Entry in Duopoly,

Regional Economics Letters, Vol. 27, No. 3.

[42] Irmen, A. and Thisse, J. F., 1998: Competition in Multi-Characteristics Spaces: Hotelling Was Almost Right, *Journal of Economic Theory*, Vol. 78, No. 1.

[43] Jehiel, P., 1992: Product Differentiation and Price Collusion, *International Journal of Industrial Organization*, Vol. 10, No. 4.

[44] Kats, A. and Thisse, J. F., 1993: *Spatial Oligopolies with Uniform Delivered Pricing, in H. Ohta and J. F. Thisse (eds), Does Economic Space Matter?* New York: St Martin's Press.

[45] Kats, A., 1995: More on Hotelling's Stability in Competition, *International Journal of Industrial Organization*, Vol. 13, No. 1.

[46] Lerner, A. P. and Singer, H. W., 1993: Some Notes on Duopoly and Spatial Competition, *The Journal of Political Economy*, Vol. 45, No. 2.

[47] Liang, W. J., and Mai, C. C., 2006, Validity of the Principle of Minimum Differentiation under Vertical Subcontracting, *Regional Science and Urban Economics*, Vol. 36, No. 3.

[48] Liang, W. J., Hwang, H. and Mai, C. C., 2006, Spatial Discrimination: Bertrand vs. Cournot with Asymmetric Demands, *Regional Science and Urban Economics*, Vol. 36, No. 6.

[49] Mai, C. C. and Peng, S. K., 1999: Cooperation vs. Competition in A Spatial Model, *Regional Science and Urban Economics*, Vol. 29, No. 4.

[50] Matsushima, H., 2001: Cournot Competition and Spatial Agglomeration Revisited, *Economics Letters*, Vol. 73, No. 2.

[51] Mayer, T., 2000: Spatial Cournot Competition and Heterogeneous Production Costs across Locations, *Regional Science and Urban Economics*, Vol. 30, No. 2.

[52] Motta, M., 1993: Endogenous Quality Choice: Price vs. Quantity Competition, *Journal of Industrial Economics*, Vol. 41, No. 2.

[53] Mussa, M. and Rosen, S., 1978: Monopoly and Product Quality, *Journal of Economic Theory*, Vol. 18, No. 2.

[54] Pal, D., 1998: Does Cournot Competition Yield Spatial Agglomeration? *Economics Letters*, Vol. 60, No. 1.

[55] Pal, D. and Sarkar, J., 2002: Spatial Competition among Multi-store Firms, *International Journal of Industrial Organization*, Vol. 20, No. 2.

[56] Salop, S. C., 1979: Monopolistic Competition with Outside Goods, *Bell Journal of Economics*, Vol. 10, No. 1.

[57] Shaked, A. and Sutton, J., 1987: Product Differentiation and Industrial Structure, *Journal of Industrial Economics*, Vol. 36, No. 2.

[58] Smithies, A., 1941: Product Differentiation and Industrial Structure, *The Journal of Political Economy*, Vol. 49, No. 3.

[59] Spence, M., 1976: Product Differentiation and Welfare, *American Economic Review*, Vol. 66, No. 2.

[60] Tabuchi, T., 1999: Pricing Policy in Spatial Competition, *Regional Science and Urban*

SEconomics, Vol. 29, No. 5.

[61] Thisse, J. F. and Vives, X., 1988: On the Strategic Choice of Spatial Price Policy, *American Economic Review*, Vol. 78, No. 1.

[62] Tirole, J., 1988: *The Theory of Industrial Organization*, Cambridge MA: The MIT Press.

[63] Vogel, J. E., 2008: Spatial Competition with Heterogeneous Firms, *Journal of Political Economy*, Vol. 116, No. 3.

[64] Wang, H., 2003: A Note on the High-Quality Advantage in Vertical Differentiation Models, *Bulletin of Economic Research*, Vol. 55, No. 1.

[65] Yu, C. M. and Lai, F. C., 2003: Cournot Competition in Spatial Markets: Some Further Results, *Papers in Regional Science*, Vol. 82, No. 4.

[66] Yang, B. S., Liang, W. J., Hwang, H. and Mai, C. C., 2007: A General Analysis of Spatial Cournot Competition in a Linear City Model, Tamkang University, *Working Paper*.

[67] Zhang, M. and Sexon, R. J., 2001: Fob or Uniform Delivered Prices: Strategic Choice and Welfare Effects, *The Journal of Industrial Economics*, Vol. 49, No. 2.

Principle of Minimum Differentiation or that of Maximum Differentiation——On the Hotelling Model and Its Development

Gao Jiangang

Abstract: The spatial competition has made much progress since the Hotelling model was published in 1929. And relevant literature is very abundant and diverse. The work carried out in this paper mainly includes two aspects: Firstly, the origin of both the "principle of minimum differentiation" and "principle of maximum differentiation" has been explained in detail. Secondly, the literature on the argument of these two principles has been sorted out and reviewed. It is expected that people can sketch out the contours of development of Hotelling model and spatial competition with two aspects of the discussion mentioned above. As a result, people can glimpse the direction and outlook of the development of some of the Hotelling model.

Keywords: Hotelling Model Principle of Minimum Differentiation Principle of Maximum Differentiation Spatial Competition Theory

JEL classification: D43 D52 O31

网上拍卖研究的进展

雷　波　冯中越[*]

摘　要： 随着网上拍卖成为商品交易方式的流行趋势，其也日渐成为学者们研究的热点。本文回顾了近年来国内外关于网上拍卖领域的研究现状，主要涉及竞买者竞价行为、卖方策略、立即购买权、拍卖机制、平行市场和外部选择权等问题，并指出了网上拍卖的平行市场、信誉机制以及第三方支付平台等进一步的研究方向。

关键词： 网上拍卖　立即购买权　平行市场　信誉机制

传统理论认为，当交易双方对标的物的价值都不确定时，利用拍卖方式可以促使价格发现和降低交易费用。然而，由于组织及参与一项拍卖的成本十分高昂，拍卖这种交易方式的应用并不广泛。

随着电子信息系统的出现和发展，一方面进行和参与一项拍卖的交易费用大幅下降。另一方面由于潜在竞买者可以忽视物理位置的差异而在同一个拍卖平台上互相竞价，而且代理出价软件可以让竞买者及时地参与拍卖而不必亲自出席，这使得价格发现的预期收益大幅提升。这样，世界范围内网上拍卖交易的价值急剧增长，成为商品交易的流行趋势。此外，网上拍卖在市场研究和创新中同样扮演着重要的角色。在这样的环境下，对网上拍卖各个领域展开研究的文献大量涌现。

一、竞买者竞价行为研究

（一）迟出价

许多研究者发现，eBay 等拍卖网站上的竞买者经常会在拍卖临近结束的时候提交出价，这种迟出价（late bidding）竞价策略称为"狙击（sniping）"。在研究至少有两个竞买者的计算机和古董拍卖中，Ockenfels & Roth（2002a）

---

    * 雷波：北京工商大学经济学院；地址：北京市海淀区阜成路 33 号，邮编：100048；电话：13693399235；E-mail：derek78915@ suhu.com。

    冯中越：北京工商大学经济学院；地址：北京市海淀区阜成路 33 号，邮编：100048；电话：13501015150；E-mail：fengzy@ btbu.edu.cn。

发现，大约有 50% 的拍卖在最后的 5 分钟仍然有出价，37% 最后 1 分钟有出价，12% 最后 10 秒钟还有出价。Simonsohn（2005）发现，在他研究的案例中，20% 最终赢得标的物的出价是在拍卖最后 1 分钟内提交的。Anwar *et al.*（2006）研究 eBey 案例发现，超过 40% 的出价是在拍卖的最后 10% 的时间内提交的。

最后时刻出价似乎与经济理论并不相符，因为多数拍卖网站采用的是增价英式拍卖规则，并不是最迟出价而是最高的出价赢得标的物。此外，由于因特网交易和网络连接时间的不确定性，最后时刻出价存在可能提交得太晚而不能达成交易的风险。对此，国内外学者试图做出解释。

在私人价值的假设下，Ockenfels & Roth（2002b）认为，在有预定结束时间的网上拍卖中，"狙击者"在拍卖临近结束提交出价不会给其他竞买者足够时间的反应，从而增大赢得拍卖的概率。Barbaro & Bracht（2006）则认为，在私人价值模型环境中，竞买者迟出价策略可以一定程度上防止卖方的"托"出价行为。另外一种解释是，在共同价值的假设下，竞买者迟出价能从其他竞买者的早期出价获取信息从而调整自己的支付意愿，或者能避免其他竞买者从自己的早期出价获取信息，Bajari & Hortacsu（2003）在一个信息对称的共同价值模型中论证了这个观点。

（二）赢者诅咒

对于共同价值拍卖，模型研究表明无经验竞买者会陷入赢者诅咒（Winner's Curse）：平均起来，中标者会过多地支付价值（Kagel & Levin，2002）。网上拍卖同样具有共同价值因素，所以不可避免地存在赢者诅咒问题。在研究 eBay 上的棒球卡拍卖中，Jin & Kato（2004、2006）发现，一些购买者因为低估欺诈的可能性而受到赢者诅咒的掠夺（Bajari & Hortacsu，2004）。与赢者诅咒对竞买者完全是负效应的观点不同，Yin（2005）发现竞买者在拍卖前对标的物的价值越确定，那其出价也会越大胆，他认为赢者诅咒效应是竞买者对整个拍卖清楚了解的合理反应。

另外一些文献研究了竞买者行为对赢者诅咒的影响。Bajari & Hortacsu（2003）用一个竞买者人数不确定的第二价格密封拍卖模型对 eBay 出价策略进行了分析。他们发现，一定数量竞买者的存在会使得出价下降，此外有经验的竞买者谨慎出价也会降低赢者诅咒的影响。Ow & Wood（2004）则认为竞买者经验越多出价也会越大胆，赢者诅咒的影响会因为竞买者的经验而减小。

二、卖方策略研究

（一）保留价格

拍卖理论认为，卖方可以设定一个保留价格（reserve prices）——卖方在拍卖结束时可以接受的最小中标价，用以避免较低的收益或刺激竞买者竞价，而最优保留价格应设定在卖方心理价位之上。在大多数网上拍卖中，卖方不仅需要决定保留价格的多少，还要选择保留价格是密封的还是公开的，如果是公开的，公开到什么程度。网上拍卖最常见的保留价格形式就是最小出价——在拍卖开始之初竞标人可能提交的最低价格。因为在拍卖之初是公开出价的，并且不能调整，最小出价意味着一个静态的公共的保留价格。当卖方将最小出价设在其价值之下，他通常会选择密封保留价格的策略或者是雇托出价策略。

Myerson（1981）指出，在独立私有价值拍卖中，公开的保留价格能增加卖方的收益。Riley & Samuelson（1981）把这个结论扩展到了关联价值和共同价值拍卖。Vincent（1995）给出了一个例子说明在关联价值英式或第二价格拍卖中，设置秘密保留价格能增加卖方的收益。根据上述的结论，Bajari & Hortacsu（2003）利用一个基于 eBay 钱币拍卖的对称共同价值第二价格拍卖模型计算最优的起拍价和秘密保留价，结果表明，在最优状态，设置秘密保留价格可使卖方的收益比期望收益高 1% 。上述研究都是假设竞买者数量是固定和已知，并且竞买者进入拍卖是没有成本的。Samuelson（1985）、Engelbrecht-Wiggans（1987）、McAfee & McMillan（1987）、Levin & Smith（1996）先后讨论了在竞买者数量是内生的以及竞买者有进入拍卖成本的假设下，卖方设定不高于自己价值的保留价格以激励竞买者的有效进入是可以获益的。

并非所有的研究都认为密封保留价格会给卖方带来收益，密封保留价格和卖方预期收益增加之间可能并不存在一个对称性均衡（Nagareda，2003），也可能卖方设定秘密保留价格会使得他们的收益降低（Elyakime *et al.*，1994）。

（二）"托"出价

网上拍卖最重要的特征就是拍卖是通过拍卖网站这个平台实现交易的。由于网上 ID 很容易申请，没有内部信息很难对申请人实际身份进行跟踪，对合法的拍卖卖方之间的合谋也难以求证。这就意味着，在理论上卖方可以申请很多网上竞买者 ID 以便在拍卖中自己出价，这就产生了卖方"托"出价（shill bidding）行为——卖方或卖方的合谋者偷偷在拍卖过程中竞价以提高拍卖预期收益。

国外学者在如何识别网上拍卖的"托"出价方面取得了一定的进展。Kauffman & Wood（2003）收集了 eBay 稀有硬币拍卖的数据进行研究，他们提出识别雇佣出价的主要手段是搜索"可疑出价"，并介绍了可疑出价的标准。Engelberg & Williams（2006）研究了 eBay 上大约 40000 例比赛门票拍卖，认为当竞买者在同一拍卖中经常出价就很可能是"托"出价。而国内关于卖方"托"出价行为研究主要集中在如何制约该行为上。张金城（2008）

提出拍卖人（第三方）根据中标价和卖方保留价之差收取佣金的机制，确保"托"出价无利可图。田剑、韩丽华（2008）在对国内外主要的网上拍卖欺诈防范机制进行比较研究的基础上，构建了一个反馈评价系统的指标体系和二次评价系统来防范网上欺诈。

值得注意的是，虽然卖方"托"出价明显属于欺诈行为，但 Sinha & Greenleaf（2000）、Izmalkov（2004）、Wang *et al.*（2004）、Chakraborty & Kosmopoulou（2004）等的研究表明，在某些特定的情况下，存在"托"出价的网上拍卖仍会实现均衡，卖方、竞买者以及拍卖人（或拍卖网站）均实现最优收益。

三、立即购买权研究

网上拍卖在市场交易中的份额不断增加的一个原因就是许多拍卖设置了立即购买权（the buy-now option，或称一口价），这也是网上拍卖有别于线下拍卖的特征之一。立即购买权是指卖方在拍卖前设定一个立即购买价格，任何一个竞买者都有权支付这个价格马上获得标的物，排除其他竞买者的竞争。立即购买权分为临时性和永久性两种：临时性立即购买权只有在没有对标的物出价的时候获得，其在第一个出价出现后自动取消；而永久性立即购买权在整个拍卖过程都可以获得。

传统拍卖理论对立即购买权的存在且越来越受到卖方的欢迎这种现象难以做出解释。根据传统理论，拍卖的主要价值在于能通过竞买者竞价而实现发现标的物价格的功能，减少了卖方决定标的物价格的成本。引入一个立即购买价格会排除因竞买者相互竞价而获得更高价格的可能，减少卖方的潜在收益。

国外学者对立即购买权在网上拍卖中流行的解释主要有三种。第一种解释是风险厌恶，认为由于卖方或者竞买者是风险厌恶的，为了保证收益和规避风险而接受了立即购买选择权。Budish & Takeyama（2001）研究了一个只有两种估价可能和两个风险厌恶竞买者的模型，提出在升价拍卖中加入一个永久性立即购买权会增加卖方收入，Reynolds & Wooders（2009）把这个结论扩展到一个持续均衡分配估价模型。Mathews & Katzman（2006）认为，当风险厌恶卖方面对风险中性的竞买者，选择权能增加预期效用。第二种解释涉及急躁和交易成本等因素，认为一个急躁的竞买者为了降低交易成本会愿意支付额外的费用而立即获得标的物，而一个急躁的卖方也会接受一个较低的价格而尽早结束拍卖（Mathews（2004）、Gupta & Gallien（2006）、Wang *et al.*（2008））。第三种观点认为，由于在一系列网上拍卖中不同的拍卖交易次序不同，交易双方运用立即购买权会使得拍卖收益最大化，Kirkegaard & Overgaard（2003）、Bose & Daripa（2009）等通过不同的模型讨论了这个观点。

国内学者对许多网上拍卖设置立即购买权这一现象也试图做出解释。杨居正（2008）通过实证研究验证了风险态度和交易成本等因素对设定立即购买权的影响，同时发现立即购买权对竞买者估价和出价同样作用显著，且效果和卖方的信用水平正相关。他认为，设定一个立即购买价格可以让竞买者了解标的物的真伪、等级、成色等信息，有利于达成交易。

四、网上拍卖机制研究

（一）拍卖结束规则的研究

网上拍卖的结束规则对竞买者出价时间以及整个拍卖价格发现过程有着重大影响。结束规则一般分为两种，一到预定时间就结束称为硬关闭，而在拍卖最后时刻还有出价的话，系统会自动延长拍卖时间以使其他竞买者有机会进行反应，这称之为软关闭。Ockenfels & Roth（2002a）认为，在软关闭的环境下，竞买者迟出价策略的优势将会被极大地削弱。Ariely *et al.*（2005）通过对两个只有结束规则不同的私有价值模型的研究验证了上面的观点。Houser & Wooders（2005）、Duffy & Ünver（2008）认为，硬关闭拍卖增加的收益比软关闭的少。

（二）网上拍卖信誉机制的研究

目前，许多拍卖网站为避免欺诈行为的发生而建立了自愿性的交易双方反馈机制，既买卖双方可在交易业务完成后对双方的信誉给出评价。网上拍卖信誉机制的研究受到国外学者的重视。Mikhail & James（2002）通过 eBay 金币拍卖的数据统计，提出卖方的信誉有助于竞买者了解标的物的价值。Jeffrey（2005）在此基础上进一步求证了卖方信誉与其边际收益的反向关联关系。Houser & Wooders（2006）通过实证分析验证了卖方信誉对中标价有着直接作用的结论。与此同时，国内学者也展开了对网上拍卖信誉机制的研究。张金城（2006）通过分析网上拍卖交易双方在欺诈与否的不同环境下的收益，明确了信誉机制的重要作用。周黎安等（2006）通过实证研究发现，卖方的信誉评价不仅影响中标价，且对网上拍卖成功的概率有着显著的正面影响。张仙峰（2009）利用淘宝网的数据进行实证分析发现，信誉度对卖方销售及售出行为存在一定的显著影响。

五、平行市场和外部选择权研究

在现实的拍卖网站上，大量的拍卖平行进行，同时许多网上店铺提供固定价格销售，卖方面临激烈的竞争而没有传统理论假设的垄断地位；而竞买者必须选择市场类型，特别是提交出价的方式选择。在这种情况下，卖方不再是一个专利拥有者，而必须面对平行市场（parallel markets）上其他出售者的竞争；竞买者也不再仅有进入一个拍卖的选择，还拥有一个或多个外部选择权（outside options）。

当在传统的拍卖模型中考虑到竞争及外部选择权等因素时，交易策略会变得复杂起来，使得一些网上拍卖研究文献有着很大的局限性。平行市场拍卖模型比传统的网上拍卖模型要复杂，也更接近现实的网上拍卖，国外学者对此进行了广泛的研究。

McAfee（1993）在一个有着严格假设的第二价格拍卖模型中发现，如果所有卖方都将保留价格设定在他们的边际成本之下，那卖方通过提供不同价格而互相竞争的拍卖将得到一个确实存在的均衡。Peters & Severinov（1997）在一个卖方制定不同的保留价格而展开竞争，竞买者可以独立的调整其出价和在多个拍卖之间转换的模型中发现，在竞买者以最小升价出价的假设下，如果交易者数量足够多，所有的卖方将会把保留价格设定为等同其边际成本。在这样的环境下，平行市场的引致均衡是有效的，从而在每一阶段也是最优的。Stryszowska（2004）研究了两个同时进行、同一标的物的第二价格私有价值拍卖，她提出竞买者在前期调整出价的模型均衡是有效率的，而竞买者迟出价的拍卖均衡是没有效率的。Peters & Severinov（2006）在一个竞买者按照进入拍卖的次序连续出价的模型中发现，彼此竞争的平行拍卖存在着一个贝叶斯纳什均衡，而且所有的中标价是相同的。Reiss（2008）通过研究一个竞买者拥有外部选择权的拍卖模型得出结论：卖方对外部选择权的最优反应是降低保留价格从而增大商品销售出去的概率。此外，他还指出了在拍卖相互竞争的环境下第一价格拍卖和第二价格拍卖的最优最小增价的区别。

六、进一步研究的方向

（一）平行市场研究

平行市场模型是目前最为接近现实市场的网上拍卖模型，也是网上拍卖研究的热点，网上拍卖的卖方、竞买者，甚至包括中间人（拍卖网站）之间的均衡或最优策略是这个研究领域的重点。研究思路主要是在竞买者能同时参与多物品拍卖或利用其他销售渠道购买标的物的假设下，用博弈论方法找到拍卖参与人的最优策略以及之间的均衡。目前，平行市场研究大多是在传统网上拍卖模型的基础上放松或改变假设，引入卖方竞争进行博弈分析，而同时引入竞买者交叉竞价——在多个相同物品拍卖中出价（Zheng，2006）、拍卖时间部分重叠（Huang *et al.*，2007）等假设的模型研究成为新的研究的方向。难点在于，平行市场中卖方、竞买者的策略过于复杂，模型建立及寻找有效的均衡有较大的难度。

另一个研究重点是平行模型得出的结论是否与用实验数据或 eBay 等拍卖网站数据进行实证的结论吻合。Hoppe（2008）通过实验数据来检验 Peters & Severinov（1997，2006）、Stryszowska（2004）等的结论。他发现，由于出价过于集中于部分拍卖以及竞买者迟出价策略，使得卖方和竞买者的收益明显少于模型得出的收益，均衡是低效的。

（二）信誉机制研究

网上拍卖的信誉机制一直是国内外学者研究的问题，不少文献提出了各种信誉机制以规范网上拍卖市场。目前，建立有效的信誉评价系统能制止欺诈行为，使得网上拍卖健康发展已成为共识。但各大拍卖网站实行的信誉评价系统也存在相当的风险，一个原因是交易双方有造假获得高信誉的激励，使得网上拍卖欺诈行为发生的概率增加（周黎安等，2006）。这样，如何完善信誉评价系统，如何设计更完善的信誉机制等问题将成为这一领域进一步研究的重点和难点。

（三）第三方支付平台研究

随着网上拍卖市场的持续发展，日益成熟，第三方支付（指的是一些和国内外各大银行签约，并具备一定实力和信誉保障的第三方独立机构提供的交易支持平台）成为网上支付的发展趋势，第三方支付平台逐渐成为网上拍卖的热门研究课题。

这一领域研究的重点问题之一就是支付平台的盈利模式。目前，国内第三方支付平台主要有两类：第一类是依托商务网站自行开发的非独立型支付平台，主要有淘宝网开发的支付宝等，另一类是只专注于提供支付平台服务的独立型支付平台，主要有银联电子支付等。此外，第三方支付平台还面临着银行、潜在竞争对手、替代品生产商、客户、现有产业竞争对手等五大竞争（王菲菲，2009）。所以，创新盈利模式在发展迅速的市场中生存将是第三方支付平台进一步研究的重点。

另一个必须关注的就是第三方支付平台的监管问题。第三方支付平台通过虚拟账户和在途资金沉淀了大量客户资金，而且其具有的跨银行转账功能突破了支付结算特许经营限制，这给整个金融系统带了一定的风险。因此，如何加强第三方支付平台的监管成为亟待解决的问题。

参 考 文 献

[1] 田剑、韩丽华：《在线拍卖欺诈防范机制比较研究》，载《江苏科技大学学报（社会

科学版)》2008 年第 4 期。

[2] 王菲菲：《第三方支付产业价值链探析》，载《电子商务》2009 年第 1 期。

[3] 杨居正：《一口价的信息与信誉机制——基于网上拍卖数据的实证研究》，载《产业经济评论》2008 年第 2 辑。

[4] 杨屹、张熙良、钱进宝：《网上拍卖竞买者行为研究：综述与展望》，载《经济学动态》2009 年第 1 期。

[5] 张金城：《网上拍卖雇佣出价行为的研究》，载《当代财经》2008 年第 7 期。

[6] 张金城：《在线拍卖市场信任机制构建的研究》，载《财贸经济》2006 年第 8 期。

[7] 张仙锋：《信誉的价值：基于淘宝数据对我国电子市场的特色解释》，载《当代经济科学》2009 年第 3 期。

[8] 周黎安、张维迎、顾全林、沈懿：《信誉的价值：以网上拍卖交易为例》，载《经济研究》2006 年第 12 期。

[9] Anwar, S., McMillan, R. and Zheng, M., 2006: Bidding Behavior in Competing Auctions: Evidence from eBay, *European Economic Review*, Vol. 50, No. 2.

[10] Ariely, D., Ockenfels, A. and Roth, A. E., 2005: An Experimental Analysis of Ending Rules in Internet Auctions, *RAND Journal of Economics*, Vol. 36, No. 4.

[11] Bajari, P. and Hortacsu, A., 2003: Winner's Curse, Reserve Prices and Endogenous Entry: Empirical Insights from eBay Auctions, *Rand Journal of Economics*, Vol. 34, No. 2.

[12] Bajari, P. and Hortacsu, A., 2004: Economic Insights from Internet Auctions, *Journal of Economic Literature*, Vol. 42, No. 2.

[13] Barbaro, S. and Bracht, B., 2006: Shilling, Squeezing, Sniping: Explaining Late Bidding in Online Second-price Auctions, *Mainz University Working paper*, www. staff. uni-mainz. de/barbaro/BarbaroBracht. pdf.

[14] Bose, S. and Daripa, A., 2009: Optimal Sale Across Venues and Auctions with a Buy-Now Option, *Economic Theory*, Vol. 38, No. 1.

[15] Budish, E. and Takeyama, L., 2001: Buy Prices in Online Auctions: Irrationality on The Internet, *Economics Letters*, Vol. 72, No. 3.

[16] Chakraborty, I. and Kosmopoulou, G., 2004: Auctions with Shill Bidding. *Economic Theory*, Vol. 24, No. 2.

[17] Duffy, J. and Ünver, U., 2008: Internet Auctions with Artificial Adaptive Agents: A Study on Market Design, *Journal of Economic Behavior and Organization*, Vol. 67, No. 2.

[18] Elyakime, B., Laffont, J. J., Loisel, P. and Vuong, Q., 1994: First-Price Sealed-Bid Auctions with Secret Reservation Prices, *Annales D'Economie et de Statistique*, No. 34.

[19] Engelberg, J. and Williams, J., 2006: EBay's Proxy System: A License to Shill, *SSRN Working Paper*, http://ssrn. com/abstract = 616782.

[20] Engelbrecht-Wiggans, R., 1987: On Optimal Reservation Prices in Auctions, *Management Science*, Vol. 33, No. 6.

[21] Gupta, S. and Gallien, J., 2006: Temporary and Permanent Buyout Prices in Online

Auctions, *MIT Sloan Research Paper*, No. 4608 – 06.

[22] Hoppe, T., 2008: An Experimental Analysis of Parallel Multiple Auctions, *FEMM Working Paper*, No. 31.

[23] Houser, D. and Wooders, J., 2005: Hard and Soft Closes: A Field Experiment on Auction Closing Rules, *Experimental Business Research*, Vol. II, Zwick, R. and Rapoport, A. (eds.), Kluwer Academic Publishers.

[24] Houser, D. and Wooders, J., 2006: Reputation in Auctions: Theory and Evidence from eBay, *Journal of Economics and Management Strategy*, Vol. 15, No. 2.

[25] Huang, C. I., Chen, K. P., Chen, J. R. and Chou, C. F., 2007: Bidding Strategies in Internet Parallel Auctions, *SSRN Working Paper*, http://ssrn.com/abstract = 1079943.

[26] Izmalkov, S., 2004: Shill Bidding and Optimal Auctions, *MIT Working Paper*, http://econ-www.mit.edu/files/1085.

[27] Jeffrey, A. L., 2005: How Valuable is Good Reputation? A Sample Selection Model of Internet Auctions, *The Review of Economics and Statistics*, Vol. 87, No. 3.

[28] Jin, G. Z. and Kato, A., 2004: Consumer Frauds and the Uninformed: Evidence from an Online Field Experiment, *Maryland University Working Paper*, www.econ.jhu.edu/People/Harrington/375/jk04.PDF.

[29] Jin, G. Z. and Kato, A., 2006: Price, Quality, and Reputation: Evidence from an Online Field Experiment, *RAND Journal of Economics*, Vol. 37, No. 4.

[30] Kagel, J. H. and Levin, D., 2002: *Common Value Auctions and the Winner's Curse*, Princeton University Press.

[31] Kauffman, R. J. and Wood, C. A., 2003: Running up the Bid: Detecting, Predicting, and Preventing Reserve Price Shilling in Online Auctions, *ACM International Conference Proceeding Series*, Vol. 50.

[32] Kirkegaard, R. and Overgaard, P. B., 2003: Buy-Out Prices in Online Auctions: Multi-Unit Demand, *Aarhus University Economics Working Papers*, No. 2003 – 2004.

[33] Levin, D. and Smith, J. L., 1996: Optimal Reservation Prices in Auctions, *Economic Journal*, Vol. 106, No. 438.

[34] Mathews, T. and Katzman, B., 2006: The Role of Varying Risk Attitudes in an Auction with a Buyout Option, *Economic Theory*, Vol. 27, No. 3.

[35] Mathews, T., 2004: The Impact of Discounting on An Auction with A Buyout Option: A Theoretical Analysis Motivated by eBay's Buy-It-Now Feature, *Journal of Economics*, Vol. 81, No. 1.

[36] McAfee, R. P. and McMillan, J., 1987: Auctions with Entry, *Economics Letters*, Vol. 23, No. 4.

[37] McAfee, R. P., 1993: Mechanism Design by Competing Sellers, *Econometrica*, Vol. 61, No. 6.

[38] Mikhail, I. M. and James, A., 2002: Dose A Seller's Ecommerce Reputation Matter? Evidence from eBay Auctions, *The Journal of Industrial Economics*, Vol. 50, No. 3.

[39] Myerson, R., 1981: Optimal Auction Design, *Mathematics of Operations Research*, Vol. 6, No. 1.

[40] Nagareda, T., 2003: Announced Reserve Prices, Secret Reserve Prices, and Winner's Curse, *Tokyo University Economic Working Paper*, www. e. u-tokyo. ac. jp/cirje/research/workshops/micro/micropaper02/gs/nagareda. pdf.

[41] Ockenfels, A. and Roth, A. E., 2002: The Timing of Bids in Internet Auctions: Market Design, Bidder Behavior, and Artificial Agents, *Artificial Intelligence Magazine*, Vol. 23, No. 3.

[42] Ockenfels, A. and Roth, A. E., 2002: Last-Minute Bidding and the Rules for Ending Second-Price Auctions: Evidence from eBay and Amazon Auctions on the Internet, *American Economic Review*, Vol. 92, No. 4.

[43] Ockenfels, A., Reiley, D. and Sadrieh, A., 2006: Online Auctions, *NBER Working Paper*, No. 12785.

[44] Ow, T. T. and Wood, C. A., 2004: Trust Versus The Winner's Curse-The Effects of Bidder Experience on Prices in Online Auctions, *Notre Dame University Working Paper*, www. nd. edu/~cwood1/research/BidderX. pdf.

[45] Peters, M. and Severinov, S., 1997: Competition Among Sellers Who Offer Auctions Instead of Prices, *Journal of Economic Theory*, Vol. 75, No. 1.

[46] Peters, M. and Severinov, S., 2006: Internet Auctions with Many Traders, *Journal of Economic Theory*, Vol. 130, No. 1.

[47] Reiss, J. P., 2008: Optimal Auctions with Outside Competition, www. socialpolitik. ovgu. de/sozialpolitik_media/papers/Reiss_J_Philipp_uid872_pid788. pdf.

[48] Reynolds, S. S. and Wooders, J., 2009: Auctions with a Buy Price, *Economic Theory*, Vol. 38, No. 1.

[49] Riley, J. G. and Samuelson, W. F., 1981: Optimal Auctions, *American Economic Review*, Vol. 71, No. 3.

[50] Samuelson, W. F., 1985: Competitive Bidding with Entry Costs, *Economics Letters*, Vol. 17, No. 1.

[51] Simonsohn, U., 2005: Excess Entry Into High-Demand Markets: Evidence from the Timing of Online Auctions, *The Wharton School-University of Pennsylvania Working paper*, www. stanford. edu/group/SITE/Web%20Session%207/Simonsohn_Paper. pdf.

[52] Sinha, A. R. and Greenleaf, E. A., 2000: The Impact of Discrete Bidding and Bidder Aggressiveness on Sellers' Strategies in Open English Auctions: Reserves and Covert Shilling, *Marketing Science*, Vol. 19, No. 3.

[53] Stryszowska, M., 2004: Late and Multiple Bidding in Competing Second Price Internet Auctions, *Tilburg University CentER Discussion Paper*, No. 2004 – 2043.

[54] Vincent, D. R., 1995: Bidding Off the Wall: Why Reserve Prices May be Kept Secret, *Journal of Economic Theory*, Vol. 65, No. 2.

[55] Wang, W., Hidvégi, Z. and Whinston, A. B., 2004: Shill-Proof Fee (SPF) Schedule: the Sunscreen against Seller Self-Collusion in Online English Auctions, *Emory University Working Paper*, No. GBS-DIA – 2004 – 002.

[56] Wang, X., Montgomery, A. and Srinivasan, K., 2008: When Auction Meets Fixed Price: A Theoretical and Empirical Examination of Buy-it-Now Auctions, *Quantitative*

Marketing and Economics, Vol. 6, No. 4.

［57］ Yin, P. L. , 2005: Information Dispersion and Auction Prices, *Stanford Institute for Economic Policy Research Working Paper*, No. 2 – 24.

［58］ Zheng, Z. C. , 2006: Jump Bidding and Overconcentration in Simultaneous Ascending Auctions, *Iowa State University Staff General Research Papers*, No. 12698.

The Development of Online Auctions Research

Lei Bo　　Feng Zhongyue

Abstract: The study on online auctions is becoming a focus of many researchers because online auctions are the most popular way of current trading. In this article, we provide an overview of some of the theoretical and empirical literature about online auctions, including the research about bidder behavior, the strategy of seller, the buy-now option, auction mechanism, parallel markets and outside options etc. . Furthermore, we present some fields that are worth exploring in depth, such as parallel auctions, reputation mechanism, payment manner, and so on.

Keywords: Online Auction　Buy-now Option　Parallel Market　Reputation Mechanism

JEL Classification: D40　D44　L81

第 9 卷第 2 辑　　　　　　产 业 经 济 评 论　　　　　　Vol. 9　No. 2
2010 年 6 月　　　　　Review of Industrial Economics　　　　　June 2010

经济转型期不确定背景下的政府规制模式优化

胡德宝*

摘　要： 中国正处于经济转型期，由于改革的本质和人类的有限理性，经济生活中存在大量的不确定性，而且政府规制也呈现出转型期间的特殊性。本文对不确定条件下政府规制机构及垄断企业的决策进行了博弈分析，并在分析垄断企业及消费者规避不确定性风险的基础上，研究了规制方式与不确定性之间的关系。最终总结了研究结论，并提出了动态优化规制模式、降低消费者不确定感的政策建议。

关键词： 经济转型　政府规制　动态博弈　风险规避

在经济转型过程中，制度变迁的一个基本特征是存在不确定性。从宏观层面来看，由于受到转型的初始条件与路径等因素的影响，改革的目标本质以及人们的认知都表现出不确定性。政府规制也呈现出此特点。

一、经济转型期的不确定性

从改革本质的客观性来看，转型期间充满了不确定性。现实世界有着广泛的复杂性，改革的动态变化过程本身又在不断地增加这种复杂性。在转型经济中，原有的计划经济的退出以及市场经济新要素的进入，有些是按计划进行的，有些是随机的，它们在社会经济系统中的作用过程大多是非线性的，由此造成了改革存在客观上的不确定性。

从人们认识和判断来看，人的认识能力虽然从哲学意义上来说有着不断深化的可能，但就现实世界的某一时点来看，则存在着某种上限，这既是由人的认识能力的有限性所决定的，在很大程度上也是由知识、技术的积累和运用能力有限所决定的。因此，就人的认识能力来说，还存在着主观上的不确定性。

中国的改革没有现成的模式可套，走的是一条别人没有走过的道路，采

---

　　* 国家自然科学基金项目 "中国自然垄断产业管制模式的优化研究——基于福利损失测度的视角" （70940012）的阶段性研究成果。项目主持人：陈甬军教授。

　　胡德宝：中国人民大学商学院；地址：北京海淀区中关村大街 59 号，邮编：100872；电话：18832523088，010 - 82509060；E-mail：baoge530@ tom. com。

取"摸着石头过河"的改革方式源于决策者的有限理性。决策者的有限理性一是体现在其预见力受其自身主观能力的限制,特别是计划经济的思想根植于很多人头脑,对市场经济知识的存量严重不足;二是反映为对有关体制方面知识的欠缺,体制方面的很多知识属于操作层面的东西,实践性强,只有在"边干边学"中才能积累。有限理性在渐进式改革的决策中,体现在改革目标的选择和确定上,不是一开始就能明朗和定型化,而是弹性和动态的,存在着一个随改革的发展逐步迭代和递进的过程。中国中央政府 1979 年提出发展"以市场调节为辅的计划经济"到 1984 年演进为"有计划的商品经济"的改革目标,到 1987 年又演进为"国家调节市场、市场引导企业",而1992 年再进一步发展到"有中国特色的社会主义市场经济"的目标就是一个典型范例。

在认识过程中,人的理性和非理性相互交织,即使我们对非理性这种根植于人类本性中的、本身就具有不确定性元素的因素不予考虑,由于上述两点的限制,完全理性预期式的认识在实际中也很难做到。[1]

从微观层面来看,收入的非预期性下降与支出的非预期性增加导致不确定性增强。由于经济中的微观个体难以预料未来的体制走向,从而难以对个人在将来可能发生的收支状况做出准确的判断。经济转型过程中,中国的宏观经济虽仍保持了平稳的增长趋势,没有出现类似于俄罗斯、东欧的大起大落。但是,我国正经历着的经济转型使原有福利制度解体,收入分配体制、就业体制、教育体制、医疗体制以及社会保障体制等方面改革逐步推进,而新的社会保障制度尚未完全建立健全。尤其是 20 世纪 90 年代以来,"铁饭碗"被打破,部分企业经营困难,失业下岗人数大大增加,收入差距扩大,居民收入的不确定性增强;住房、医疗、教育等福利制度取消,这部分支出的大部分由居民自己承担,他们面临的支出的不确定性越来越大。因此,对居民来说,转型经济中的风险因素不是减弱了,而是大大增强了。

经济体制的转型同时也就是对微观主体经济利益的调整,即个人收入与支出的相对增减。[2] 中国渐进式改革的模式是由增量调整逐步过渡到存量调整的过程。在增量调整时期,新的体制是在一部分人得益而另一部分人的利益不受损的条件下产生的,新体制的建立也不直接触及原有的体制,也不对原体制覆盖下的居民利益产生不利影响,因此存在着帕累托改进。随着改革的深入,改革已由增量调整进入到存量调整阶段,体制改革可能会损害某一部分人的利益,原有体制覆盖下享受到的个人利益也可能会逐渐消失,这一过程已不具备帕累托改进性质。因此,改革涉及到的利益相关者对未来的预期不明朗,又由于受计划经济影响很深,自然垄断产业的改革面临的这种不

---

[1]　参见高洪民（2005）的相关论述。
[2]　参见罗楚亮（2004）以微观视角对经济转型期的不确实性进行的论述。

确定性问题更大。

我国在转型中的政治不确定性已随着社会主义市场经济体制的根本方向的确立而逐渐降低，但由于转型经济中的制度缺陷、市场不完善以及政府行政管理水平的欠缺，政府和执法部门工作的不透明性和不规范性带来的不确定性也不同程度地存在着，这些不确定性影响到产业的竞争环境，进而影响到产业绩效并可能会对企业的经营带来部分风险，其中以经济转型对垄断型产业尤其是自然垄断产业产生的风险为甚。

二、转型期间政策规制的特殊性

政府规制是现代市场经济不可或缺的制度安排，是政府经济职能的内在组成部分。由于中国所处的转型阶段市场制度的不完善性以及改革方向的不确定性激化许多矛盾，政府规制也呈现出转型时期的特殊性。

第一，规制目标的艰巨性。转型目标的艰巨性决定了政府规制任务的艰巨性。中国作为经济转型国家处于一个过渡时期，既要变革旧有的政府规制目标，又要创建新的规制目标。在建立和完善市场经济体制的过程中，既要解决计划经济体制下政府传统规制过泛的遗留难题，又要通过政府规制解决垄断、外部性和信息不对称等市场失灵的问题，还要解决新旧体制交替过程中复合性规制问题。因此，转型过程中肩负的规制任务目标艰巨：在不断破除旧有体制束缚的过程中建立市场导向的政府规制，其中包含着规制放松、规制建立与规制重构的复杂的规制改革历程。

第二，规制经验的欠缺性。中国真正意义上的规制是在确立了市场经济制度后，伴随着经济体制的改革而出现的。在传统计划经济体制下，自然垄断产业的主要业务都是由中央政府或地方政府的企业（或机构）垄断经营，政府既是规制政策的制定者和监督者，又是具体业务的实际经营者，政府直接运用行政命令等手段对经济实施干预。由于中国建立市场经济制度的时间还不长，加上旧有体制的惯性影响，使得在市场经济体制下的政府规制机构设置还不科学，且缺乏现代规制工具与规制经验，规制水平还有待提高。同时，市场经济体制下法律体系不完善，也导致规制机构的制度设计还不规范，缺乏强有力的法律保障，从而使政府规制的效力下降。

第三，规制过度与规制不足的并存性。在经济转型的新旧体制交替过程中，原有的计划体制逐渐瓦解，新的市场经济体制正在建立与完善，容易出现规制过度和规制真空同时出现的情况。一方面，由于原有体制与制度的运行惯性，原有政府管理职能打上了深深的旧有体制的烙印，政府规制带有浓郁的计划经济体制的特点。因此造成某些规制领域特别是对自然垄断产业的经济规制过度，禁锢了自然垄断产业的经济活力，并与行政干预相结合，导致非正式经济形式的行政垄断大量出现。另一方面，经济转型过程中将会出现一些新情况、新问题和新要求，伴随着大量的不确定性，而现实经济中还未完全建立起与之相应的规制体系来应对这些不确定性，从而必然会出现规制真空的情况。

转型的不确定性引致中国在政府规制方面呈现以上特征，从而产生了严重的规制风险，使规制成本激增，建立一个好的规制体系是转型经济面临的最困难问题。实证研究表明规制的水平和质量对经济绩效有显著影响，规制机构的效率将是决定市场机制好坏的决定性因素（Jalilian & Colin，2001）。中国在转型期间的政府规制质量普遍呈现出不稳定的状态，与此相呼应的是一些典型自然垄断产业的绩效指标（如利润率等）出现波动。

对垄断产业进行规制需要付出代价或成本，同时也能产生收益。当政府采取各种规制手段对垄断产业进行规制时，就会涉及成本与收益的分配问题。也就是说，包括成本分担和收益分享在内的分配问题直接影响到政府规制的质量，关系到政策工具选择的问题。成本和收益变动的不确定性都会给消费者及厂商带来一定的风险，规制者可以通过规制方式的选择为消费者和厂商提供保险，分担并转嫁规制成本，部分消除不确定性以帮助他们规避风险。

三、不确定性下规制——被规制决策的博弈分析

假设由于政府规制导致垄断企业由于福利水平下降而产生的额外成本为 L，政府对企业的规制成本为 $C(L, g, \theta)$。其中，g 表示该企业的市场化程度，g 越大则市场化程度越高，企业的垄断势力越低；θ 为随机因子，是企业自身的私人信息，θ 越大，则政府的信息量越少，规制成本越大。

根据相关理论，可作如下假设：（1）$\dfrac{\partial C(L, g, \theta)}{\partial L} > 0$，表示规制对企业造成的成本越大，则规制成本也越大；（2）$\dfrac{\partial C(L, g, \theta)}{\partial g} > 0$，表示垄断企业的市场化程度越高，则规制机构的规制控制能力越弱，规制成本越大；（3）$\dfrac{\partial C(L, g, \theta)}{\partial \theta} > 0$，表示垄断企业的私人信息越多，规制成本越大；（4）$\dfrac{\partial^2 C(L, g, \theta)}{\partial L^2} > 0$，表明规制机构的规制成本随着垄断企业所负担成本递增，由于垄断企业的自我强化效应，规制难度加大，规制成本提高。

假设政府对企业进行规制获得的经济收益（如"暴利税"）及社会性收益的和为 λL，向企业征收的所得税利率为 t，企业利润为 π，则政府的支付函数可表示为 $V = t\pi + \lambda L - C(L, g, \theta)$。

假设垄断企业将政府规制产生的成本的一部分转嫁出去，设企业转嫁的比例为 $(1-\eta)$，自己承担的比例为 $\eta(0 \leqslant \eta \leqslant 1)$，则企业实际承担的成本

为 ηL。垄断企业把成本变化转嫁给消费者的程度越小，面临的风险就越大。相反，成本转嫁程度越大，厂商面临的风险越小。因此，η 可用来衡量企业面临的风险大小。

由于转型经济过程中的不确定性和政府政策的无计划性，以及企业经营的外部环境的变化性（如成本和收益的不确定性）通常会影响到企业正常的生产计划，这些因素都与 η 相关。不确定性的影响使 η 成为一个内生变量，与所面临的风险同向变化。政府对 η 也没有完全信息，假设规制机构认定的损失率为 $\hat{\eta}$，满足 $\hat{\eta} = \eta + m(e_2)$，其中 e_2 为企业用于公关活动（如游说政府、行贿等）的努力，$m(\cdot)$ 为单调递增的凹函数，$m'(\cdot) > 0$，$m''(\cdot) < 0$。这意味着在政府对规制导致的损失实施评判或在对规制的力度进行把握时，垄断企业可以通过公关努力，获得"优待"。设企业经营活动的努力程度为 e_1，则企业的最终业绩 $\pi = f(K, e_1) - \eta L$。其中，K 为企业投入生产经营的资源，函数 $f(K, e_1)$ 为企业的产出函数，满足 $f_e(K, e) > 0$，$f_{ee}(K, e) < 0$，表明经营的努力程度的边际报酬递增，但是其刺激力逐渐减弱。企业公关努力的成本函数为 $U_2(e_2)$，且满足 $U'_i(e_i) > 0$，$U''_i(e_i) > 0 (i = 1, 2)$。因此，规制机构对垄断产业的最终综合评价为：

$$T = \pi + \hat{\eta}L = f(K, e_1) - \eta L + [\eta + m(e_2)]L = f(K, e_1) + m(c_2)L$$

假设企业被规制的概率函数为 $P(T)$，满足 $P'(T) > 0$，$P''(T) < 0$。如果规制机构不实施规制，则企业的每期固定收益为 R；实施规制后的后续收益为 π。所以，垄断企业的预期收益 $E(R) = (1 - P(T))\pi + P(T)R$，显然有 $R > \pi$。

政府与企业间进行的动态博弈如下：

在 $t = 0$ 期，规制机构决定对垄断企业进行规制的"威胁"，由此导致企业的成本负担为 L；

在 $t = 1$ 期，垄断企业观察到政府的规制动机，然后决定生产经营的努力程度 e_1 和公关活动的努力程度 e_2；

在 $t = 2$ 期，规制机构观测到企业的业绩 π，并判断规制造成的企业业绩的损失率 $\hat{\eta}$，并最终决定是否对企业进行规制。

根据逆推法，首先考虑垄断企业的决策行为。假定企业拥有的私人信息为规制造成其成本负担为 L，自身承担的比率为 η，它自己选择的经营努力程度与公关努力程度分别为 e_1 和 e_2。此时企业的业绩为 $\pi = f(K, e_1) - \eta L$，规制机构对额外损失的判断为 $\hat{\eta} = \eta + m(e_2)$。于是规制机构对企业的评价为 $T = f(K, e_1) + m(e_2)L$。因此，垄断企业的最优化问题为：

$$\begin{aligned}
\max E(\pi) &= \max(1 - P(T))\pi + P(T)R - U_1(e_1) - U_2(e_2) \\
&= (1 - P(f(K, e_1) + m(e_2)L))(f(K, e_1) - \eta L) + P(f(K, e_1) \\
&\quad + m(e_2)L)R - U_1(e_1) - U_2(e_2)
\end{aligned}$$

$$s.t. \quad e_1 \geq 0, \ e_2 \geq 0 \tag{1}$$

规制机构的期望收益为：$E(V) = E[f(K, e_1) - \eta L] + \lambda L - C(L, g, \theta)$

因此，规制机构的规划为：

$$E(V) = E[f(K, e_1) - \eta L] + \lambda L - C(L, g, \theta)$$

$$s.t. \quad \max_{e_1 \geq 0,\, e_2 \geq 0} E(\pi) = \max_{e_1 \geq 0,\, e_2 \geq 0} (1 - P(T))\pi + P(T)R - U_1(e_1) - U_2(e_2) \tag{2}$$

最优化问题（1）的一阶条件为：

$$\frac{dE(\pi)}{de_1} = -\pi P'(T)f_e(K, e_1) + P'(T)Rf_e(K, e_1) - U_1'(e_1)$$

$$= (R - \pi)P'(T)f_e(K, e_1) - U_1'(e_1) = 0 \tag{3}$$

$$\frac{dE(\pi)}{de_2} = (R - \pi)P'(T)m'(e_2)L - U_2'(e_2) = 0 \tag{4}$$

根据（3）式和（4）式分别对 e_1、e_2、L 进行全微分，可得到：

$$\{(R - \pi)[P''(T)(f_e(K, e_1))^2 + P'(T)f_e(K, e_1)] - U_1''(e_1)\} \cdot de_1$$

$$+ (R - \pi)P''(T)f_e(K, e_1)m'(e_2)L \cdot de_2 + (R - \pi)f_e(K, e_1)P''(T)m(e_2) \cdot dL$$

$$= 0$$

$$= a_{11}de_1 + a_{12}de_2 + a_{13}dL = 0 \tag{5}$$

$$(R - \pi)P''(T)m'(e_2)f_e(K, e_1)L \cdot de_1$$

$$+ \{(R - \pi)[P''(T)(m'(e_2)L)^2 + P'(T)m''(e_2)L] - U_2''(e_2)\} \cdot de_2$$

$$+ (R - \pi)m'(e_2)[P'(T) + P''(T)m(e_2)L] \cdot dL = 0 \tag{6}$$

$$= a_{21}de_1 + a_{22}de_2 + a_{23}dL = 0$$

其中，a_{11}、a_{21}、a_{12}、a_{22}、a_{13}、a_{23} 为（5）式、（6）式中多项式的缩略形式，分别对应垄断企业经营在最优决策中的努力程度、公关努力程度及规制成本所产生的影响的大小。

（5）式和（6）式可写成矩阵形式（7）：

$$\begin{pmatrix} a_{11} & a_{12} \\ a_{21} & a_{22} \end{pmatrix} \begin{pmatrix} de_1 \\ de_2 \end{pmatrix} = \begin{pmatrix} -a_{13}dL \\ -a_{23}dL \end{pmatrix} \tag{7}$$

记 $d_0 = \begin{vmatrix} a_{11} & a_{12} \\ a_{21} & a_{22} \end{vmatrix}$，$d_1 = \begin{vmatrix} -a_{13} & a_{12} \\ -a_{23} & a_{22} \end{vmatrix}$，$d_2 = \begin{vmatrix} a_{11} & -a_{13} \\ a_{21} & -a_{23} \end{vmatrix}$，不难得证 $d_0 > 0$，$d_1 < 0$，$d_2 > 0$。[①]

由克兰姆法则（Cramer's Rule）可知，$de_1 = \dfrac{d_1}{d_0}dL$，$de_2 = \dfrac{d_2}{d_0}dL$。

从而有 $\dfrac{\partial e_1}{\partial L} = \dfrac{d_1}{d_0} < 0$，$\dfrac{\partial e_2}{\partial L} = \dfrac{d_2}{d_0} > 0$。

也就是说，由规制带来的成本负担越大，垄断产业用于经营活动的努力程度越低，但用于公关活动的努力程度越高。这也说明了政府对自然垄断产

----

① 证明见附录 1。

业的干预过多、自然垄断产业背负的社会包袱过重，将导致其经营激励不足，却把主要精力用在对规制机构的公关上面。假设自然垄断企业的经营努力程度与其成本负担的相关关系为 $e_1 = e(L)$，满足 $e'(L) < 0$。由于成本负担对企业经营激励的抑制性的边际效应递减，因此有 $e''(L) < 0$

则最优化问题（2）可表示为：

$$\max E(V) = \max t[f(K, e_1) - \eta L] + \lambda L - C(L, g, \theta)$$
$$s.t. \quad e_1 = e(L) \tag{8}$$

最优化问题（8）的一阶条件为：

$$F_2 = \frac{dE(V)}{dL} = t[f_e(K, e_1)e'(L) - \eta] + \lambda - C_L(L, g, \theta) = 0 \tag{9}$$

不难得到：

$$\frac{\partial F_2}{\partial L} = t[f_{ee}(K, e_1)e'^2(L) + f_e(K, e_1)e''(L)] - C_{LL}(L, g, \theta) \tag{10}$$

根据前面的假设有 $f_e(K, e) > 0$，$f_{ee}(K, e) < 0$，$\dfrac{\partial^2 C(L, g, \theta)}{\partial L^2} > 0$，且

$e''(L) < 0$，所以有 $\dfrac{\partial F_2}{\partial L} < 0$。同时，$\dfrac{\partial F_2}{\partial \eta} = -t < 0$。根据隐函数定理，可得：

$$\frac{\partial L}{\partial \eta} = -\frac{\dfrac{\partial F_2}{\partial \eta}}{\dfrac{\partial F_2}{\partial L}} < 0。 \tag{11}$$

于是，

$$\frac{\partial e_1}{\partial \eta} = \frac{\partial e_1}{\partial L} \cdot \frac{\partial L}{\partial \eta} < 0 \tag{12}$$

（12）式表明垄断企业转嫁的风险越大，面临的不确定性越大，对其提供规制供给的激励也越大。因此，垄断企业需要在其所面临的不确定性与规制激励间找到均衡点。

假设规制者的目标是社会福利最大化，对垄断厂商实行规制并允许一定比例的成本转嫁。规制者比被规制厂商对于成本组成拥有更少的信息。被规制厂商某一产品的总成本由以下两个因素决定：第一，随机因子 θ。θ 的最大值为 $\bar{\theta}$，期望值为 $E(\theta)$。厂商对 θ 有完全信息，规制者没有，但规制者可从多次的规制实践中得到 θ 分布的信息。第二，厂商投入的努力水平 e。当厂商投入一定的努力水平，产品成本会减少，我们用成本减少量 e 来表示努力水平。另一方面，厂商投入努力 e 会产生一个不可观察的努力成本 $\dfrac{\phi e^2}{2}$。当 $\phi > 0$ 时，表明努力的边际成本是递增的。产品的总成本可以表示为 $TC = \theta - e + \dfrac{\phi e^2}{2}$。其中，随机因子与努力水平的差值 $c = \theta - e$ 为会计成本，虽然规制者观察不到努力水平 e，但能够观察到会计成本 c。假设产品的单价为 p，为

简单起见，设产量为单位 1。那么，厂商的利润为：

$$\prod = p - TC = p - \left(\theta - e + \frac{\phi e^2}{2} \right) \tag{13}$$

设消费者从消费商品中获得的净效用为 $U - p$，其中 U 为纯粹的消费效用。规制者的目标函数是消费者效用和被规制厂商利润的加权平均，即：

$$W = U - p + \alpha \prod \quad 0 < \alpha \leq 1 \tag{14}$$

α 反映了规制者对消费者和厂商利益的相对关注程度，$\alpha \leq 1$ 表明规制者总体上更关注消费者的利益，α 越小，表明厂商利润在规制者目标函数中的比重越小，规制者从厂商那里抽取的租金越多。

规制者设定价格：　　　　　$p(c) = a + bc \tag{15}$

系数 a 和 b 由规制者选择，b 是成本转嫁的系数，反映了厂商通过定价将成本变化转嫁给消费者的能力。当 $b = 0$ 时，是一个纯粹的价格上限规制；当 $a = 0$，$b = 1$ 时，是一个纯粹的回报率规制，此时价格和会计成本是一一对应的关系。b 的值越大，表明规制设计中对成本转嫁的考虑越多，因而对厂商经营努力的激励考虑越少。

规制者选择 a 和 b 的值而使（14）式中的函数目标最大化时，要考虑两个约束。第一个约束是厂商的参与约束。即在出现 θ 可能值的最大值时，厂商能够收回成本；而当厂商取一个低于 $\bar{\theta}$ 的 θ 值时，它就获得了正的利润，这个租金是由信息不对称产生的。第二个约束是（15）式中定义的价格规制约束。求解以下的最优规划：

$$\max_{b, e} U - TC + (1 - \alpha) \prod$$
$$s.t. \quad p(c) = a + bc \tag{16}$$
$$\prod = p - TC = p - \left(\theta - e + \frac{\phi e^2}{2} \right)$$

可以得到最优经营努力 $e^* = \dfrac{1 - b}{\phi}$，最优转嫁系数 $b^* = \dfrac{1 - \alpha}{\bar{\theta} - E(\theta)}$。

（16）式表明，当存在正的最优成本转嫁系数时，同时满足下列几个条件：第一，规制者目标函数中消费者利益的权重比厂商的高，保证了 $1 - \alpha > 0$；第二，θ 的值是变动的，且 $\bar{\theta} - E(\theta) > 0$；第三，努力的边际成本严格为正，即 $\phi > 0$。如果上述条件中有一个不成立，就不存在正的成本转嫁，当 $b^* = 0$ 时，纯粹的价格上限规制是最优的。

当 $\alpha = 1$ 时，（14）式表明从厂商那里抽取租金不再是规制者关注的问题，成本最小化成为唯一目标，规制者通过价格上限规制激励厂商提高效率、降低成本。$\bar{\theta} = E(\theta)$ 时，说明此时信息是完全的，规制者在设定价格时没有必要参考会计成本 c，而是准确设定价格使厂商无法获取超额利润，因此规制者也没有获取租金的必要。当 $\phi = 0$ 时，努力的边际成本为 0，这意味着规制者对厂商的激励是无成本的，激励水平应该尽可能高。此时，不允许成本转嫁，实行高激励的价格上限规制是最优的。

四、垄断企业、消费者对不确定性的规避及规制激励

成本与利润变化的不确定性给厂商及消费者都带来了风险，并对其行为模式产生了影响。规制机构通过激励性的最优规制模式的设计可为厂商及消费者提供保险，规避不确定性带来的风险。Armstrong *et al.*（2004）等人引入不确定性模型，讨论了规制方式与不确定性之间的联系。以下结合 Cowan（2002）的研究基础，对不确定性下垄断厂商、消费者的决策选择及政府规制模式进一步探讨。

（一）厂商面临的不确定性

消费者对垄断企业提供的产品（或服务）的需求缺乏弹性，面对价格变化的不确定性，假定消费者面临的绝对风险规避效用函数为：

$$V_c = -E(P) - \frac{\delta}{2} Var(P) \qquad (17)$$

其中，P 为垄断企业提供的产品（或服务）的价格，$\delta(>0)$ 为消费者风险规避系数，反映了消费者的风险厌恶程度，δ 越大，则消费者对风险厌恶程度越大。

假设垄断企业的会计成本为：

$$c = c_1 + c_2 = \theta - e + c_2 \qquad (18)$$

其中，$c_1 = \theta - e$ 可以被观察到，c_2 事后可观察到，是企业的外生变量。随机变量 θ、c_2 的期望分别为 $E(\theta)$ 和 $E(c_2)$，且满足 $Var(\theta) = \sigma_1^2$，$Var(c_2) = \sigma_2^2$，$Cov(\sigma_1, \sigma_2) = \sigma_{12}$。设价格为两部分边际成本 c_1 和 c_2 的线性组合，满足：

$$P'(c) = a + b_1 c_1 + b_2 c_2 \qquad (19)$$

总成本
$$TC' = c_1 + c_2 + \frac{\phi e^2}{2} \qquad (20)$$

当 $\phi = 1$ 时，$TC' = c_1 + c_2 + \frac{e^2}{2}$，则单位产品（或服务）的利润为：

$$\prod{}' = a + (b_1 - 1)c_1 + (b_2 - 1)c_2 - \frac{e^2}{2} \qquad (21)$$

面对利润的不确定性，假设企业面临的均值－方差效用函数为：

$$V_f = E\left(\prod{}'\right) - \frac{\gamma}{2} Var\left(\prod{}'\right) - \frac{e^2}{2} \qquad (22)$$

（22）式中，$\gamma(>0)$ 为企业的风险规避系数，反映了企业的风险厌恶程度，γ 越大，则垄断企业对风险厌恶程度越大。风险厌恶型企业的利润增加时，它寻求保险的愿意更强。规制机构在垄断企业的经营努力程度 e 与转

嫁系数间权衡，其目标是使消费者及垄断企业的效用最大，且垄断企业的效用达到保留水平以上。即目标函数为：

$$\max_{e,b_1,b_2}\left[-E(P)-\frac{\delta}{2}Var(P)+E\left(\prod{'}\right)-\frac{\gamma}{2}Var\left(\prod{'}\right)-\frac{e^2}{2}\right]$$

$$s.t.\quad P'=a+b_1c_1+b_2c_2 \tag{23}$$

$$V_f=E\left(\prod{'}\right)-\frac{\gamma}{2}Var\left(\prod{'}\right)-\frac{e^2}{2}$$

求解以上最优规划问题，得到均衡努力水平 $e'^*=1-b_1$。假设 ρ 为 θ 与 c_2 的相关系数，即 $\rho=cor(\theta,c_2)$，则有 $\rho\equiv\dfrac{\sigma_{12}}{\sigma_1\sigma_2}$，求解最优化问题可得到转嫁系数 b_1、b_2 的一般表达式为：

$$b_1=\frac{\gamma\sigma_1^2(1-\rho^2)}{1+(\gamma+\delta)\sigma_1^2(1-\rho^2)} \tag{24}$$

$$b_2=\frac{\gamma}{\gamma+\delta}+\frac{\gamma}{\gamma+\delta}\frac{\left(\dfrac{\sigma_{12}}{\sigma_2^2}\right)}{1+(\gamma+\delta)\sigma_1^2(1-\rho^2)} \tag{25}$$

当 $\sigma_{12}=0$ 时，$\rho=0$，如果外生的成本变化没有为规制机构提供随机变量 θ 的任何相关信息，则（24）式和（25）式可变形为：

$$b_1=\frac{\gamma\sigma_1^2}{1+(\gamma+\delta)\sigma_1^2} \tag{24$'$}$$

$$b_2=\frac{\gamma}{\gamma+\delta} \tag{25$'$}$$

（25$'$）式为双方分担成本变化的风险的标准公式，其中 γ 及 δ 分别表示为企业与消费者绝对风险规避系数，通常双方都要承担一部分成本转嫁的风险。只有当垄断企业为风险中性时（$\gamma=0$，由垄断企业承担所有的风险）或者消费者无限风险规避时（$\delta=+\infty$，价格固定在参与点），最优成本转嫁系数为零；当消费者为风险中性时（$\delta=0$），成本的完全转嫁是最优的。[①]

（24$'$）式给出了外生成本的转嫁系数，与 Armstrong et al.（2004）的分析相比较，其区别在于消费者的风险规避系数与价格对成本 c_1 的反应灵敏度相关。根据（24）式和（25）式可得到，当成本变量完全相关，即 $\rho=1$ 时，内生成本的最优转嫁系数为零，而外生成本的转嫁系数为正值。这是因为当 c_1 增加时，即使 c_2 不增长，规制机构也会认为垄断企业的经营努力 e 下降，从而垄断企业得不到收益。

（二）消费者面临的不确定性

假设代表性消费者 i 的收入为 y^i，可自由支配时间为 Q^i，闲暇为 L^i，工

---

① 参见 Cowan（2002）的相关论述。

作时间为 M^i，可能的劳动供给的总时间为 T（排除了必要的睡眠时间），工资率为 w。如果消费者不参加反垄断的"政治活动"，则 $Q^i = L^i$，有 $T = L^i + M^i$。消费者的目标就是使包括收入和闲暇等要素的效用函数 $U(y, L)$ 实现最大化。效用函数 $U(y, L)$ 满足下列性质：$U_y > 0$，$U_{yy} < 0$，$U_L > 0$，$U_{LL} < 0$，$U_{Ly} \geqslant 0$。不参与消费者集团对垄断的"抗争"时，消费者收入为 $y^i = (T - L^i)w$，总效用为 $U((T - L^i)w, L^i)$。如果消费者在某个消费者集团中反自然垄断付诸的努力为 e_c，通过努力，他们获得了价格更低、质量更优的自然垄断产品 x，增加了收益 b。然而，参与反自然垄断的"政治活动"耗费了消费者的时间精力 H^i，假设消费者的努力程度与参政维权的时间正相关，且时间的边际努力程度递减，即 $e_c = f(H^i)$，满足 $f' > 0$，$f'' < 0$。假设 n 为消费者集团内的消费者个数，消费者成功维权的概率为 $p(e_c \mid x, n) \in [0, 1]$，且当 $e_c = 0$ 时，$p = 0$。p_{e_c} 为消费者维权成功的边际概率，在定义域内为凹函数，表明消费者增加维权的努力所获得成功的边际概率递减。当消费者的参政活动成功时，其效用为 $U((T - Q^i - H^i)w + b, Q^i - H^i)$，未成功时其效用为 $U((T - Q^i - H^i)w, Q^i - H^i)$。

消费者不知道其他消费者的努力程度 e'_c，只知道其在区间 $[0, \bar{e}']$ 上的分布函数 $F(z \mid x, n)$。给定 x，n，F，根据冯·诺依曼效用函数得到代表性消费者的目标是：

$$\max_{H^i, L^i} E_F[EU(y, L)] \qquad (26)$$

其中：

$$E_F\{EU(y, L)\} = \int_0^{\bar{e}'} F(z \mid x, n) EU(y, L) dz \qquad (27)$$

上述最优规划的一阶条件为：

$$E_F\{EU_L - wEU_y\} = 0 \qquad (28)$$

$$E_F\{p_{e_c}V - EU_L\} = 0 \qquad (29)$$

其中 $EU_y = pU_y^1 + (1 - p)U_y^2$，$EU_L = pU_L^1 + (1 - p)U_L^2$。

由（28）式和（29）式可得到：

$$E_F\{p_{e_c}V - wEU_y\} = 0 \qquad (30)$$

令 $w' = E_F(w) = f(w, \theta, \sigma)$，则（30）式可变形为：

$$E_F\{EU_y(w - w')\} = E_F\{p_{e_c}V - EU_y w'\} \qquad (31)$$

根据 $U_{yy} < 0$，当工资收入存在不确定性时，（31）式左边为凹，由此可得：

$$E_F\{p_{e_c}V - EU_y w'\} < 0 \qquad (32)$$

当工资收入不存在不确定性时，$w' = w$，有 $E_F\{p_{e_c}V - EU_y w'\} = 0$。假设确定条件下，当消费者在消费者集团内的努力水平为 e_c 时对应 (y', L')，不确定性条件下努力水平为 e'_c 时对应 (y'', L'')。显然有 $(y', L') \neq (y'', L'')$。$U_{yy} < 0$，$U_{LL} < 0$，且结合（28）式可得：

$$L'' > L' \Leftrightarrow y'' > y', \quad L'' < L' \Leftrightarrow y'' < y' \tag{33}$$

根据 (33) 式，当 $L'' > L'$ 时，$y'' > y'$，与 (32) 式矛盾。因此有 $L'' < L'$，$y'' < y'$，所以可知 $Q'' > Q'$。由于 $L'' < L'$，$Q'' > Q'$，可得 $H'' > H'$。由于消费者维权的努力程度与其参政时间正相关，所以 $e'_c > e_c$。同时，当 w' 与 w 相差程度越大，即消费者工资收入不确定性越大时，e'_c 与 e_c 的差距也越大。当也就是说，消费者收入的不确定性增加时，他们参与反垄断活动的努力程度也越大。[①]

五、研究结论

经济转型时期就业难度加大、失业增加导致消费者未来收入预期的不确定性增强，我国城镇居民的收入增长更多地体现为工资外收入的增长。例如从 1990 年到 2004 年城镇居民的工资收入年均增长 13.95%，而在此期间，城镇居民的工资外收入年均增长 16.14%[②]。这部分工资外收入具有非制度化、非稳定性的特点，很多为转型期间或灰色收入，城镇居民担心这部分收入不能长久地持续下去，从而会产生谨慎性心理，不确定感增强。与此同时，农村居民收入的很大比例来自于外出务工收入，而这类工作多为临时性、非正式性工作，他们时常处于不确定感中。另外，城镇不同阶层收入差距的扩大、城乡收入差距的扩大也将收入的不确定性放大。城乡消费者的行为决策与他们在经济转型期内的不确定感紧密相关。消费者通过劳动供给取得经济收益与通过反自然垄断活动取得政治收益具有替代性，当工资收入水平不确定增强时，个人通常会增加政治领域的投入来规避风险。因此，当前，在我国消费者在自然垄断产业方面的维权意识增强，并通过参与听证会、反馈意见等政治参与形式来表达自己意愿与力量，争取对自身有利的规制政策。消费者的维权意识增强是件好事，但从另一侧面也说明了经济转型期间规制政策也应该进行动态调整，使垄断企业及消费者间合理分担不确定性带来的负担、规避风险，以减少消费者的不确定感，使规制激励性规制成为经济规制中的常态。

参 考 文 献

[1] 陈爱贞：《反垄断与经济管制：比较与互动关系分析——兼论我国管制改革模式选择》，载《产业经济研究》2005 年第 6 期。

[2] 陈甫军、晏宗新：《论中国自然垄断行业的改革方向》，载《产业经济评论》2003 年第 1 期。

[3] 高洪民：《转型经济中的信息、不确定性与贷款决策机制：一个将制度性信息内生

---

① 参见史小龙、董理 (2005) 的相关论述。
② 资料来源：根据 1991～2005 年《中国统计年鉴》计算得到。

化的贷款决策模型》，载《财经研究》2005 年第 5 期。

[4] 罗楚亮：《经济转型与不确定性：微观视角》，载《经济研究资料》2004 年第 9 期。

[5] 史小龙、董理：《利益集团政治影响的经济分析：一个理论综述》，载《世界经济》2005 年第 10 期。

[6] 汪爱娥、陈鸿鸣：《我国居民收入差距扩大的原因及对策分析》，载《北方经济》2007 年第 8 期。

[7] 谢地、吴英慧：《软环境的塑造与政府管制质量》，载《吉林大学学报（社会科学版）》2006 年第 1 期。

[8] Abera, G., 2009: The Monopoly Power of Multinational Enterprises in the Service Sector of A Developing Country, *The Journal of Developing Areas*, Vol. 42, No. 1.

[9] Aditya, B., 2004: The Wasteful Duplication Thesis in Natural Monopoly Regulation, *The University of Chicago Law Review*, Vol. 71, No. 4.

[10] Armstrong, M., Cowan, S. and Vickers, J., 2004: *Regulatory Reform: Economic Analysis and British Experience*, Cambridge, The MIT Press.

[11] Becker, K. G. and Von Ende, E. T., 2006: Sub-Game Perfect Equilibria in Natural Monopoly Markets, *Atlantic Economic Journal*, Vol. 34, No. 1.

[12] Beesley, M. E. and Littlechild, S. C., 1989: The Regulation of Privatized Monopolies in the United Kingdom, *RAND Journal of Economics*, Vol. 20, No. 3.

[13] Cowan, S., 2002: Price-Cap Regulation, *Swedish Economic Policy Review*, No. 9.

[14] David, B. A. and William, J. B., 2001: Competition Policy in Dynamic Markets. *International Journal of Industrial Organization*, Vol. 19, No. 3.

[15] David, S., 1960: The Burden of Monopoly, *Journal of Political Economy*, Vol. 68, No. 6.

[16] Eytan, S., Luis, F. and Lopez-Calva., 2003: Privatization and Benefits: Theory and Evidence, *Inform Global*, Vol. 49, No. 3.

[17] Fraja, G. and Delbono, F., 1990: Game Theoretic Model of Mixed Oligopoly, *Journal of Economic Surveys*, Vol. 4, No. 1.

[18] Gary, B. S., 1983: A Theory of Competition among Pressure Groups for Political Influence, *Quarterly Journal of Economics*, Vol. 98, No. 3.

[19] Gordon, R., 2002: Informational Costs and Institutional Typologies: A Review Article, *Australian Economic History Review*, Vol. 39, No. 3.

[20] Hanan, J. G.. and Rinku, M., 2004: Monopoly Power and Distribution in Fragmented Markets: The Case of Groundwater, *SSRN Working Paper Series*, December: Rochester.

[21] Hemphill, R. C., Meitzen, M. E. and Schoech, P. E., 2003: Incentive Regulation in Network Industries: Experience and Prospects in the U. S. Telecommunications, Electricity, and Natural Gas Industries, *Review of Network Economics*, Vol. 2, No. 4.

[22] Jaehong, K., 1997: Inefficiency of Sub-game Optimal Entry Regulation, *Rand Journal of Economics*, Vol. 1, No. 1.

[23] Jalilian, H. and Colin, K., 2001: Financial Development and Poverty Reduction in Developing Countries, *Working Paper* No. 30, University of Manchester.

[24] John, K. E., 2006: The Role of Competition in Natural Monopoly: Costs, Public Own-

ership, and Regulation, *Review of Industrial Organization*, Vol. 29, No. 2.

[25] John, M., 2002: A Post Keynesian Critique of Privatization Policies in Transition Economies, *Journal of International Development*, Vol. 14, No. 4.

[26] Kevin, M. C., 2004: Natural Monopoly Regulation in the Presence of Cost Misreporting, *Atlantic Economic Journal*, Vol. 32, 49–61.

[27] Kevin, M. C., and Brian, K. L., 2008: A Pedagogical Note on the Superiority of Price-Cap Regulation to Rate-of-Return Regulation, *Journal of Economic Education*, Vol. 39, No. 2.

[28] Laffont, J. J. and Tirole, J., 1990: Optimal Bypass and Cream Skimming, *The American Economic Review*, Vol. 80, No. 5.

[29] Law, S. M. and Nolan, J. F., 2002: Measuring the Impact of Regulation: A Study of Canadian Basic Cable Television, *Review of Industrial Organization*, Vol. 21, No. 3.

[30] Lopez, R. A. and Bhuyan, S., 1998: Determinants of Allocative Efficiency Losses from Oligopoly Power, *Quarterly Review of Economics and Finance*, Vol. 38, No. 1.

[31] Marc, G., 2005: Corporate Governance Convergence: Evidence from Takeover Regulation Reforms in Europe, *Oxford Review of Economic Policy*, Vol. 21, No. 3.

[32] Monrgs, J., 2004: *Alternative Economic Models of Transition*, New York: Ashgate Publishing Company.

[33] Moorison, S. A. and Clifford W., 1987: Empirical Implications and Test of Contestability Hypothesis, *Journal of Law and Economics*, Vol. 4, No. 1.

[34] Paul, L. J. and Roger, G. N., 1981: Regulation in Theory and Practice: An Overview, *Studies in Public Regulation*, Cambridge: MIT Press.

[35] Scherer, F. M. and David, R., 1990: *Industrial Market Structure and Economic Performance* (third edition), Houghton Mifflin Company.

[36] Slade, M. E., 2004: Market Power and Joint Dominance in U. K. Brewing, *Journal of Industrial Economics*, Vol. 7.

[37] Stigler, G. J., 1956: The Statistics of Monopoly and Merger, *Journal of Political Economy*, Vol. 64, No. 1.

[38] Suleyman, B. and Anna, P., 2004: Monopoly Power and the Firm's Valuation: A Dynamic Analysis of Short Versus Long-term Policies, *Economic Theory*, Vol. 24, No. 1.

[39] Tullocks, G., 1967: The Welfare Costs of Tariffs, Monopolies and Theft, *Western Economics Journal*, Vol. 7, No. 3.

[40] Vickers, J. and Yallow, G., 1991: Economic Perspectives of Privatization, *Journal of Economic Perspectives*, Vol. 5, No. 2.

[41] Viscusi, W. K., Vernon, J. M. and Harrington, J. E., 2004: *Economics of Regulation and Antitrust*, 4rd, Cambridge: MIT Press.

[42] Zhang, Y. F. and Kirkpatrick, C., 2008: Electricity Sector Reform in Developing Countries, *Journal of Regulatory Economics*, Vol. 33, No. 2.

The Optimization of Governmental Regulation Model under the Background of Uncertainty during Economic Transformation Period

Hu Debao

Abstract：China is at the corner of economic transformation, for the sake of fundamental characters and bounded rationality of human rights, there are plenty of uncertainties in the economy, and the governmental regulations reveal specialties of economic transformation. In this paper, we analyze the decision of regulation bodies and monopolistic firms. Based on the analysis of aversion of uncertainty risk to monopolistic firms and consumers, we study the relation between regulation models and uncertainty. At last, we make the conclusion, and bring forward suggestion to optimize regulation model dynamically and reduce consumers' uncertainty.

Keywords：Economic Transformation　Governmental Regulation　Dynamic Game　Risk Aversion

JEL Classification：C78　L52　L81

附录 1

证明：

$$d_0 = a_{11}a_{22} - a_{12}a_{21}$$

$$= \{(R-\pi)[P''(T)(f_e(K, e_1))^2 + P'(T)f_e(K, e_1)] - U_1''(e_1)\}$$

$$\{(R-\pi)[P''(T)(m'(e_2)L)^2 + P'(T)m'(e_2)L] - U_2''(e_2)\}$$

$$- (R-\pi)P''(T)f_e(K, e_1)m'(e_2)L(R-\pi)P''(T)m'(e_2)f_e(K, e_1)L$$

$$= (R-\pi)^2[P''(T)(m'(e_2)L)^2 + P'(T)m''(e_2)L][P''(T)(f_e(K, e_1))^2$$

$$+ P'(T)f_e(K, e_1)] - (R-\pi)[P''(T)(m'(e_2)L)^2$$

$$+ P'(T)m''(e_2)L]U_1''(e_1) - (R-\pi)U_2''(e_2)P''(T)(f_e(K, e_1))^2$$

$$+ P'(T)f_e(K, e_1) + U_1''(e_1)U_2''(e_2)$$

$$> 0$$

$$d_1 = -(a_{13}a_{22} - a_{12}a_{23}) = a_{12}a_{23} - a_{13}a_{22}$$

$$= (R-\pi)P''(T)f_e(K, e_1)m'(e_2)L(R-\pi)m'(e_2)[P'(T)$$

$$+ P''(T)m(e_2)L] - (R-\pi)f_e(K, e_1)P''(T)m(e_2)$$

$$\{(R-\pi)[P''(T)(m'(e_2)L)^2 + P'(T)m''(e_2)L] - U_2''(e_2)\}$$

$$= (R-\pi)^2 P''(T)m'(e_2)f_e(K, e_1)LP'(T) + P''(T)m(e_2)L$$

$$- (R - \pi)^2 f_e(K, e_1) P''(T) m(e_2) [P''(T)(m'(e_2)L)^2$$

$$+ P'(T) m''(e_2) L] + U_2''(e_2)(R - \pi) f_e(K, e_1) P''(T) m(e_2)$$

$$< 0$$

同理可证得:

$$d_2 = - (a_{11} a_{23} - a_{13} a_{21}) = a_{13} a_{21} - a_{11} a_{23} < 0$$

第 9 卷第 2 辑　　　　　　　　产业经济评论　　　　　　　　Vol. 9　No. 2

2010 年 6 月　　　　Review of Industrial Economics　　　　June 2010

产业集群升级：研究框架的比较与演变

顾慧君[*]

摘　要：本文首先从理论竞争的角度介绍了产业集群升级研究的三个代表性的理论：新区域主义、全球商品链/价值链理论以及全球生产网络理论；其次，在上述分析的基础上，归纳产业集群升级研究分析视角的系统性转变，即从封闭系统转向开放系统，从经济（生产）系统转向社会（知识）系统；最后，分析方法的变化为研究视角的转变提供了支持，本文呈现了从交易成本经济学→嵌入性理论与社会网络分析方法→行动者网络理论的一个分析方法的变迁轨迹。

关键词：集群升级　比较　演变

一、引　言

20 世纪 80 年代末 90 年代初的"第三意大利"、90 年代的美国硅谷和台湾新竹高科园的成功经验，使得诸如专业化产业区等集群形态的生产组织方式成为持续的研究热点。最初产业集群的研究主要关注产业集群的形成机制以及产业集群相对于"福特制"企业的竞争优势，并形成了各种各样的解释模型；90 年代以后，产业集群的研究发生了重大的变化，即 Humphrey（1995）所提倡的"从模型到路径"（from models to trajectories）的研究转向，研究的重心逐渐转向产业集群的动态演变及其可持续发展，具体到发展中国家，即为如何实现产业集群的升级。产业集群升级作为一个新兴的研究领域，吸引了诸多学科关注，如经济学、管理学乃至社会学。虽然其发展历时较短，但已产生了大量的理论成果，因此对产业集群升级的相关研究作一个梳理，将有利于对这个新的研究领域的认识，从而有益于中国情境下的产业集群升级研究。本文首先从理论竞争的角度介绍了产业集群升级研究的三个代表性的理论：新区域主义、全球商品链/价值链理论以及全球生产网络理论；其次，在上述分析的基础上，归纳产业集群升级研究分析视角的系统性转变，即从封闭系统转向开放系统，从经济（生产）系统转向社会（知识）系统。最后，本文阐述了从交易成本经济学、嵌入性理论与社会网络分

　* 顾慧君：南京大学商学院、江苏省行政学院管理工程教研部；地址：江苏省南京市建邺路 168号，江苏省行政学院 5401 办公室，邮编：210004；电话：13951830329；E-mail：huijun_gu@163.com。

析方法到行动者网络理论的一个产业集群升级研究的分析方法的变迁轨迹，正是上述分析方法的变化为研究视角的转变提供了方法论的支撑。

二、产业集群升级研究框架的比较

迄今为止，产业集群的升级研究主要基于以下三个理论框架展开：新区域主义、全球商品链/价值链理论以及全球生产网络理论。

（一）新区域主义

新区域主义将集群升级看成是一个"区域富矿"开启、挖掘、释放、扩大的过程（Amin，1999）。其有两个代表性的学派："加利福尼亚学派"和"制度学派"。前者认为，为了适应市场环境的变化，企业追求产业链上的垂直分工，而为了便于协调这些垂直分解的产业链环节和节约交易成本，产业链上的关联企业在一定地理空间的聚集便成为一个必然的结果。由此可以看出，"加利福尼亚学派"认为产业集群的核心优势在于纵向分工、横向聚集以及由此带来的外部经济性；"制度学派"则将此研究推进一步，认为产业集群之所以能够形成上述的竞争优势，是因为具备以下特征：（1）除企业、行政机构以外，集群内存在大量的中介组织；（2）行政机构的运作紧密围绕区内企业；（3）企业、行政机构以及中介组织之间存在广泛且稳定的经济和非经济合作关系。这三个特征促进了集群内各主体间形成规范、达至信任、累积社会资本，从而为实现区域产业升级和竞争力提升奠定了三个方面的基础：（1）生产上的弹性专精；（2）能力上的优势互补；（3）基于集群内各主体间快速的信息传递和知识外溢所形成的区域创新系统。

从上面的描述可以看出，新区域主义认为产业集群升级的驱动力来自于集群所在区域自身，即马歇尔所指的"外部经济"与"产业氛围"。伴随着全球化的深入，产业活动的分离与整合在更大的空间尺度上演。一方面一些跨国企业在全球范围内重新配置其生产能力；另一方面，一些发展中国家经历了从进口替代到发展外向型经济这一重要发展战略的转变，这一转变使得上述国家的产业集群逐步嵌入到全球价值链体系之中。这一现实背景的转变使得新区域主义面临理论和现实的双重挑战。Amin & Thrift（1994）首先对"制度学派"的"'稠密的组织网络'导致'社会一致性'，'社会一致性'导致信任的达成、社会资本的累积、信息的快速传递和创新涌现，上述条件的就位又导致区域发展、集群升级"的逻辑提出质疑，根据是现有的实证研究表明上述逻辑不一定存在，如英格兰的东北部地区虽然具有较好的"组织网络稠密度"，但其经济发展缓慢；而英格兰的东南地区虽然"组织网络稀薄"，但经济发展迅猛；与 Amin 和 Thrift 不同，Swyngedouw（1997）对"制度学派"的"组织本地化"的概念提出质疑，"制度学派"的产业集群中各个组织具有"社会一致性"这一假设有一个重要前提，即这些组织是本地的组织，或者这些组织已经本地化了，但 Swyngedouw 认为很多集群中的组织是中央机构、国际组织或跨国企业的分支，它们具有各自的目标，很难被本地化；Cooke（1998）甚至发现集群中的一些组织是在肢解集群；而最重要的挑战则来自 Amin（1999），他认为，决定集群发展的最重要的因素是集群对环境变化的适应能力和响应速度，而这往往取决于集群与外界的结网能力。

新区域主义面临的困境呼唤更具解释能力的理论框架的出现，而这其中最有影响力的就是全球商品链／价值链理论。

（二）全球商品链／价值链理论

全球商品链起源于世界体系理论中的"商品链"这一概念。Hopkins & Wallerstein（1977）首次提出了"商品链"的概念。在世界体系理论中，"商品链"是一个核心的问题和重要的分析工具。与将全球化看成是一个国家在扩大对外贸易的指引下，实现本国市场与全球市场融合的过程这一普遍认知不同，世界体系理论认为全球化是一个广泛的商品化过程，它不仅包括商品的交换过程，还包括商品的生产过程、分配过程、为实现商品生产而进行的投资过程，甚至包括为实现商品生产而进行的劳动力的社会再生产过程。全球化可通过与最终商品相关的劳动与生产过程组成的网络——"商品链"来表述。Gereffi 等沿用"商品链"的概念发展出了全球商品链，但与世界体系理论对"商品链"的认知不同，全球商品链的研究者将商品链看成是一个全球范围内的围绕某一最终商品生产与销售而形成的企业间网络；并且与世界体系理论借助"商品链"分析其如何建构和再生了一个分层的、等级化的世界体系的研究目的不同，全球商品链理论的研究聚焦于全球化条件下发展中国家如何嵌入"全球商品链"才能实现自身的发展。由于商品生产的全球性网络具有片断化的特征（Ardnt & Kierzkowski，2001）以及空间重组现象（Krugman，1995），这就为全球商品链理论被引入产业集群升级这一研究领域奠定了基础。

全球商品链理论通过四个维度来分析具体的商品链：（1）全球商品链的输入—输出系统，即全球商品链是如何实现原材料到最终商品的转换的；（2）全球商品链的地域特征，其和输入—输出系统共同构成全球商品链的基本特征；（3）全球商品链的治理模式。治理模式指协调全球商品链上的企业间关系的市场与非市场机制，它关系到发展中国家嵌入全球商品链的进入壁垒、全球商品链上的剩余分配等关键问题；（4）全球商品链的制度环境。制度环境主要分析地方、国家以及国际的条件和政策如何形成了全球商品链及其发展。通过这四个维度的分析可以了解全球商品链的运作及发展，并以此为基础研究经济的全球化及其对区域（尤其是发展中国家）发展、集群升级的影响。

随着全球化以及全球化对发展中国家的影响日益受到学术界的关注，全球化的相关理论逐渐增多，除 Gereffi 的全球商品链理论以外，还有 Borrus et al.（2000）的国际生产网络（international production network），Henderson *et al.*（2002）的全球生产网络（global production network），Milberg（2003）的全球生产系统（global production systems）等，形成了全球化理论的"丛林现象"，这给各个理论之间的交流带来了一定的困难。由于在上述各个理论中，"价值"始终是一个核心的主题，在 2000 年，全球商品链理论首先接纳并过渡到全球价值链理论，两者共同形成了该理论下产业集群升级研究的基本思路。

Gereffi（1999）将基于全球价值链的产业集群升级过程归结为四个呈阶梯式上升的阶段：工艺流程升级、产品升级、产业功能升级以及链条升级。Gereffi 认为上述升级过程是通过本地产业集群中的焦点企业与全球价值链上"旗舰"企业之间的互动完成的；但上述产业升级过程并不是随着本地企业嵌入全球价值链而必然发生的，它取决于当前的产业升级是否威胁了全球价值链上"旗舰"企业的核心竞争力（如果威胁了全球价值链上"旗舰"企业的核心竞争力，这些"旗舰"企业会通过诸如"上楼抽梯"的策略抑制或破坏本地集群的产业升级），而这受全球价值链的驱动力以及全球价值链上各主体间协调（co-ordination）方式——治理模式的影响。全球价值链理论中关于链条驱动力的研究延续了 Gereffi（1999）对全球商品链驱动力的研究，其将全球商品链分为生产者驱动和采购者驱动两种模式，并进而分析不同驱动模式下全球商品链的"游戏规则"与核心价值。Humphrey & Schmitz（2002）列举了决定全球价值链上各主体间协调方式的三个核心问题：（1）生产什么？（2）如何生产？包括生产的工艺、技术；生产的劳工和环境标准以及产品的质量标准等；（3）全球价值链上的商品链形式。包括核心产品在全球价值链各环节上的通过时间、通过量以及处理流程。由于在不同的全球价值链中上述三个问题呈现出不同的特征，因此需要不同的治理模式来解决，而这些治理模式位于一个以市场机制和科层制为两端的连续区间中。Gereffi *et al.*（2005）在这一连续区间中根据交易的复杂性、信息的可编码程度以及供应商能力三个独立变量，提取了五种典型的治理模式：市场型、模块型、关系型、俘获型以及科层制型。

在将分析视野聚焦为全球价值链的治理模式后，全球商品链/价值链理论实现了从一个描述性的、启发式的概念到分析性研究工具的转变，但这也带来了一些批评（Bair，2005；Henderson *et al.*，2002）：

（1）全球价值链通过研究价值链内部的技术（产业结构、生产过程）和组织（治理模式）特征，分析嵌入价值链的企业的升级过程。这带来两个方面的问题：①这一分析缺乏对价值链外部因素的分析，如价值链所处的制度环境，而这些外部因素往往极大的影响了价值链的形成与发展以及价值链中的利益分配机制；②过分注重企业层面的升级过程，使全球价值链理论陷入了一个分析上的困境，即如何将企业嵌入全球价值链的过程"映射"为产业集群融入全球生产与市场体系的过程？如何将企业在全球价值链中实现升级的过程"映射"为产业集群借助全球化实现可持续发展的过程？

（2）全球价值链理论认为嵌入全球价值链是实现发展中国家产业集群升级的必要条件。同时，该理论认为全球价值链的主要驱动力来自"旗舰"企业且往往以这些"旗舰"企业为核心形成了全球价值链的半科层制型的治理模式。因此，嵌入全球价值链一方面是发展中国家实现集群升级的必由之路，但另一方面这一过程也是全球价值链上的"旗舰"企业脱卸非核心业务、优化核心竞争力的过程。至此，一个问题便自然浮现出来：发展中国家的集群实现了形式上的产业升级，却未能捕获实质性的价值。

（3）用产业升级代替集群升级。大量的关于发展中国家的产业集群的实证研究发现，这些集群虽然通过嵌入全球价值链实现了产业升级，但所在区域却没有获得实质性的利益，如本地产业工人未能从中获得工资的提升、劳动条件和生活条件的改善。

上述不足激发了其他的理论尝试，Henderson 为代表的全球生产网络理论最具影响力。

（三）全球生产网络理论

Henderson 等之所以将这一理论冠名为全球生产网络理论，原因有三点（Henderson et al.，2002）：（1）"商品"成为一个经济学词汇，已不足以刻画产品（服务）生产以及与此伴生的知识、资本以及劳动力再生产的社会过程；（2）"网络"比"链"更能体现企业间关系的本质；（3）"全球化的"相对于"国际的"、"跨国的"等存在"区域中心化（state-centric）"倾向的修辞而言，能更好地把握全球与区域之间的关系，而这是理解全球化及其对集群升级影响的前提。

图 1 展示了全球生产网络理论的分析框架。由此可以看出，虽然全球生产网络理论的研究兴趣与全球商品链/价值链理论相同，但两者的分析思路却有较大差别：（1）虽然两者的研究基础均为全球性的网络，但在网络组成上，全球商品链/价值链理论认为网络主要由企业组成，而全球生产网络理论认为网络成员不仅包括企业，还包括政府、非政府组织（如 WTO、国际劳工组织、世界银行等）以及介于两者之间的各类机构；（2）全球商品链/价值链理论形成了"网络的内部分析→网络的治理模式→产业升级、区域发展"的研究范式，而全球生产网络理论认为全球生产网络对经济发展的影响不仅取决于网络自身，而且取决于网络以外的力量，如全球生产网络所嵌入的地域。因此，全球生产网络不仅研究网络内部的协调方式——治理模式，而且研究网络外部的因素对网络的配置作用，如 Coe et al.（2004）认为：全球化是区域资产调适的一个预设条件，即集群升级是在"区域性"机构主导下的区域资产与全球生产网络的战略耦合过程。（3）与全球商品链/价值

链理论仅仅关注网络的治理模式不同，全球生产网络理论除了分析网络治理模式之外，还关注网络成员之间的权力关系以及网络结构嵌入特征（这里的网络结构嵌入特征主要指网络成员之间的关系类型、强弱以及分布，其对网络成员的经济行为、成员之间的资源传递与利益分配也会产生很大的影响）。（4）与全球商品链/价值链理论用产业升级替代集群升级不同，全球生产网络理论将集群升级理解成一个价值创造（嵌入全球生产网络）、价值增强（通过全球生产网络获得成长）以及价值捕获（获取其在全球生产网络应得的利益）的过程。

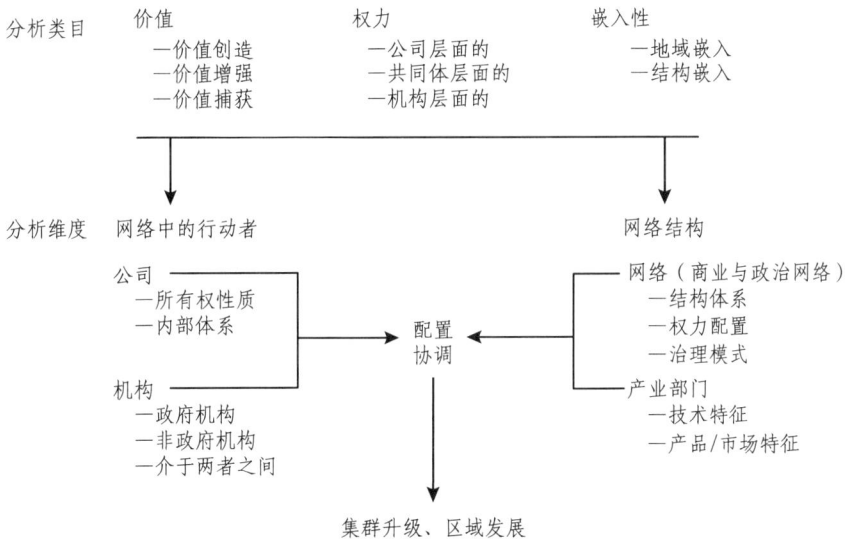

图 1　全球生产网络的分析框架

资料来源：*Henderson et al.*（2002）

（四）三种理论的比较

根据上述对新区域主义、全球商品链/价值链理论以及全球生产网络理论在研究产业集群升级方面的比较分析，这三种理论的观点差异可归纳如表 1 所示。

表 1　　　　　　三种理论在产业集群升级研究上的观点差异

	新区域主义	全球商品链/价值链理论	全球生产网络理论
分析视角	内生视角	外生视角	耦合视角
产业升级驱动力	产业集群自身	全球价值链上的"旗舰"企业	全球生产网络上的"旗舰"企业与"区域"组织

续表

	新区域主义	全球商品链/ 价值链理论	全球生产网络理论
适用环境	主要适用于"第三意大利"式的产业集群,这种类型的产业集群具有如下特点:产业集群囊括从原材料到最终产品几乎所有的生产环节(或核心环节);具备最终产品从企业到市场的几乎所有核心能力;以及对区域外相关知识的吸纳能力	嵌入全球价值链中的产业集群	嵌入全球生产网络中的产业集群
升级途径	通过集群内各主体间的经济与非经济联系形成生产上的弹性专精、能力上的优势互补以及区域创新系统	嵌入全球价值链、在全球价值链上的位置攀升	集群资产与全球生产网络战略耦合下的价值创造、价值增强与价值捕获
升级速度	递进式的	既可能是沿着四个升级阶段的递进过程,也可能是跨越阶段的跳跃发展	可能是跳跃式的,也可能是递进式的

三、产业集群升级研究的视角转变

新区域主义将产业集群看做一个封闭的系统,从内生的角度解释产业集群的升级与演化;全球商品链/价值链理论是一个集群升级的外生模型;而全球生产网络理论则试图结合上述两个理论的研究,构建一个结合内生与外生因素的集群升级的耦合模型。这预示着对产业集群升级的研究视角正从封闭系统转向开放系统(如图 2),这一研究视角的转变,一方面加深了对产业集群升级的制约——路径依赖的认识:在封闭系统的视角下,集群发展的路径依赖往往被认为来自集群自身,但在开放系统视角下,集群可能因为对外部的过度依赖而陷入锁定的泥潭;另一方面,拓宽了对集群本质的认识:集群是一个经济(生产)系统,还是一个社会(知识)系统?

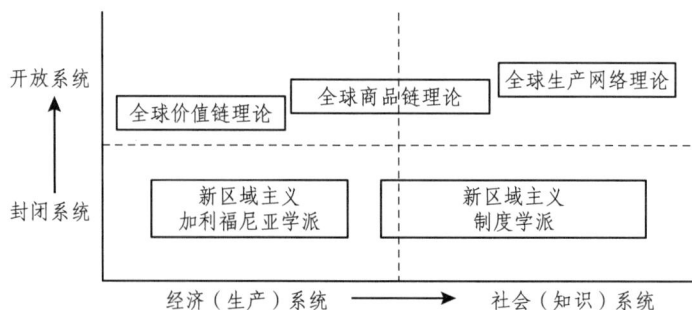

图 2　产业集群升级研究的视角转变

在关于产业集群的早期研究当中，集群被理解为一个经济系统，规模经济和对交易成本的节约成为集群竞争优势的主要解释；但随着关于第三意大利、硅谷以及发展中国家产业集群的实证研究成果的大量涌现，集群作为一个社会系统受到越来越多的认同。这一转变加深了对集群升级的重要因素——知识的认知。

产业的升级以及随之而来的产品成本结构的改变使得知识成为影响集群升级的重要因素。知识可分为显性知识与隐性知识，现有的研究认为显性知识的传递和吸收与正式的制度安排有关，而隐性知识的传递和吸收则与非正式的制度安排有关，显然，将集群看做经济系统与前者对应，而将集群看做社会系统则与后者对应。由于隐性知识的传递与吸收更困难，对集群升级的影响也更关键，因此大量的研究就集中在集群内外隐性知识的传递以及集群对隐性知识的吸收（集群内部各主体间的共同学习机制的研究）这一领域。新区域主义中的制度学派在封闭系统的视角下从事这一研究，而全球商品链/价值链理论以及全球生产网络理论（Ernst & Kim，2002；Saxenian，2002）则在开放系统的视角下展开研究（如图 2）。

四、产业集群升级研究分析方法的变迁

随着全球化的推进，全球化已成为产业集群升级研究的一个重要前提和情境，因此，"全球—区域—个体"之间的互为因果的关系成为产业集群升级研究的焦点。如何找到一个分析方法来统合这两者成为学术界孜孜以求的目标。Dicken *et al.*（2001）认为"网络"是统合的基础，开放系统视角下的研究可看做是对此的响应。由此，本文主要从对网络的分析这个角度来阐述产业集群升级研究的分析方法的变迁（如图 3）。

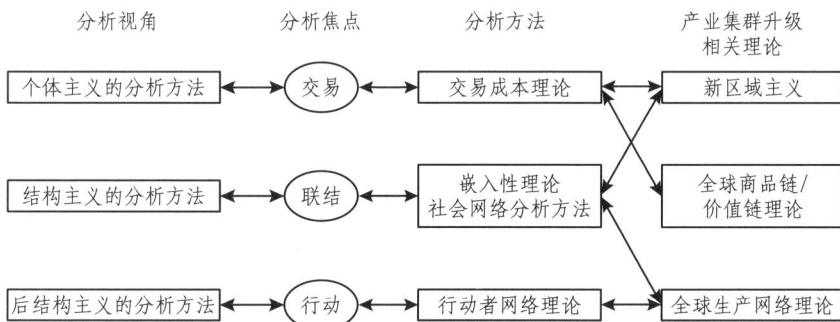

图 3　产业集群升级研究的分析方法的变迁

交易成本理论将"交易"置于其分析的中心，认为一笔交易的交易成本决定了其在组织内还是在市场中完成。交易的性质可由交易发生的频率、交

易资产的专用性与行为风险三个层面来加以分析，不同性质的交易会产生不同的交易成本，因此也就需要不同的契约形式加以规范，而不同的契约形式都有其最合适的治理结构。市场与科层制分居治理结构这一连续谱系的两端，两者之间的各种中间组织形式可统括为网络，其是市场和科层制的混合或叠加。交易成本理论之于产业集群这一研究领域有两个方面的贡献：（1）令人信服的解释了"外部规模经济"这一产业集群的基本特征；（2）Gereffi *et al.*（2005）借鉴交易成本理论的分析逻辑和框架区分出全球价值链的治理模式，为研究全球价值链中发展中国家产业集群的升级提供了"制度情境"。

　　Granovetter（1985）则认为个体的经济行为受到其所处的社会结构的影响，社会结构通过塑造个体间的权力分配、信任关系与程度改变个体间的资源（包括有形资源和无形资源，尤其是无形资源，如信息、知识等）分配与交换。Granovetter 的嵌入性理论将传统的社会学概念（权力、信任）重新带回对人的经济行为的解释和分析之中，从而对经济学、管理学和社会学均产生了巨大的影响。具体到产业集群这一研究领域，其之影响主要表现在以下几个方面：（1）Powell（1990）受到该理论的启发，认为网络、市场与科层制三者之间存在着根本上的区别，网络不能被视为市场或科层的混合或叠加，信任是网络的基石。对网络这一治理模式的新的认知，拓宽了研究产业集群发展轨迹的视野，产业集群的形成与发展，不仅是交易主体间理性选择的结果，也是社会互动的结果；（2）集群内组织间的交易不仅包括以一般标的物为交易对象的交易（如商品、服务以及生产要素等），还包括原先只存在于科层制中的管理、指挥、协调、技术创新等知识的让渡或交换（这类交易可能是契约的一部分，也可能是由一般交易而衍生出来的）。只有后者得到有效的解释和分析，产业集群升级才在理论上获得根基。在交易成本理论看来，集群（网络）是各个组织理性选择的结果，是一种有效率的形式，这是一个均衡的、静态的概念，产业集群的升级无法在该框架下得到有效的解释和分析；对于后者，在交易成本理论看来是无法进行交易的，但随着嵌入性理论的出现以及该理论将社会结构以及社会结构对权利、信任等因素的影响带入经济行为的研究之中，使得上述现象得到了合理的解释，从而为产业集群升级研究奠定了重要的理论基础。（3）嵌入性理论的出现激活了发轫于20 世纪 30 年代的社会网络分析方法。这种方法通过分析行为主体间的社会关系及关系的总体分布研究其对个体的影响，主体间的联结成为其分析的核心。Burt（1992）的结构洞理论则进一步讨论了什么样的关系形态是最富有效率的。上述理论和方法不仅为集群的发展现状提供了一种新的解释，而且为集群的进一步发展指明了一个新的需要努力的方向，即如何构建有利于集群升级的社会结构。

　　社会网络分析方法在组织及管理研究中得到了广泛的应用，但它所隐含的三个关键的假设：（1）结构是"蕴藏在背后的某种生成机制的产物，不在个体行动者的控制之中"；（2）对处于具体的社会结构中的个体而言，对结构的认知是统一的、对称的；（3）人的行为受到其所处的由人所构成的社会结构的影响和限制，均遭到了后结构主义的挑战。与结构主义相比，后结构主义具有如下特点（马汀·奇达夫、蔡文彬，2007）：（1）将主体引入研究之中，行动者是积极主动的智能体，其以行动和认知参与为网络的构建；（2）强调多元性、变动性和对结构的主观认知，而不是结构的稳定；（3）网络行动者包括人类，也包括器物、既有规则等。全球生产网络理论基于后结构主义分析方法，将网络主体的"行动"至于分析的中心，试图更全面的分析集群升级的外部环境和内在努力间的关系。在这种分析视角下，发展中国家的产业集群不再处于随全球价值链中旗舰企业起舞的"顺从"境地，其获得了成为"即兴表演者"的可能，通过集群成员企业的成长，导致整个价值链的重组。

五、结　　语

分工的深入使得企业之间的协作变得越来越普遍和紧密，地理上的集中使得这种企业间的协作成本大大降低，因此，产业集群成为一种日益普遍和重要的生产组织方式。随着生产的全球化和贸易的全球化，上述分散在全球各地的产业集群"片段"经由跨国公司的整合，形成了紧密协作的全球价值链。在这种全球性的生产与贸易体系下，一方面发展中国家的产业集群通过嵌入特定的全球价值链，获得了比以往更多的发展机会；但另一方面分离的生产和贸易体系使得对它整合的必要性和难度均很大，发展中国家的企业很难在短时间内培养这种能力，从而限制了它们的成长，也因此使得其所在的产业集群升级缓慢。全球价值链理论对此现状做出了较为深刻的描述和分析。全球生产网络理论表现出一种更宽广的分析视野，即兼容了全球价值链理论对集群升级外在环境，特别是全球价值链治理模式的相关研究成果，也并蓄了集群自身对全球价值链的调适和改造能力。从分析方法来看，全球生产网络视角下的很多经验性的研究开始转向后结构主义的分析方法，通过对大量的、特定的全球生产网络发展、演变过程中"企业—集群—全球生产网络"之间相互作用的田野式调查，可能更能对发展中国家产业集群的升级提供更深刻的解释和分析。

参 考 文 献

［1］马汀·奇达夫、蔡文彬著：《社会网络与组织》，王凤彬等译，中国人民大学出版社2007 年版。

［2］Amin, A. and Thrift, N., 1994: *Living in the Global in Amin A and Thrift N eds Globalisa-*

tion Institutions and Regional Development in Europe, Oxford: Oxford University Press.

[3] Amin, A. , 1999: An Institutionalist Perspective on Regional Economic Development, *International Journal of Urban and Regional Research*, Vol. 23, No. 2.

[4] Arndt, S. and Kierzkowski, H. , 2001: *Fragmentation: New Production Patterns in the World Economy*, Oxford: Oxford University Press.

[5] Bair, J. and Gereffi, G. , 2001: Local Cluster in Global Value Chains: the Causes and Consequences of Export Dynamism in Torreon's Blue Jeans Industrial, *World Development*, Vol. 29, No. 11.

[6] Bair, J. , 2005: Global Capitalism and Commodity Chains: Looking Back, Going Forward, *Competition & Change*, Vol. 9, No2.

[7] Borrus, M. , Ernst, D. and Haggard, S. , 2000: *International Production Networks in Asia: Rivalry or Riches?* London: Routledge.

[8] Burt, R. , 1992: *Structural Holes*, Cambridge: Harvard University Press.

[9] Callon, M. , 1987: *Society in the Making in W. Bijker, T. Hughes and T. Pinch (eds) The Social Construction of Technological Systems*, Cambridge, MA: MIT Press.

[10] Coe, N. M. , Hess, M. , Yeung, H. W. , Dicken, P. and Henderson, J. , 2004: "Globalizing" Regional Development: A Global Production Networks Perspective, *Transactions of the Institute of British Geographers*, New Series, Vol. 29, No. 4.

[11] Cooke, P. , 1998: Regional Systems of Innovation: An Evolutionary Perspective, *Environment and Planning*, Vol. 30.

[12] Dicken, P. , Kelly, P. F. , Olds, K. and Yeung, H. W. , 2001: Chains and Networks, Territories and Scales: Towards An Analytical Framework for the Global Economy, *Global Networks*, Vol. 1, No. 2.

[13] Ernst, D. and Kim, L. , 2002: Global Production Networks, Knowledge Diffusion, and Local Capability Formation, *Research Policy*, Vol. 31, No. 8 – 9.

[14] Ernst, D. , 1999: Globalization and the Changing Geography of Innovation Systems, Paper Presented at *the Workshop on the Political Economy of Technology in Developing Countries*, Brighton.

[15] Gereffi, G. , 1999: International Trade and Industrial Upgrading in the Apparel Commodity Chain, *Journal of International Economics*, Vol. 48, No. 1.

[16] Gereffi, G. , Humphrey, J. and Sturgeon, T. , 2005: The Governance of Global Value Chains. *Review of International Political Economy*, Vol. 12, No. 1.

[17] Granovetter, M. , 1985: Economic Action and Social Structure: The Problem of Embeddedness, *American Journal of Sociology*, Vol. 91, No. 3.

[18] Henderson, J. , Dicken, P. , Hess, M. , Coe, N. and Yeung, H. W. , 2002: Global Production Networks and the Analysis of Economics Development, *Review of International Political Economy*, Vol. 9, No. 3.

[19] Humphrey, J. and Schmitz, H. , 2002: How Does Insertion in Global Value Chains Affect Upgrading in Industrial Clusters? *Regional Studies*, Vol. 36, No. 9.

[20] Humphrey, J. , 1995: Industrial Reorganization in Developing Countries: from Models to Trajectories. *World Development*, Vol. 23, No. 1.

[21] Krugman, P., 1995: Growing World Trade: Causes and Consequences, *Brookings Papers on Economic Activity*, Vol. 26, No. 1.

[22] Milberg, W., 2003: The Changing Structure of Trade Linked to Global Production Systems: What are the Policy Implications? Paper prepared for *the World Commission on the Social Dimensions of Globalization*, International Labor Organization.

[23] Powell, W. and Smith-Doerr, L., 1994: 'Networks and Economic Life' in N. J. Smelser and R. Swedberg (eds), *The Handbook of Economic Sociology*, Princeton: Princeton University Press.

[24] Powell, W., 1990: Neither Market Nor Hierarchy: Network Forms of Organization, *Research in Organizational Behavior*, Vol. 12.

[25] Saxenian, A. L., 2002: Transnational Communities and the Evolution of Global Production Networks: the Cases of Taiwan, China and India, *Industry and Innovation*, Vol. 9, No. 3.

[26] Swyngedouw, E., 1997: *Neither Global nor Local: 'Glocalization' and the Politics of Scale in Cox K ed Spaces of Globalization: Reasserting the Power of the Local Guilford*, New York: Guilford Press.

The Comparison and Evolvement of Researches on Industrial Clusters Upgrading

Gu Huijun

Abstract: First, three representative theories of research on industrial cluster upgrading are introduced by comparative analyzing: New Regionalism, Global Commodity Chains, Global Value Chains and Global Production Networks; Second, the point of view of the industrial cluster upgrading are in the transformation from close systems to open systems, from economic (production) systems to social (knowledge) systems; Finally, the foundation of this transformation is the conversion of analyzing methods about these theories, these methods including Transaction Cost Economics, Embeddeddness theory and Actor-network theory are discussed in this article.

Keywords: Industrial Clusters Upgrading Comparison Evolvement

JEL Classification: L22 L51

第 9 卷第 2 辑　　　　　　　　　　产业经济评论　　　　　　　　　　Vol. 9　No. 2

2010 年 6 月　　　　　　　Review of Industrial Economics　　　　　　　June 2010

竞标者合谋均衡分析：从单期静态拍卖到重复动态拍卖

王　宏　　陈宏民[*]

摘　要： 本文假设合谋竞标者在拍卖之前采用第二价格预拍的合谋机制，分别在单期静态拍卖和重复动态拍卖的背景下，求解了第一价格拍卖和第二价格拍卖下的合谋均衡。我们不但考虑了拍卖方对于合谋的最优策略性响应，而且考虑了参与合谋的竞标者与没有参与合谋的竞标者之间的策略性响应，主要结论表明：（1）没有参与合谋的竞标者为了抵消合谋竞标者对于自己的不利影响，在竞价时考虑到合谋的存在会比不存在合谋条件下的竞价更具有进取性；（2）与第一价格拍卖相比，第二价格拍卖下的合谋更容易实现；（3）在重复动态拍卖中，给定保留价格，强卡特尔下的合谋比弱卡特尔下的合谋更容易实现；（4）无论在单期静态拍卖还是重复动态拍卖下，拍卖方合理的设定保留价格对于合谋的难易均有重要影响。

关键词： 竞标者合谋　保留价格　重复拍卖

一、引　言

几乎所有的经典拍卖理论都假设竞标者的行为是非合作的，他们之间不存在具有约束力的合作性协议。然而在实际的拍卖过程中，竞标者之间的合谋是很普遍的，有许多经验研究证据表明合谋在拍卖市场中是客观存在的。这些例子包括高速公路建设合同（Feinstein *et al.*，1985；Porter & Zona，1993），公共资产租赁拍卖（Hendricks & Porters，1988；Hendricks *et al.*，2008），学校学生用奶供应（Porter & Zona，1999；Pesendorfer，2000），频谱拍卖（Cramton & Schwartz，2000、2002；Hoppe *et al.*，2006），木材拍卖（Baldwin *et al.*，1997；Saphores *et al.*，2006；Price，2008）以及邮票销售

———————————

　* 感谢匿名审稿人的宝贵建议。

　　王宏：上海交通大学安泰经济与管理学院；地址：上海市法华镇路 535 号，上海交通大学安泰经济与管理学院南楼 303（西室），产业组织与技术创新研究中心，邮编：200052；电话：021 – 52301086，13901738254；E-mail：ahong@ sjtu. edu. cn。

　　陈宏民：上海交通大学安泰经济与管理学院；地址：上海市法华镇路 535 号，上海交通大学安泰经济与管理学院，邮编：200052；电话：021 – 52301086；E-mail：hmchen@ sjtu. edu. cn。

　　程贵孙：华东师范大学商学院；地址：上海市茅台路 830 弄 16 号 701，邮编：200336；电话：13761625048；E-mail：cgsnc@ 126. com。

（Asker，2009）。竞标者往往会通过一定的途径，秘密伙同其他竞标者共同协调竞标策略，串通投标报价，来减少合谋者之间的竞争，排斥非合谋者的公平竞争，降低向拍卖方的报价。取决于具体拍卖机制和信息环境，竞标者之间的合谋可以通过不同的形式来实现，比如，参与合谋的竞标者可以在正式拍卖前举行一个小型的预拍来选择一个代表参加正式拍卖，拍卖结束后各方获得的收益取决于预拍中的报价和正式拍卖中的赢标价；有时，虽然所有竞标者都参与了投标，但他们事先串通好，都报低价，让某一个竞标者赢标，合谋所带来的额外剩余在拍卖结束之后在合谋者之间再进行分配；在多轮重复拍卖中，依赖于不同的市场环境，竞标者之间可以通过发送信号，市场分割（market splitting）或轮流坐庄（bid rotation）的形式合谋。

　　目前也有许多理论文献关注拍卖市场中的竞标者合谋，合谋的竞标者常被称为竞标团伙（bidding ring）或卡特尔，该团伙可以包括所有的竞标者也可以是一部分竞标者。Robinson（1985），Graham & Marshall（GM，1987），以及 McAfee & McMillan（1992）开创了拍卖合谋理论研究的先河并引发了后来学者研究的高潮。Robinson（1985）表明只要所有的卡特尔成员共享同样的信息，在口头升价拍卖中卡特尔是稳定的而在第一价格密封拍卖中是不稳定，这可能有助于解释第一价格密封拍卖为何在实践中得以频繁使用。GM（1987）将独立私有价值模型推广到允许竞标联盟形成和拍卖商策略式响应的情形，结果表明拍卖商的保留价格是竞标联盟规模的增函数，也就是说，拍卖商对于竞标联盟存在的最优反应是设定更高的保留价格。McAfee & McMillan（1992）在独立私有价值的一价拍卖框架下分析了合谋问题，他们关注的重点在于针对一个包括所有竞标者的卡特尔其剩余分配的博弈。当卡特尔成员不能进行内部的转移支付时（弱卡特尔），他们的研究表明拍卖结果会是低效率的；当单边支付可以做到（强卡特尔）且最高估价超过保留价格时，配置结果就是有效的。放松独立私有价值的假设，Lyk-Jensen（1996）研究表明通过使用由 GM（1987）提出的第二价格预拍（the second price pre-auction knock-out），或者使用 McAfee & McMillan（1992）在关联价值的一般对称模型中提出的第一价格预拍（the first price pre-auction knock-out），一个包含所有竞标者的竞标团伙能够维持合谋。在这种情况下，正式拍卖前的第一或第二价格预拍不能实现效率，但是通过允许信息共享，并能保证事前或事后预算平衡的预拍，拍卖效率可以得到实现。

　　不管是什么形式的合谋，要想得以维持，必须找到一种有效的合谋机制来解决以下问题：首先，如果竞标者的身份和出价不被公布，核实某个合谋成员是否按照合谋协议行事通常是困难的，因此任何合谋协议应该是自实施的（self-enforcing），即每个合谋成员都有激励按照合谋协议行事；其次，合谋者应该制定一个合理分配合谋收益的方案，因为任何参与合谋的竞标者都有动机去获得较大的收益分配，分配不合理或不公平将导致合谋的不稳定性；最后，受到合谋收益的吸引，可能存在一些其本身估价较低的竞标者的搭便车行为，他们参与合谋完全是为了坐享其成，搭便车行为的存在会摊薄合谋收益，因此如何进行有效的进入阻止对于合谋的维持也是很有必要的。因此，合谋者必须设计一种激励相容、自愿参与并有效的合谋机制，使得合谋收益的分配能被成员广为接受，没有人离开竞标团伙也没有人背叛团伙。在独立私有价值的单物品拍卖框架下，GM（1987）针对二价拍卖或英式拍卖中任意规模的合谋同盟提供了一个有益合谋的机制，即在拍卖开始之前，每个竞标团伙成员从一个中间人（ring center）[①] 那里获得一个固定的事前支付。GM 表明这种机制是有效的因为赢标者往往就是具有最高估价的竞标者。GM 的一个关键假设就是当被指派的团伙成员赢标且次高的报价比拍卖的最终支付价格要高时，他不能回避对中间人的支付。Mailath & Zemsky（1991）将这种情形扩展到异质独立私有价值的竞标者，他们发现了一个能够实现事后预算平衡的最优机制。Mookherjee & Tsumagari（2004）比较了不同的合谋组织形式，并证明了遭受合谋的集中不如实行授权。然而，当不存在合谋时，他们没有对最优合同提供一个完整的刻画。Brosig et al.（2006）运用实验的方法在第一价格采购拍卖中考察了不同的协调机制是如何促进合谋协议的达成的，根据他们的结论，在某些协调机制下第一价格采购拍卖是可以预防合谋的，且在该机制下拍卖前的交流增加了竞标者的利润。

在两种密封拍卖中，人们普遍认为，第二价格密封拍卖比第一价格密封拍卖更容易出现合谋（Cassady，1967；Robinson，1985；Graham & Marshall，1987；Milgrom，1989；Marshall & Meurer，2004）。在实践中，密封一价采购拍卖已经被广泛的运用于工程合同的配置中，[②] 尽管它不激励相容（Vickrey，1961）。至少从理论上来讲，其原因就是合谋协议在二价拍卖规则下比在一价拍卖规则下更容易稳定（Ulrich & Werner，1987；Güth & Peleg，1996；Marshall & Max，2007）。但是以上的研究结论都没有考虑到合谋者与非合谋者之间的策略互动。

本文使用由 GM（1987）提出的第二价格预拍的合谋机制，分别在单期静态的第一价格和第二价格的正式拍卖下考察了拍卖方对于竞标者合谋在保留价格上的策略性响应，与现有文献不同的是我们还考虑了没有参与合谋的竞标者与合谋竞标者之间在竞标策略上的策略性响应，并求解了合谋均衡。研究表明无论在第一价格还是在第二价格拍卖下，没有参与合谋的竞标者为了抵消合谋者对于自己的不利影响，在竞价时考虑到合谋的存在会比不存在

[①]　中间人（ring center），是一个有利于机制实施的无激励代理人，这个概念最早由 Myerson（1983）所引入。竞标团伙中间人是一个从拍卖外所选出的一个代理人，以作为团伙成员的仲裁人和庄家的双重身份行事。

[②]　具体见 Gandenberger（1961）关于德国超过 500 年的公共采购实践的回顾以及 Jofre-Bonet & Pesendorfer（2000、2003），De Silva et al.（2002）最近的关于第一价格采购拍卖的实证研究。

合谋时的竞价更具有进取性（aggressive）从而增加赢标的可能性，而合谋者和没有参与合谋的竞标者从拍卖中获得的期望收益相等。在第二价格拍卖的合谋均衡时所有的竞标者都愿意加入到合谋中来，而在第一价格拍卖的合谋均衡时只有部分竞标者加入到合谋中，这就表明在第二价格拍卖下竞标者之间的合谋能够比较容易得到实现，但是在两种拍卖模式下拍卖方最优的保留价格都是在包含所有竞标者的卡特尔的基础上设定的。

现有的拍卖中合谋的文献大部分都是在单期静态拍卖的背景下进行的，而实际上在多期重复的动态拍卖中，竞标者之间的重复互动更容易导致他们之间的合作行为。Fudenberg et al.（1994）在竞标者在每次拍卖前都能交流且能观察所有团伙的出标但不能进行转移支付的情况下，证明了一个无名氏定理（the folk theorem），表明如果参与者有耐心且在拍卖前交流，参与者总有可能达成合作均衡。近来也有一些学者开始对重复动态拍卖中的合谋进行研究。在一个具有私有信息的重复寡头垄断模型中，Athey & Bagwell（2001）表明如果参与者能观察到过去的历史价格，直接交流就没有必要了。这样在重复博弈中拍卖设计者限制提供给竞标者的信息就可能是符合设计者利益的。Aoyagi（2003）在不存在转移支付的重复拍卖环境下考虑了竞标协调机制（bid coordination mechanism），均衡时通过一个轮流坐庄方案的重复博弈提供了进行跨期转移支付的机会。Skrzypacz & Hopenhayn（2004）的研究表明在折现因子充分大时，通过对均衡持续收益进行隐性转移支付，一个包括所有竞标者的竞标团伙也能比非合作博弈或者轮流坐庄方案（bid rotation scheme）要来得好。上面的研究没有考虑拍卖方的保留价格策略对于合谋难易程度的影响，而实际上保留价格的设定对于合谋有重要影响，因为它既影响合谋计划的利润也影响对于背叛的惩罚的严重程度。因此，为了有效的抑制合谋，就必须设定合理的保留价格，以使得预期未来合谋利润的损失超过从背叛中获得的短期收益。Thomas（2005）将 McAfee & McMillan（1992）中的两种合谋机制嵌入到一个重复博弈的框架中，考察了在采购拍卖背景下，买者选择的保留价格是如何影响卖者的合谋能力。

本文最后在多期重复的动态拍卖下，考虑了拍卖方的保留价格策略对于竞标者合谋能力的影响，我们分别在弱卡特尔和强卡特尔合谋机制下求解了重复拍卖中使得合谋得以维持的临界折现因子，结果表明拍卖方通过设定合理的保留价格策略可以在某种程度上对竞标者合谋产生阻止作用，值得注意的结论是重复拍卖中拍卖方最优保留价格动态演化的均衡路径与静态拍卖中合谋均衡下拍卖方的最优保留价格相一致。

本文的结构安排如下：第二部分是基本模型假定；第三部分求解了基于第二价格预拍的第一价格拍卖中的合谋均衡，包括竞标者的竞标策略，拍卖方在保留价格上的最优策略性响应，均衡时卡特尔的最优规模；第四部分求解了对应的基于第二价格预拍的第二价格拍卖中的合谋均衡；第五部分对两种拍卖模式下的合谋均衡进行了比较分析；第六部分是重复拍卖中的合谋均衡分析，分别求解了强卡特尔和弱卡特尔下能有效防范合谋的临界折现因子，卡特尔成员的期望收益以及拍卖方的最优保留价格；第七部分是结论及进一步研究展望。

二、模 型 设 定

本文假定竞标者和拍卖方都是风险中性的，参与拍卖的竞标者人数为 N，其中参与合谋的人数为 K。竞标者 i 对于拍卖品的估价为 $v_i \in [\underline{v}, \bar{v}]$，且为私有信息。竞标者对于拍卖品的估价独立同分布于一个连续的累积分布函数 $F(\cdot)$，对应的概率密度函数为 $f(\cdot)$，该分布对于所有的拍卖参与者而言是共同知识。与现有的研究拍卖中合谋的文献最大的不同是，我们假设没有参与合谋的竞标者考虑到合谋的存在，会在竞标策略上进行策略性响应。

拍卖方的目标是为了通过将物品拍卖出去以获得最大的期望收益。拍卖方事先选择并公布一个保留价格，竞标者进行密封投标。如果最高出价超过了拍卖方宣布的保留价格，则出价最高的竞标者赢得物品，若最高出价低于保留价格，则物品归拍卖方所有。当竞标者以非合作的方式进行竞标时，拍卖方的最优均衡策略是宣布一个保留价格 r^*，该保留价格满足下面的等式（Riley & Samuelson，1981）：

$$r^* = V_0 + \frac{1 - F(r^*)}{f(r^*)} \tag{1}$$

其中 V_0 是拍卖方自身对于物品的估价。而当竞标者之间进行合谋时，拍卖方考虑到合谋的存在会在保留价格上进行策略性响应，拍卖方到底会如何选择最优保留价格策略正是我们所关注的中心议题之一。

参与合谋的 K 个竞标者组成卡特尔，卡特尔首先要选择一种串通出价机制使得合谋得以实现，任何一种这样的机制都应该充分利用每个卡特尔成员所拥有的私人信息，因为合谋协议的实现关键取决于卡特尔用于确定具体合同条款的可获得信息，并取决于拍卖方用于防止合谋的可获得的信息。卡特尔中的所有成员在事前独立报告自身关于物品估价的私人信息，根据这些私人信息来决定（也可能是随机决定）：（1）在正式拍卖中每个成员出价多少；（2）一旦卡特尔在正式拍卖中赢标，由谁获得物品；（3）获得物品的卡特尔成员应该怎样向其他没有获得物品的卡特尔成员进行支付。

我们来考虑由 GM（1987）提出的第二价格预拍的串通机制，该串通机制的具体规则如下：在正式拍卖开始之前，风险中性的团伙中间人向每个团伙成员进行固定的支付。每个卡特尔成员都向团伙中间人提交一个密封报价，中间人从这些报价中选出最高和次高报价，具有最高报价的卡特尔成员被挑选出来作为唯一的竞标者代表团伙参与竞价，并被建议在正式拍卖中提交该最高报价。所有其他的卡特尔成员被建议在正式拍卖中不参与竞价或者提交零报价。一旦选出的卡特尔成员在正式拍卖中中标，则他向拍卖方的支付有三种情况：如果他所提交的最高价低于拍卖方的保留价格，拍卖方将会保留物品，从而支付也就不会发生；如果在正式拍卖中所提交的所有报价中的次高价高于拍卖方的保留价格，他将向拍卖方支付该次高价；而如果次高价低于保留价格，他将向拍卖方支付保留价格。给定他的最高报价高于保留价格，则他还必须支付卡特尔一个费用：团伙内的次高价与正式拍卖中所有报价中的次高价之差（在差为正的条件下）。该费用在卡特尔内部进行平均分配。我们知道第二价格预拍淘汰相当于非合作时的一个小型的第二价格拍卖，各个卡特尔成员的占优策略依然是报自己的真实估价。本文之所以也采用第二价格预拍的串通机制，是因为 GM（1987）证明了该串通出价机制具有合意的性质：该机制是激励有效的（incentive-efficient）并且是持久性机制（durable mechanism），[①] 这种机制给竞标者参与合谋提供了足够激励。

三、基于第二价格预拍的第一价格拍卖

我们现在来考虑在第一价格的正式拍卖举行之前，卡特尔在内部举行第二价格预拍，在预拍中具有最高估价的竞标者被挑选出来作为卡特尔的代表参与正式拍卖，而所有其他的合谋竞标者在正式拍卖中仅报零出价或者报价低于拍卖方事前所宣布的保留价格。我们需要在此背景下来考察，合谋竞标者和非合谋竞标者之间在竞标策略上会产生怎样的策略性互动，拍卖方考虑到卡特尔的存在会在保留价格的设定上进行怎样的策略性响应，以及在合谋均衡时卡特尔的最优规模。

（一）合谋均衡下的最优竞标策略

假设有 K 个合谋竞标者组成卡特尔，$b_1 \geq r$ 为正式拍卖中所递交的最高报价，一个不包括所有竞标者的卡特尔即使他在正式拍卖中的报价高于保留价格，他也有可能失标。这样，该最高报价可能是由卡特尔的代表提交的，也有可能是由没有参与合谋的其他的（$N-K$）个竞标者中的某位竞标者提交的。假设估价为 v 的卡特尔代表通过正式拍卖之前的预拍后在没有内部竞争的条件下所选择的竞价策略为 $B_C(v)$，（$N-K$）个非合谋的竞标者中的某个代表性的估价为 v 的竞标者考虑到卡特尔的存在，所选择的竞价策略为 $B_N(v)$，$B_C(v)$ 和 $B_N(v)$ 均为单调递增且对称的竞价策略。以 π_C^K 和 π_N^K 分别表示当卡

---

① 一个激励相容的机制是激励有效的当且仅当它不会被任何其他的激励相容机制所占优掉。一个激励相容机制是持久的当且仅当团伙成员从来不会全体一致的同意转到另外的机制，即使他们知道的不仅仅是他们自身的估价（也就是说发生了交流）。

特尔的规模为 K 时卡特尔代表和没有参与合谋的竞标者的期望收益。

当正式拍卖中的最高报价 b_1 是由卡特尔的代表所提交时，卡特尔要想赢标则必须使得所有的（$N-K$）个非合谋的竞标者的报价都小于 b_1，即卡特尔赢标的概率为 $\left[F\left(B_N^{-1}(b_1)\right)\right]^{N-K}$，从而卡特尔的代表的竞价策略可以由下面的等式定义：

$$B_C(v) = \arg\max_{b_1 \geq r} \pi_C^K = \arg\max_{b_1 \geq r}(v-b_1)\left[F\left(B_N^{-1}(b_1)\right)\right]^{N-K}, \text{ 其中 } v \geq r \quad (2)$$

当正式拍卖中的最高报价 b_1 是由（$N-K$）个没有参与合谋的竞标者中之一所提交时，他要想赢标，则其余的（$N-K-1$）个没有参与合谋的竞标者所提交的报价都小于 b_1，且参与合谋的 K 个竞标者所提交的报价也都小于 b_1，从而他赢标的概率为 $\left[F\left(B_N^{-1}(b_1)\right)\right]^{N-K-1} \times \left[F\left(B_C^{-1}(b_1)\right)\right]^{K}$，从而没有参与合谋的竞标者考虑到卡特尔的存在，其竞价策略可以由下面的等式定义：

$$B_N(v) = \arg\max_{b_1 \geq r} \pi_N^K = \arg\max_{b_1 \geq r}(v-b_1)\left[F\left(B_N^{-1}(b_1)\right)\right]^{N-K-1}$$
$$\times \left[F\left(B_C^{-1}(b_1)\right)\right]^{K},$$
$$\text{其中 } v \geq r \quad (3)$$

由于（2）式和（3）式的复杂性，我们实际上很难直接的求解出合谋均衡时参与合谋的竞标者与没有参与合谋的竞标者的均衡竞标策略。我们现在假设所有竞标者的估价独立同分布于 $[0, 1]$ 上的均匀分布，求解出合谋均衡，具体考察在合谋均衡时参与合谋与没有参与合谋的竞标者的均衡竞价策略，均衡时两者的期望收益存在怎样的差异。从（2）式和（3）式中得到：

$$\pi_C^K = (v-b_1)\left(B_N^{-1}(b_1)\right)^{N-K} \quad (4)$$
$$\pi_N^K = (v-b_1)\left(B_N^{-1}(b_1)\right)^{N-K-1} \times \left(B_C^{-1}(b_1)\right)^{K} \quad (5)$$

命题 1：在基于第二价格预拍的第一价格的正式拍卖中，当正式拍卖中的最高报价为 b_1 且竞标者的估价服从 $[0, 1]$ 上的均匀分布，并假设 N 个竞标者中有 K 个合谋竞标者组成卡特尔，则合谋均衡时我们有：

（i）卡特尔代表和没有参与合谋的竞标者的均衡竞价策略分别为：

$$B_C(v) = v - \frac{1-b_1}{v^{(N-K)K}}, \quad B_N(v) = v - \frac{1-b_1}{v^{N-K}}$$

（ii）卡特尔代表和没有参与合谋的竞标者从拍卖中获得的期望收益相等

$$\pi_C^K = \pi_N^K = 1 - b_1$$

证明：见附录。

命题 1 表明由于合谋的存在，没有参与合谋的竞标者为了抵消合谋的卡特尔对于自己的不利影响，在竞价时考虑到合谋的存在会比不存在合谋条件下的竞价更具有进取性（aggressive）从而增加自己赢标的可能性。实际上只要 $K > 1$，则有 $B_N(v) > B_C(v)$，即在均衡时没有参与合谋的竞标者的均衡竞价策略比卡特尔的代表会更加具有进取性，而且随着参与合谋的竞标者人数 K 的增加，这种竞价上的进取性会表现得更加强烈。而正是由于没有参与合谋的竞标者考虑到卡特尔的存在，在均衡时会在竞价上做出策略性响应，即提高自己的均衡报价，这样可以在某种程度上抵消由于合谋的存在给自身带来的不利影响，同时也使得卡特尔不可能随心所欲的榨取高额的合谋剩余。这样在均衡时，卡特尔一旦赢标其所获得的期望收益与非合谋的竞标者一旦赢标时所获得的期望收益实际上就是一样的，当然这种期望收益的相等更多的是一种平均意义上的相等。

此外可以发现，当 $K=1$，即没有竞标者参与合谋时，我们可以得到：

$$B_C(v) = B_N(v) = v - \frac{1 - b_1}{v^{N-1}} \qquad \cdot(6)$$

即在不存在合谋的情况下，具有相同估价的竞标者应该采取相同的竞标策略，这样所有竞标者的竞价策略就具有对称性。在标准的独立私有价值的第一价格拍卖中，如果竞标者的私人估价也服从 $[0,1]$ 上的均匀分布，我们知道当保留价格为 r，估价为 v 的竞标者的均衡竞标策略为：

$$B(v) = v - \frac{\int_r^v F^{N-1}(x)\, dx}{F^{N-1}(v)} = v - \frac{(v^N - r^N)/N}{v^{N-1}} \qquad (7)$$

比较（6）式和（7）式可以发现，当 $b_1 = 1 - (v^N - r^N)/N$ 时，$B_C(v) = B_N(v) = B(v)$，也就是说在本文所考虑的基于第二价格预拍的第一价格拍卖中，如果满足 $K=1$，且在正式拍卖中的最高报价 $b_1 = 1 - (v^N - r^N)/N$ 时，竞标者的均衡竞价策略与标准的独立私有价值模型的第一价格拍卖中竞标者的均衡竞价策略是完全一致的。

（二）拍卖方对串通出价的策略性响应

接下来我们分析拍卖方在考虑到有 K 个竞标者加入到卡特尔中时，拍卖方会在保留价格的设定上做出怎样的策略性响应。为了分析的方便，与上面的分析类似，我们依然假设无论是合谋的竞标者赢标还是非合谋的竞标者赢标，最终的支付价格也即正式拍卖中的最高报价为 b_1，拍卖方自己对物品的估价为 V_0。假设 $V_{(1)}$，$V_{(2)}$ 分别为表示正式拍卖中的最高和次高估价的顺序统计量，当所有竞标者的估价都小于拍卖方的保留价即 $V_{(2)} < V_{(1)} < r$ 时，拍卖方将会保留物品从而出现流拍的情况，因此我们只需要考虑当保留价格为最高和次高估价之间即 $V_{(2)} < r < V_{(1)}$ 以及保留价格既非最高估价也非次高估价即 $r < V_{(2)} < V_{(1)}$ 这样两种情况：

（1）当 $V_{(2)} < r < V_{(1)}$ 时，由于卡特尔不一定总能赢标，则 $V_{(1)}$ 可能是非卡特尔的某个竞标者的估价，也有可能是卡特尔的代表也即在预拍中报价最高的那个竞标者在正式拍卖中的估价，因此这里也存在两种情况：（i）当 $V_{(1)}$ 是 $(N-K)$ 个没有参与合谋的竞标者中的最高估价，为了避免流拍则要求 $V_{(1)} > r$，同时由于 $V_{(2)} < r$，则除了最高估价的所有其他 $(N-1)$ 个竞标

者的估价也都小于 r，此种情况发生的概率为 $(N-K)[1-F(r)]F^{N-1}(r)$；(ii) 当 $V_{(1)}$ 是 K 个合谋竞标者中某个竞标者的最高估价，也即参与合谋的 K 个竞标者中至少有一个竞标者的估价大于 r 且在正式拍卖中是最高估价，而其他 $(N-K)$ 个没有参与合谋的竞标者的估价都小于 r，此种情况发生的概率为 $[1-F^K(r)]F^{N-K}(r)$。通过上面 (i) 与 (ii) 的分析可以知道：

$$\Pr(V_{(2)}<r<V_{(1)})=(N-K)[1-F(r)]F^{N-1}(r)+[1-F^K(r)]F^{N-K}(r)$$

这样当 $V_{(2)}<r<V_{(1)}$ 时，拍卖方的期望收益可以表示为：

$$(b_1-V_0)\cdot\Pr(V_{(2)}<r<V_{(1)})=(b_1(r)-V_0)\cdot\{(N-K)[1-F(r)]F^{N-1}(r)$$
$$+[1-F^K(r)]F^{N-K}(r)\}$$

（2）当 $r<V_{(2)}<V_{(1)}$ 时，

$$\Pr(r<V_{(2)}<V_{(1)})=\Pr(r<V_{(2)})=1-\Pr(V_{(2)}\leqslant r)$$
$$=1-\Pr(V_{(2)}<V_{(1)}<r)-\Pr(V_{(2)}<r<V_{(1)})$$
$$=1-\{F^N(r)+(N-K)[1-F(r)]F^{N-1}(r)$$
$$+[1-F^K(r)]F^{N-K}(r)\}$$

从而当 $r<V_{(2)}<V_{(1)}$ 时，拍卖方的期望收益可以表示为：

$$(b_1-V_0)\cdot\{1-\{F^N(r)+(N-K)[1-F(r)]F^{N-1}(r)+[1-F^K(r)]F^{N-K}(r)\}\}$$

综合上面（1）与（2）的具体分析可知，当参与合谋的竞标者人数为 K，且给定拍卖方选定的保留价格为 r 时，拍卖方的期望收益实际上可以表示为：

$$\pi_S^K=(b_1-V_0)\cdot[1-F^N(r)] \tag{8}$$

从（8）式可以看到，一旦非合谋的竞标者也会对包括 K 个竞标者的卡特尔的存在做出策略性响应时，这将会导致拍卖方的期望收益与卡特尔的规模 K 无关。而且沿着前面的分析思路，我们实际上隐含假定了在正式拍卖中无论最终是卡特尔赢标还是非合谋的竞标者赢标，正式拍卖中的最高报价都为 $b_1\geqslant r$。此外，从命题 1 求解的均衡竞价策略和均衡收益可以看到，无论是哪个竞标者最终赢标，均衡时随着最高报价 b_1 不断的向拍卖方的保留价格逼近，合谋竞标者和非合谋竞标者都会更多的隐藏自己的报价从而提高自己参与拍卖的期望收益。这样随着合谋竞标者与非合谋竞标者之间的策略性互动，只要 b_1 高于保留价格 r，参与拍卖的合谋竞标者与非合谋竞标者的期望收益就有进一步增加的空间，只有当 b_1 下降到与拍卖方的保留价格相等时，竞标者的期望收益将实现最大且没有进一步增加的可能性。这样将 $b_1=r$ 代入到（8）式中并求解一阶条件，我们可以得到均衡时拍卖方的最优保留价格 r^* 满足：

$$r^*=V_0+\frac{1-F^N(r^*)}{NF^{N-1}(r^*)f(r^*)} \tag{9}$$

引理 1：在基于第二价格预拍的第一价格拍卖中，一旦考虑到非合谋竞标者对于合谋竞标者的策略性响应，在稳定均衡时：(i) 无论是合谋竞标者还是非合谋竞标者赢标，正式拍卖中的最高报价都为 r；（2）拍卖方的最优保留价格满足（9）式。

引理 1 的结论与 McAfee & McMillan（1992）的命题 1 是类似的。McAfee & McMillan 在第一价格拍卖中，假设卡特尔包括所有的竞标者，且卡特尔成员之间不能进行单边转移支付的情况下，研究表明均衡时所有估价高于保留价格的竞标者都会使得报价等于保留价格。这在某种程度上解释了在现实的政府采购拍卖中为什么几乎所有的报价都相差无几。McAfee & McMillan 的命题 1 的关键假设是卡特尔包括所有的竞标者，即 $K = N$，这是一个比较强的结论，而且由于搭便车问题的存在以及合谋竞标者之间的信息不对称所导致的协调上的困难，实际上在现实中，卡特尔往往不会包括所有的竞标者。上面的引理 1 实际上将 McAfee & McMillan 的命题 1 的结论推广到不包括所有竞标者的卡特尔的更为一般的情形，即只要考虑到没有参与合谋的竞标者对于卡特尔的策略性响应，正式拍卖中无论由谁赢标，均衡时最高报价都等于拍卖方的最高报价，而一旦拍卖方考虑到这一点，即使此时的卡特尔没有包括所有的竞标者，他也会将保留价格提高到包括所有竞标者的卡特尔时的最优保留价格水平上。

（三）合谋均衡下的最优卡特尔规模

假设由 K 个参与合谋的竞标者组成的卡特尔中的最高估价为 z，则其概率密度为 $w(z) = KF^{K-1}(z)f(z)$，具有最高估价的卡特尔成员作为卡特尔的代表参与正式拍卖的竞标过程，一旦卡特尔代表赢标，能够给卡特尔带来的总期望收益可以表示为：

$$\int_r^{\bar{v}} (z - B_C(z)) KF^{K-1}(z)f(z)\,dz$$

由于合谋所获得的总收益会在参与合谋的 K 个竞标者之间进行平均分配，则每个卡特尔成员获得的期望收益为：

$$\pi_C(K, r) = \left[\int_r^{\bar{v}} (z - B_C(z)) KF^{K-1}(z)f(z)\,dz \right] \Big/ K \qquad (10)$$

将命题 1 中得到的卡特尔的竞标策略代入（10）式并化简得到：

$$\pi_C(K, r) = (1 - b_1) \int_r^{\bar{v}} z^{-(N-K)K} F^{K-1}(z)f(z)\,dz \qquad (11)$$

引理 2：对于给定的参与合谋的竞标者人数 K，合谋卡特尔成员的期望收益是保留价格的减函数；而对于给定的保留价格 r，且当 $F(z) > z^{N-2K}$ 时，合谋卡特尔成员的期望收益是参与合谋的竞标者人数 K 的增函数。

证明：见附录。

引理 2 表明拍卖方保留价格的合理设定可以在某种程度上起到阻止合谋的作用，因为在给定卡特尔规模的条件下，通过提高保留价格可以减收合谋收益。引理 2 还表明卡特尔规模并不是越大越好，而只有随着估价相对较高的竞标者加入到卡特尔中来时，才能增加卡特尔的期望收益，这也间接的隐含了均衡时卡特尔的最优规模 $K < N$。

为了准确的分析卡特尔最优规模究竟有多大，我们还必须给出在不同卡特尔规模下卡特尔与非卡特尔成员的期望收益应该满足的门槛条件。设 y 为没有参与合谋的 $(N-K)$ 个竞标者中的最高估价，则其概率密度函数为：

$$h(y) = (N-K)F^{N-K-1}(y)f(y)$$

非卡特尔成员一旦赢标所获得的期望收益为：

$$\pi_N(K, r) = \int_r^{\bar{v}} (y - B_N(y))(N-K)F^{N-K-1}(y)f(y)dy \qquad (12)$$

将命题 1 中得到的非卡特尔的竞标策略代入（12）式并化简得到：

$$\pi_N(K, r) = (1 - b_1)\int_r^{\bar{v}} y^{-(N-K)}(N-K)F^{N-K-1}(y)f(y)dy \qquad (13)$$

为了分析均衡时卡特尔的最优规模，当有 K 个竞标者参与合谋时，以 $\pi_C(K, r)$ 和 $\pi_N(K, r)$ 分别表示卡特尔的每个成员以及没有参与合谋的某个竞标者的事前（在估价得以实现之前）期望收益。从上面的命题 1 可以看到，在卡特尔具有高估价的条件下，卡特尔总的事后期望收益与没有参与合谋的任何竞标者的事前期望收益是相等的。然而，一个较大规模的卡特尔能够给每个成员带来更大的利润：

$$(K+1)\pi_C(K+1, r) > K\pi_C(K, r) + \pi_N(K, r) \qquad (14)$$

（14）式表明只要卡特尔每增加一个新成员所获得的期望收益要高于原有规模的卡特尔的期望收益与该卡特尔成员以非合作方式竞价的期望收益之和时，就会不断地吸引其他没有参与合谋的竞标者加入到卡特尔中，当然这主要是由于卡特尔能够给额外的新加入者以足够的单边转移支付从而使其有足够的激励加入到卡特尔中来。但是，随着新竞标者不断地加入卡特尔并参与合谋收益的平均分配，卡特尔中的每个成员所获得的单边支付将会逐渐降低，一旦边际合谋竞标者的期望收益低于他以非合作方式行事的期望收益，他将会选择不加入到卡特尔中。实际上最优卡特尔规模的均衡形成过程可以通过以下两个不等式来进行刻画：

$$\pi_C(K, r) \geqslant \pi_N(K-1, r) \qquad (15)$$
$$\pi_C(K+1, r) \leqslant \pi_N(K, r) \qquad (16)$$

（15）式表明当卡特尔规模为 K 时卡特尔成员的期望收益要不低于当卡特尔规模为 $(K-1)$ 时非合谋竞标者的期望收益，这保证了均衡所选择的卡特尔成员愿意加入到合谋中来。（16）式表明当卡特尔规模为 $(K+1)$ 时卡特尔成员的期望收益要低于当卡特尔规模为 K 时非合谋竞标者的期望收益，这保证了均衡时边际的非合谋竞标者不会加入到卡特尔中。这样（15）式和（16）式就共同决定了均衡时卡特尔的最优规模。综合上面的分析结论，可以得到以下命题。

命题 2：纳什均衡时卡特尔的最优规模 $K < N$，且由 (15) 式和 (16) 式共同决定，拍卖方的最优保留价格满足 $r^* = V_0 + \dfrac{1 - F^N(r^*)}{N F^{N-1}(r^*) f(r^*)}$；纳什均衡时卡特尔获得的总期望收益为 $\pi_C(K, r^*) = \int_r^{\bar{v}} (z - B_C(z)) K F^{K-1}(z) f(z) dz$，其中 z 为卡特尔中的最高估价，拍卖方的期望收益为 $\pi_S^K = (r^* - V_0) [1 - F^N(r^*)]$。

四、基于第二价格预拍的第二价格拍卖

我们现在考虑在正式的第二价格拍卖之前，卡特尔先使用第二价格预拍将最高报价的卡特尔成员选择出来作为卡特尔的代表参加正式的第二价格拍卖。同上面的第三部分一样，我们主要考察合谋竞标者和非合谋竞标者之间在竞标策略上会产生怎样的策略性互动，拍卖方考虑到卡特尔的存在会在保留价格的设定上进行怎样的策略性响应，以及在合谋均衡时卡特尔的最优规模。

（一）合谋均衡下的最优竞标策略

与第一价格拍卖下的分析思路一样，我们先求解合谋均衡下竞标者的最优竞价策略，值得注意的是在这里我们同样考虑了非合谋的竞标者对于卡特尔的存在而在竞价上进行策略性的响应。

假设有 K 个合谋竞标者组成卡特尔，$b_2 \geq r$ 为正式拍卖中所递交的次高报价，该次高报价可能是由卡特尔代表所提交的，也有可能是由没有参与合谋的其他 $(N-K)$ 个竞标者中的某个竞标者所提交的。假设估价为 v 的卡特尔代表通过正式拍卖之前的预拍后在没有内部竞争的条件下所选择的竞价策略为 $B_C(v)$，$(N-K)$ 个非合谋的竞标者中的某个代表性的估价为 v 的竞标者考虑到卡特尔的存在，所选择的竞价策略为 $B_N(v)$，$B_C(v)$ 和 $B_N(v)$ 均为单调递增且对称的竞价策略。以 π_C^K 和 π_N^K 分别表示当卡特尔的规模为 K 时卡特尔代表和没有参与合谋的竞标者的期望收益。

无论 b_2 由哪个竞标者提交，卡特尔要想赢标则必须使得所有的 $(N-K)$ 个非合谋的竞标者的报价都不高于 b_2，即卡特尔赢标的概率为 $[F(B_N^{-1}(b_2))]^{N-K}$，从而卡特尔代表的竞价策略由下面的等式定义：

$$B_C(v) = \arg\max_{b_2 \geq r} \pi_C^K = \arg\max_{b_2 \geq r} (v - b_2) [F(B_N^{-1}(b_2))]^{N-K}, \text{ 其中 } v \geq r$$

$$(17)$$

同时，无论 b_2 由哪个竞标者提交，当没有参与合谋的某个竞标者赢标时，则其余的 $(N-K-1)$ 个没有参与合谋的竞标者所提交的报价都小于

b_2，且参与合谋的 K 个竞标者所提交的报价也都小于 b_2，从而他赢标的概率为 $\left[F\left(B_N^{-1}(b_2)\right)\right]^{N-K-1} \times \left[F\left(B_C^{-1}(b_2)\right)\right]^K$，这样没有参与合谋的竞标者考虑到卡特尔的存在，其竞价策略可以由下面的等式定义：

$$B_N(v) = \arg \max_{b_2 \geq r} \pi_N^K = \arg \max_{b_2 \geq r} (v - b_2)\left[F\left(B_N^{-1}(b_2)\right)\right]^{N-K-1}$$
$$\times \left[F\left(B_C^{-1}(b_2)\right)\right]^K, \qquad \text{其中 } v \geq r \qquad (18)$$

为了求解出合谋均衡，并具体考察在合谋均衡时参与合谋与没有参与合谋的竞标者的均衡竞价策略，以及均衡时的期望收益存在怎样的差异，我们假设所有竞标者的估价独立同分布于 [0，1] 上的均匀分布。与第一价格正式拍卖下的分析过程一样，我们可以得到下面的命题：

命题 3：在基于第二价格预拍的第一价格的正式拍卖中，当正式拍卖中的次高报价为 b_2 且竞标者的估价服从 [0，1] 上的均匀分布，并假设 N 个竞标者中有 K 个合谋竞标者组成卡特尔，则合谋均衡时我们有：

（i）卡特尔代表和没有参与合谋的竞标者的均衡竞价策略分别为：

$$B_C(v) = v - \frac{1 - b_2}{v^{(N-K)K}}, \quad B_N(v) = v - \frac{1 - b_2}{v^{N-K}}$$

（ii）竞标团伙代表和没有参与合谋的竞标者从拍卖中获得的期望收益相等：

$$\pi_C^K = \pi_N^K = 1 - b_2$$

证明：与命题 1 类似，故略去。

比较命题 1 和命题 3 可以看到，当第一价格正式拍卖中的最高报价 b_1 与第二价格正式拍卖中的次高价格 b_2 相等时，在合谋均衡时卡特尔代表和没有参与合谋的竞标者的均衡竞价策略是一致的，而且卡特尔以及非卡特尔成员从拍卖中获得的期望收益也相等。

（二）拍卖方对串通出价的策略性响应

卡特尔的形成会对拍卖方造成损失，使其收益减少，现在来分析拍卖方考虑到卡特尔的存在，会在保留价格上进行怎样的策略反映，来尽可能地减少损失。假设拍卖方对物品的估价为 V_0，正式拍卖中最高和次高估价的顺序统计量分别为 $V_{(1)}$，$V_{(2)}$。当参与合谋的竞标者人数为 K，拍卖方选择的保留价格为 r 时，拍卖方所获得的期望收益应由两部分组成：

（1）当保留价格就是正式拍卖中的支付价，即当 $V_{(2)} < r < V_{(1)}$ 时，由于卡特尔不一定总能赢标，则 $V_{(1)}$ 可能是非卡特尔的某个竞标者的报价，也有可能是卡特尔代表也即在预拍中报价最高的那个竞标者在正式拍卖中的报价，因此这里存在两种情况：（i）当 $V_{(1)}$ 是 $(N-K)$ 中的某个非卡特尔的竞标者的最高估价，由于此时正式拍卖中的支付价为保留价，则 $V_{(1)} > r$，且所有其他的 $(N-1)$ 个竞标者的估价也都小于 r，此种情况发生的概率为

$(N-K)[1-F(r)]F^{N-1}(r)$；(ii) 当 $V_{(1)}$ 是 K 个合谋竞标者中的某个竞标者的最高估价，也即参与合谋的 K 个竞标者中至少有一个竞标者的估价大于 r 且在正式拍卖中是最高估价，此种情况发生的概率为 $[1-F^{K}(r)]F^{N-K}(r)$。这样，当保留价格就是正式拍卖中的支付价时，拍卖方的期望收益为：

$$(r-V_0)\{(N-K)[1-F(r)]F^{N-1}(r)+[1-F^{K}(r)]F^{N-K}(r)\}$$

（2）当保留价格既不是正式拍卖中的最高报价也不是次高报价，即当 $r<V_{(2)}<V_{(1)}$ 时，假设正式拍卖中的次高报价顺序统计量 $V_{(2)}$ 的某个实现值为 y，由于赢标者向拍卖方支付次高报价 y，则拍卖方的期望收益为 $(y-V_0)$ 的期望值。为了求得此时拍卖方的期望收益，我们先要求出 $V_{(2)}$ 的分布函数。通过上面的 (i) 与 (ii) 的分析可以知道：

$$\Pr(V_{(2)}<r<V_{(1)})=(N-K)[1-F(r)]F^{N-1}(r)+[1-F^{K}(r)]F^{N-K}(r)$$

从而次高报价顺序统计量 $V_{(2)}$ 的分布函数为：

$$
\begin{aligned}
F_{V_{(2)}}(y)=\Pr(V_{(2)}\leqslant y)&=\Pr(V_{(2)}<V_{(1)}\leqslant y)+\Pr(V_{(2)}\leqslant y\leqslant V_{(1)})\\
&=F^{N}(y)+(N-K)[1-F(y)]F^{N-1}(y)+[1-F^{K}(y)]F^{N-K}(y)\\
&=(N-K)[1-F(y)]F^{N-1}(y)+F^{N-K}(y)
\end{aligned}
$$

于是，当 $r<V_{(2)}<V_{(1)}$ 时拍卖方的期望收益可以表示为：

$$
\begin{aligned}
\int_{r}^{\bar{v}}(y-V_0)dF_{V_{(2)}}(y)dy=&\int_{r}^{\bar{v}}(y-V_0)(N-K)[(N-1)F^{N-2}(y)-NF^{N-1}(y)\\
&+F^{N-K-1}(y)]f(y)dy
\end{aligned}
$$

综合上面（1）与（2）的具体分析可知，当参与合谋的竞标者人数为 K，且给定拍卖方选定的保留价格为 r 时，拍卖方的期望收益为：

$$
\begin{aligned}
\pi_S^{K}=&(r-V_0)\{(N-K)[1-F(r)]F^{N-1}(r)+[1-F^{K}(r)]F^{N-K}(r)\}\\
&+\int_{r}^{\bar{v}}(y-V_0)(N-K)[(N-1)F^{N-2}(y)-NF^{N-1}(y)+F^{N-K-1}(y)]f(y)dy
\end{aligned}
\tag{19}
$$

引理 3：拍卖方的最优保留价格是参与合谋的竞标者人数 K 的增函数。

证明：由（19）式的一阶条件可以得到：

$$
\begin{aligned}
\left.\frac{\partial\pi_S^{K}}{\partial r}\right|_{r=r^{*}(K)}=&(N-K)[1-F(r^{*}(K))]F^{N-1}(r^{*}(K))\\
&+[1-F^{K}(r^{*}(K))]F^{N-K}(r^{*}(K))\\
&-(r^{*}(K)-V_0)NF^{N-1}(r^{*}(K))f(r^{*}(K))=0
\end{aligned}
\tag{20}
$$

很明显当 $K=1$ 时，（20）式经化简后与（1）式一致。这实际上表明当参与合谋的竞标者只有一个，即不存在竞标者合谋的情况下，最优保留价格与独立私有价值模型下的最优保留价格相一致。当 $K=N$ 时，（20）式可以变为：

$$r^{*}=V_0+\frac{1-F^{N}(r^{*})}{NF^{N-1}(r^{*})f(r^{*})}\tag{21}$$

由于 $F^{*}(r)<1$，很显然（21）式中的保留价格比（1）式中所给出的保留

价格要大。而且（21）式所给出的最优保留价格与 McAfee & McMillan（1992）在包括所有竞标者的卡特尔的第一价格拍卖模型中所求解出的最优保留价格是一致的。

不失一般性，$\forall (K+1) \in [2, N]$，现在考虑当有 $(K+1)$ 个竞标者参与合谋，保留价格为 r 时拍卖方的期望收益为：

$$\pi_S^{K+1} = (r - V_0)\{(N-K-1)[1-F(r)]F^{N-1}(r) + [1-F^{K+1}(r)]F^{N-K-1}(r)\}$$

$$+ \int_r^{\bar{v}} (y - V_0)(N-K-1)[(N-1)F^{N-2}(y) - NF^{N-1}(y) + F^{N-K-2}(y)]f(y)dy$$

$$\left.\frac{\partial \pi_S^{K+1}}{\partial r}\right|_{r=r^*(K)} = (N-K-1)[1-F(r^*(K))]F^{N-1}(r^*(K))$$

$$+ [1-F^{K+1}(r^*(K))]F^{N-K-1}(r^*(K))$$

$$- (r^*(K) - V_0)NF^{N-1}(r^*(K))f(r^*(K)) \qquad (22)$$

（22）式 - （20）式并整理得到：

$$\left.\frac{\partial \pi_S^{K+1}}{\partial r}\right|_{r=r^*(K)} - \left.\frac{\partial \pi_S^K}{\partial r}\right|_{r=r^*(K)} = F^{N-K-1}(r^*(K))[1-F(r^*(K))][1-F^K(r^*(K))]$$

由于 $F(r^*(K)) \leq 1$，上式符号为正，从上式可知 $\left.\dfrac{\partial \pi_S^{K+1}}{\partial r}\right|_{r=r^*(K)} \geq 0$，又由于 π_S^{K+1} 在 $r = r^*(K+1)$ 时取最大值，从而有 $\left.\dfrac{\partial \pi_S^{K+1}}{\partial r}\right|_{r=r^*(K+1)} = 0$，从图 1 可以直观的得到 $r^*(K+1) \geq r^*(K)$，即拍卖方所设定的最优保留价格是参与合谋的竞标者人数 K 的增函数。

证毕。

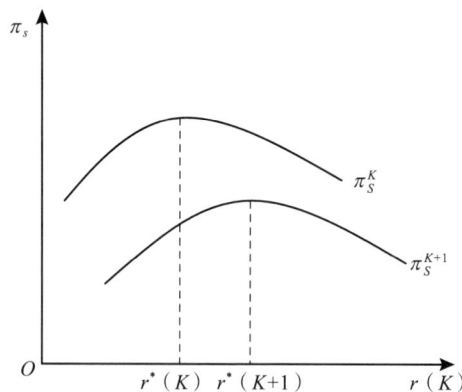

图 1　不同合谋人数与最优保留价格的设定

引理 3 表明在拍卖方提高保留价格时，拍卖方面临着在通过提高保留价格来增加期望收益与增加的物品拍卖不出去的风险之间的权衡取舍。对于给定的某个保留价格，随着参与合谋的竞标者人数的增加，拍卖方的期望收益将会下降。拍卖方愿意通过提高保留价格来抵消这种收益下降效应，虽然这也会增加物品卖不出去的风险。

（三）合谋均衡下的最优卡特尔规模

接下来分析，参与合谋的竞标者的期望收益与合谋人数 K 以及拍卖方所设定的保留价格 r 之间存在什么关系，并基于此，我们来分析第一价格拍卖的合谋均衡下的最优卡特尔规模。我们可以得到下面的引理 4。

引理 4：对于给定的参与合谋的竞标者人数 K，合谋卡特尔成员的期望收益是保留价格的减函数；而对于给定的保留价格 r，合谋卡特尔成员的期望收益是参与合谋的竞标者人数 K 的增函数。

证明：设 x 为包含 K 个合谋竞标者的卡特尔中的次高估价，则其概率密度可以表示为：

$$g(x) = K(K-1)F^{K-2}(x)[1-F(x)]f(x)$$

设 y 为没有参与合谋的 $(N-K)$ 个竞标者中的最高估价，则其概率密度函数为：

$$h(y) = (N-K)F^{N-K-1}(y)f(y)$$

只要 $x-y>0$，由于合谋的存在卡特尔赢标后获得的额外总收益为卡特尔成员内次高估价 x 与非卡特尔成员的最高估价 y 之差的期望值。由于 y 可能大于也可能小于保留价格 r，因此卡特尔在赢标后获得的额外总收益由两部分组成：

若 $r<y<x$，卡特尔一旦赢标获得的额外期望收益为：$\displaystyle\int_{r}^{\bar{v}}\int_{r}^{x}(x-y)g(x)h(y)\mathrm{d}y\mathrm{d}x$。

若 $y<r<x$，卡特尔一旦赢标获得的额外期望收益为：$\displaystyle\int_{r}^{\bar{v}}\int_{0}^{r}(x-r)g(x)h(y)\mathrm{d}y\mathrm{d}x$。

通过上面的分析可知，卡特尔在赢标后从合谋中获得的额外总期望收益为：

$$\int_{r}^{\bar{v}}\int_{r}^{x}(x-y)g(x)h(y)\mathrm{d}y\mathrm{d}x + \int_{r}^{\bar{v}}\int_{0}^{r}(x-r)g(x)h(y)\mathrm{d}y\mathrm{d}x$$

设 z 为卡特尔中的最高估价，则其概率密度为 $w(z)=KF^{K-1}(z)f(z)$，卡特尔一旦赢标得到的总期望收益为：

$$\pi_C(K,r) = \int_{r}^{\bar{v}}\int_{r}^{x}(z-y)w(z)h(y)\mathrm{d}y\mathrm{d}z + \int_{r}^{\bar{v}}\int_{0}^{r}(z-r)w(z)h(y)\mathrm{d}y\mathrm{d}z$$

$$(23)$$

根据前面对于模型的基本假定，卡特尔赢标后总收益将会在卡特尔内各个成员之间进行平均分配。这样，卡特尔中的每个竞标者获得的期望收益为：

$$\pi_C^i(K, r) = \left[\iint_r^{\bar{v}} {}_r^{x} (z - y) w(z) h(y) \mathrm{d}y \mathrm{d}z + \iint_r^{\bar{v}} {}_0^{r} (z - r) w(z) h(y) \mathrm{d}y \mathrm{d}z \right] \Big/ K$$

$$(24)$$

对于固定不变的 K，显然当 $r < r'$ 时，$\pi_C(K, r) < \pi_C(K, r')$。

当保留价格 r 固定不变时，我们可以得到：

$$\pi_C(N, r) - \pi_C(N-1, r) = \int_r^{\bar{v}} (z - r) F^{N-2}(z) [F(z) - F(r)] f(z) \mathrm{d}z$$

$$- \iint_r^{\bar{v}} {}_r^{z} (z - y) F^{N-2}(z) f(z) f(y) \mathrm{d}y \mathrm{d}z > \int_r^{\bar{v}} (z - r) F^{N-2}(z) [F(z)$$

$$- F(r)] f(z) \mathrm{d}z - \iint_r^{\bar{v}} {}_r^{z} (z - r) F^{N-2}(z) f(z) f(y) \mathrm{d}y \mathrm{d}z$$

$$= \int_r^{\bar{v}} \{ (z - r) F^{N-2}(z) f(z) [F(z) - F(y)] \} \mathrm{d}z > 0$$

所以有 $\pi_C(N, r) > \pi_C(N-1, r)$，利用递推归纳法同理可以证明对于 $K \in [2, N]$，有 $\pi_C(K, r) > \pi_C(K-1, r)$。

证毕。

从上面的引理 3 和引理 4 可以看到，一旦拍卖方知道参与合谋的竞标者人数增多，拍卖方的最优保留价格也会相应的提高，而保留价格的提高会导致每个参与合谋的竞标者的期望收益减少。对于给定的某个保留价格，参与合谋的竞标者的期望收益会随着参与合谋的竞标者人数的增加而增加。因此卡特尔有充分的动机来隐瞒参与合谋的竞标者人数，或者设法使得拍卖方相信参与合谋的竞标者人数确实是很少或者根本不存在任何合谋，从而设定比较低的保留价格，这将大大提高参与合谋的竞标者的期望收益。然而，由于卡特尔成员之间存在着单边的转移支付，而且为了选出最有实力的竞标者参与正式拍卖，卡特尔在正式拍卖开始前有一个预拍淘汰过程，竞标者之间的合谋往往很容易被侦查出来，想向拍卖方隐瞒参与合谋的竞标者人数的信息常常是很难做到的。

我们已经考察了拍卖方对于任意的 $K \in [2, N]$ 在保留价格上的最优策略反映，我们接下来需要决定均衡时卡特尔的最优规模以及均衡保留价格。结合上面的引理 3 和引理 4 可以得到下面的命题 4。

命题 4：纳什均衡时卡特尔的最优规模为 $K = N$，拍卖方的最优保留价格为 $r^*(N)$，且满足 $r^*(N) = V_0 + \dfrac{1 - F^N(r^*(N))}{N F^{N-1}(r^*(N)) f(r^*(N))}$；纳什均衡时包括所有竞标者的卡特尔获得的总期望收益为 $\pi_C(N, r^*(N)) = \displaystyle\int_{r^*(N)}^{\bar{v}} (z - r^*(N)) N F^{N-1}(z) f(z) \mathrm{d}z$，其中 z 为卡特尔中的最高估价，拍卖方的期望收益为 $\pi_S^N = (r^*(N) - V_0) [1 - $

$F^N(r^*(N))]$。

证明：在纳什均衡时，卡特尔的最优规模以及拍卖方的最优保留价格由引理 3 和引理 4 很容易直接得到。将 $K = N$ 代入到（23）式中即可得包括所有竞标者的卡特尔的总期望收益。包括 N 个竞标者的卡特尔中至少有一人的估价大于 $r^*(N)$ 的概率为 $[1 - F^N(r^*(N))]$，从而也就很容易得到拍卖方的期望收益为 $(r^*(N) - V_0)[1 - F^N(r^*(N))]$。

证毕。

竞标者之间的合谋一旦成功，由于合谋所能带来的利益将会不断吸引新竞标者加入到合谋中来，来自新进入者的竞争可能会破坏合谋的稳定性。当然这需要在多轮重复的动态拍卖中得以全面考察。命题 4 表明在纳什均衡时，所有竞标者都参与合谋，拍卖方设置相应的最优保留价格 $r^*(N)$。这事实上等价于只有一个竞标者参与第二价格拍卖，但是他的私人估价服从累积分布 $F^N(\cdot)$，即 N 个竞标者估价的最高顺序统计量的分布。这类似于拍卖方以单边垄断价格向单独的一个买者出售物品，拍卖方向买者提出毫无协商余地的摊牌（take it or leave it）：若估价高于保留价格，以保留价格成交；否则，物品归拍卖方所有。

很有意思的是，可以看到由（21）式所给出的第二价格正式拍卖下合谋均衡的保留价格与前面的（9）式是完全一致的。（9）式是在基于第二价格预拍的第一价格正式拍卖均衡下的最优保留价格。由此可见，如果我们考虑非合谋的竞标者对于合谋的竞标者的策略性响应，在基于第二价格预拍的第二价格正式拍卖中，虽然此时卡特尔并不一定包括所有的竞标者，但在均衡时拍卖方的保留价格与基于第二价格预拍的第一价格正式拍卖均衡下的最优保留价格是相等的，从而两种情况下拍卖方的期望收益也必然相等。

推论 1：在存在合谋的第一价格拍卖和第二价格拍卖中，考虑合谋与非合谋竞标者之间的策略性互动，则：（i）拍卖方在第一价格拍卖和第二价格拍卖中获得相等的期望收益；（ii）第二价格拍卖中的合谋更容易实现。

证明：从上面的命题 4 可知在第二价格拍卖的均衡时拍卖方的期望收益为：

$$\pi_S^N = (r^*(N) - V_0)[1 - F^N(r^*(N))]$$

由前面的命题 2 可知在第一价格拍卖的均衡时拍卖方的期望收益为：

$$\pi_S^K = (b_1 - V_0)[1 - F^N(r^*)] = (r^* - V_0)[1 - F^N(r^*)]$$

同时由命题 2 与命题 4 可知：

$$r^* = V_0 + \frac{1 - F^N(r^*)}{NF^{N-1}(r^*)f(r^*)} = r^*(N)$$

从而有 $\pi_S^N = \pi_S^K$。

此外通过命题 2 和命题 4 中纳什均衡时卡特尔的最优规模可以看到，在第二价格拍卖的均衡时所有竞标者都愿意加入到卡特尔中，因为对于给定的

保留价格卡特尔成员的期望收益是卡特尔规模的增函数；而在第一价格拍卖
中均衡时只要估价相对较高的竞标者才有激励加入到卡特尔中，而且卡特尔
的最优规模受到（15）式与（16）式的限制。这就表明与第一价格拍卖相
比，在第二价格拍卖中竞标者更愿意加入卡特尔从而合谋也更容易得以实
现，证毕。

　　上面的推论（i）表明，一旦拍卖中存在合谋，经典拍卖中的收益等值
原理不再成立，但是如果我们不仅考虑拍卖方对于竞标者合谋的策略性互
动，同时考虑合谋与非合谋竞标者之间的策略性互动，则收益等值原理依然
成立。这样就将经典的收益等值原理（Myerson，1981；Riley & Samuelson，
1981）推广到存在合谋的拍卖中。推论（ii）与现有相关文献的研究结论是
一致的，现有相关研究文献普遍认为，与第一价格密封拍卖相比较，第二价
格密封拍卖（口头升价拍卖或英式拍卖）更容易出现合谋（Cassady，1967；
Robinson，1985；Graham & Marshall，1987；Milgrom，1989；Marshall & Meur-
er，2004）。至少从理论上来讲，其原因就是合谋协议在第二价格拍卖规则下
比在第一价格拍卖规则下更容易稳定（Ulrich & Werner，1987；Güth & Peleg，
1996；Marshall & Max，2007）。不过，现有文献是在没有考虑合谋与非合谋
竞标者之间的策略性互动的情况下得出这样的结论的，而推论（ii）考虑到
这样的策略性互动也得到了第二价格拍卖下合谋更容易实现的结论。这就启
示我们，不管是否考虑到合谋与非合谋竞标者之间的策略性互动，与第一价
格拍卖相比，合谋在第二价格拍卖下都更容易实现。

　　（四）搭便车（free-rider）问题与进入阻止（entry-deterence）

　　上面的分析表明，由于合谋的额外利益激励的存在，将会不断有新进入
者加入到合谋中来，这样在纳什均衡时，所有的竞标者都加入到合谋的卡特
尔中。之所以会得到这样的结论，是因为在以上分析中，我们没有考虑到搭
便车的机会主义问题的存在。实际上，很可能存在这样的一些竞标者，他们
自身对于拍卖品的估价很低，甚至比拍卖方的保留价格也要低很多，他们不
参与合谋而仅以非合作的方式参与竞标，他们几乎是不可能赢标的。也就是
说他们参与合谋完全是一种机会主义行为，其动机完全是通过卡特尔的力量
赢得拍卖从而坐享其成，参与卡特尔赢标后的利益分配。如果卡特尔对任何
类型的竞标者都是开放的而没有设置任何进入阻止的措施，搭便车的竞标者
的自由进入将会极大地减少其他竞标者的期望收益，这显然会破坏卡特尔的
合谋稳定性。

　　实际上一旦我们考虑到估价相对较低的竞标者搭便车问题的存在，在纳
什均衡时卡特尔的最优规模将不会包括所有的竞标者，而应只包括一部分竞
标者。为了实现卡特尔合谋的稳定性，卡特尔就应该采取相应的措施来甄别
并排除这部分搭便车的竞标者加入到合谋中来。由于在正式拍卖之前举行的

第二价格预拍中，每个参与卡特尔的竞标者真实报告自己的类型是占优策略，一种可行的方法是在第二价格预拍结束之后，卡特尔宣布估价低于保留价格的竞标者的利润为零，即 $\pi(v_i) = 0$，$\forall v_i < r$。这样任何估价低于保留价格的竞标者由于从参与合谋中不能获得任何利益，将没有任何激励参与到合谋中来。之所以在在第二价格预拍结束之后才宣布这样一个进入阻挠措施，是因为如果在预拍淘汰举行之前宣布这样的进入阻挠措施将会导致有搭便车动机的竞标者在预拍中为了使得自己不被阻止，将会故意虚高报价，这样卡特尔将会很难甄别出那些真正的有投机动机的搭便车者，同时这也将导致第二价格预拍淘汰的合谋机制不再是激励有效的。

另外一种解决搭便车问题的可行方法是使用嵌套预拍（nested knockout preauction），这种合谋机制具有良好的性质以保证合谋的稳定性。考虑包括 4 个竞标者合谋的卡特尔，$\{1, 2, 3, 4\}$，他们的估价分别为 $\{12, 10, 7, 5\}$。假设拍卖方设定的保留价格为 $r = 4$，则他们的真实估价减去保留价格后的净估价分别为 $\{8, 6, 3, 1\}$。假设这些估价在卡特尔内部是共同知识，并且拍卖品由卡特尔以保留价格所赢得。以 X_i 表示竞标者 i 从嵌套淘汰预拍中获得的转移支付，则：

$$X_1 = \frac{1}{4} + \frac{3-1}{3} + \frac{6-3}{2} + (8-6)$$

$$X_2 = \frac{1}{4} + \frac{3-1}{3} + \frac{6-3}{2}$$

$$X_3 = \frac{1}{4} + \frac{3-1}{3}$$

$$X_4 = \frac{1}{4}$$

或者表示为 $X_i = \sum_{j=i}^{N} (V_j - V_{j+1})/j$，其中 $V_{N+1} = 0$。有趣的是，X_i 是竞标者 i 的夏普利值（Shapley value），而且这个结果对于所有的 N 和任意的估价向量都成立。这样卡特尔通过采用这样一个简单的嵌套预拍，使得参与合谋的竞标者所获得的转移支付能够和他们对于卡特尔的边际贡献相挂钩，这样就排除了搭便车问题。在这里虽然只考虑了四个竞标者组成的卡特尔，上面的分析同样适用于更为一般的情况。如果有新的竞标者想加入到该卡特尔，只要他们的估价高于拍卖方的保留价格，他们就会获得正的且与他们对卡特尔的边际贡献相匹配的转移支付；而一旦想加入该卡特尔的竞标者的估价低于拍卖方的保留价格，由于其对于卡特尔赢标不能做出任何边际贡献，从而也就不能获得任何转移支付，这样低于保留价格的竞标者就没有激励加入到卡特尔中来，这自然就解决了搭便车问题。

从以上的分析可以看到，一旦考虑到搭便车问题的存在，均衡时卡特尔的最优规模不可能包括所有的竞标者，卡特尔可以通过设置一定的进入阻碍来阻止那些本身估价相对低的搭便车者加入到合谋，瓜分合谋利润，从而破坏合谋机制的稳定性。这样我们很容易得到下面的命题：

命题 5：若存在搭便车问题，均衡时卡特尔的最优规模不会包括所有的竞标者，卡特尔可以通过下面两种方式来解决搭便车问题以维持合谋的稳定性：（i）在第二价格预拍结束之后，卡特尔宣布估价低于保留价格的竞标者的利润为零，即 $\pi(v_i) = 0$，$\forall v_i < r$；（ii）通过使用嵌套预拍，使得参与合谋的竞标者从卡特尔那里获得的转移支付与他们对卡特尔赢标做出的边际贡献相匹配。

五、两种拍卖模式下合谋均衡的比较分析

通过上面对基于第二价格预拍的第一价格拍卖以及第二价格拍卖的合谋均衡进行比较分析，我们可以得到以下几个重要的结论：

（1）对于给定的拍卖方保留价格，在第一价格拍卖中只有当 $F(v) > v^{N-2K}$ 时，卡特尔的期望收益才是卡特尔规模的增函数；而从引理 2 可以看出，在第二价格拍卖中，卡特尔的期望收益是卡特尔规模的增函数。这样在第一价格拍卖中卡特尔的最优规模 $K < N$，而在第二价格拍卖中卡特尔的最优规模为 $K = N$，这表明了第二价格拍卖中的合谋更容易实现。

（2）对于给定的参与合谋的竞标者人数 K，在两种拍卖模式下，卡特尔成员的期望收益都是保留价格的减函数。这表明在两种拍卖模式下，拍卖方保留价格的设定对于竞标者合谋有重要影响，通过适当的提高保留价格可以降低卡特尔成员的期望收益，从而在某种程度上降低竞标者参与合谋的激励，从而达到抑制合谋的目的。

（3）比较命题 1 和命题 4 可以看到，当第一价格拍卖中的最高报价 b_1 与第二价格拍卖中的次高报价 b_2 相等时，两种拍卖模式下卡特尔代表和没有参与合谋的竞标者的均衡竞价策略是一致的，而且卡特尔以及非卡特尔成员从拍卖中获得的期望收益也相等。

（4）考虑到合谋竞标者与非合谋竞标者之间的策略性互动，则拍卖方在第一价格拍卖和第二价格拍卖中获得的期望收益相等。

六、重复拍卖中的合谋均衡分析

前面的分析建立在单期静态拍卖的背景下，重点分析了竞标者的均衡竞标策略，拍卖方对于合谋的策略性响应，卡特尔的最优规模以及各参与方的期望收益。但是接下来我们考虑在多期重复的动态拍卖中，在存在竞标者合谋的情况下，拍卖方如何设定最优的保留价格来尽可能地减少合谋给自身带来的收益损失，并考察在多期重复互动下竞标者合谋均衡的稳定性问题。在

多期重复拍卖下，合谋协议的实现需要有一套可行且有效的执行机制，该执行机制必须选择参与正式拍卖的竞标者、正式拍卖中的报价并能对违背合谋协议的竞标者施加有力的惩罚，使得背叛者从短期背叛中获得的收益要小于因惩罚所带来的预期未来收益的损失。在重复拍卖中，保留价格可能显得更加重要，因为它作为一种有用的工具不仅影响竞标者参与合谋的期望收益而且影响对于背叛者惩罚的严厉程度。不失一般性，我们在这里只考虑第一价格的重复拍卖，而且假设每期都进行的是标准的独立私有价值（IPV）的第一价格拍卖，拍卖参与者都是在单期博弈基础上进行无限期重复博弈。

（一）单期静态拍卖中的一些主要结论

我们先在标准的独立私有价值的第一价格拍卖的基本模型下，假设竞标者之间不存在合谋，则从经典拍卖理论中我们可以总结归纳得到下面的一些主要结论：

结论 1：在对称 IPV 的单期拍卖中，当拍卖方的保留价格为 r 时，静态纳什均衡下竞标者的竞标策略为：

$$B^{NE}(v \mid r) = v - \int_r^v \left[\frac{F(x)}{F(v)} \right]^{N-1} \mathrm{d}x$$

当竞标者的估价 $v \geqslant r$ 时，静态纳什均衡时竞标者的事中（interim）期望收益为：

$$\overline{\pi}_B^{NE}(v \mid r) = (v - B^{NE}(v \mid r)) \cdot \left[\mathrm{Prob}(v_2 < v, v_3 < v, \cdots, v_N < v) \right]$$

$$= \int_r^v F^{N-1}(x) \mathrm{d}x$$

静态纳什均衡时竞标者的事前（ex ante）期望收益为：

$$\overline{\pi}_B^{NE}(r) = \int_{\overline{v}}^{\overline{v}} \left[\int_r^v F^{N-1}(x) \mathrm{d}x \right] f(v) \mathrm{d}v = \iint_{r\,x}^{\overline{v}\,\overline{v}} F^{N-1}(x) f(v) \mathrm{d}v \mathrm{d}x$$

$$= \int_r^{\overline{v}} F^{N-1}(x) \left[1 - F(x) \right] \mathrm{d}x$$

结论 1 表明在第一价格拍卖中，不存在合谋时竞标者隐藏报价的程度取决于拍卖方设定的保留价格和参与竞拍的竞标者人数。随着保留价格的增加，竞标者隐藏报价越厉害；随着竞标者人数的增加，竞标者隐藏报价的程度会下降。

结论 2：在对称的 IPV 单期拍卖模型中，如果不存在竞标者之间的合谋，而且竞标者采用静态的纳什均衡竞标策略，拍卖方设定保留价格 r 所能获得的期望收益为：

$$\overline{\pi}_S^{NE}(r) = \int_r^{\overline{v}} \left[B^{NE}(v \mid r) - V_0 \right] N F^{N-1}(v) f(v) \mathrm{d}v$$

$$= \int_r^{\bar{v}} (v - V_0) N F^{N-1}(v) f(v) \mathrm{d}v - \int_r^{\bar{v}} N F^{N-1}(x)(1 - F(x)) \mathrm{d}x$$

通过对上式求解一阶条件可以得到纳什均衡时，拍卖方设定的最优保留价格满足：

$$r^{NE} = V_0 + \frac{1 - F(r^{NE})}{f(r^{NE})}$$

结论 2 所给出的最优保留价格具有一些有趣的性质。首先，该最优保留价格与参与竞拍的竞标者人数无关。其次，当保留价格在一定范围内增加时，竞标者和拍卖方的期望收益都会随之增加。这是由于随着通过拍卖达成交易的概率增加社会总福利也会增加，这必然会提高参与交易双方的期望收益。

(二) 重复拍卖中的合谋均衡

1. 模型基本设定

现在假设竞标者和拍卖方在上面给出的单期博弈基础上进行无限期重复博弈，折现因子为 $\delta \in [0, 1)$，并假设拍卖方不会公布每次拍卖的赢标价格而只公布每次拍卖的赢标者身份，拍卖方在拍卖开始之前会宣布一个原始保留价格，竞标者会根据该保留价格选择最有利的合谋计划。

根据前面的分析我们可以知道，如果不考虑搭便车问题和卡特尔的进入阻止，在第二价格拍卖中，在均衡时最优的卡特尔规模为 $K = N$，也就是说在均衡时所有的竞标者都愿意加入到卡特尔中来。而在第一价格拍卖中卡特尔的最优规模 $K < N$，但是均衡时拍卖方却是考虑到一旦所有竞标者都加入到卡特尔中来设定自己的最优保留价格。也就是说估价相对较低的竞标者会被排除在卡特尔之外，而且这些剩下的 $(N - K)$ 个没有参与合谋的竞标者提交报价与卡特尔成员相比没有竞争力，这样参与拍卖的 N 个潜在的竞标者中实际上参与拍卖并提交有竞争力报价的只是加入卡特尔的 K 个竞标者，于是我们可以理解为参与拍卖并能提交有竞争力报价的竞标者最终都加入了卡特尔。延续这样的分析思路同时也为了简化重复拍卖中合谋问题的分析，我们依然假设卡特尔包括所有的竞标者。这样在当期的拍卖中没有被选择赢标的卡特尔成员将提交相对低的报价或者干脆不提交任何报价。

我们在这里考虑两种合谋机制。第一种是弱卡特尔（weak cartel），即合谋竞标者之间不能进行转移支付，这可以通过轮流坐庄（bid rotation）来实现；第二种是强卡特尔（strong cartel），即合谋竞标者之间可以进行转移支付，这可以通过在正式拍卖之前在合谋竞标者之间举行预拍淘汰来实现。成功合谋的实现要求选出赢标者，决定合理的赢标报价，侦测背叛并对背叛者进行有效的惩罚。如果我们沿用 Aoyagi（2003）、Athey *et al.*（2004）以及 Skrzypacz & Hopenhayn（2004）的分析思路，假定一旦有某个卡特尔成员背叛合谋协议，将会永远返回到静态纳什均衡，这种惩罚是足够严厉且有效的。显然，如果实施这样的惩罚，弱卡特尔与强卡特尔都满足实现成功合谋的要求。合谋得以维持当且仅当对于每一个参与合谋的竞标者而言，一直参与合谋的收益超过当期背叛并在以后各期面临惩罚的收益，而且该结论只有对于所有的估价分布都成立时，合谋才是稳定的。否则，没有被卡特尔选定作为正式拍卖的唯一赢者的卡特尔成员就有动机报相对高的价格来赢得拍卖，而且这种情况会以正的概率发生，这样被卡特尔选定作为正式拍卖的唯一赢者的竞标者也会策略性的提高自己的报价以确保获胜，于是以保留价格赢标的均衡就不会出现。

2. 弱卡特尔

假设合谋的竞标者之间不能进行转移支付，但是他们可以在事前和事后进行交流，卡特尔使用一个公共随机装置（public randomization device）来选择出每次拍卖的赢标者，该赢标者在没有竞争的情况下以保留价格赢标，竞标者轮流获得赢标的权利，即我们考虑的是轮流坐庄的合谋机制。轮流坐庄的合谋机制具有以下的优点：首先，轮流坐庄机制不需要显示每次拍卖的赢标价格而只需要知道每次拍卖的赢标者身份，而执行最优机制需要显示每次拍卖的赢标价格；否则，竞标者就有动机通过稍微降低保留价格从而导致背叛。这样的背叛不能在下一期被直接的侦测到，这就会阻止合谋的出现。其次，轮流坐庄机制作为一种默契合谋（tacit collusion）难以被反垄断当局发现从而可以避免相关的调查，而最优的机制要求每个竞标者都报同样的出价，这样很容易被反垄断当局所质疑。最后，轮流坐庄机制可以避免拍卖方通过平分决胜规则（tie-breaking rule）对合谋机制的干扰。

为了使得弱卡特尔得以维持，与参与合谋相比较，竞标者应该没有激励去背叛，因为背叛虽然能在当期带来较高的收益但是在以后各期都会受到触发策略（trigger strategy）的惩罚，这样对于参与合谋的某个估价为 v 的竞标者，给定拍卖方所设定的保留价格 r，我们有：

$$\left(\frac{\delta}{1-\delta}\right)\overline{\pi}_B^{WC}(r) \geq (v-r) + \left(\frac{\delta}{1-\delta}\right)\overline{\pi}_B^{NE}(r) \tag{25}$$

其中，$\overline{\pi}_B^{WC}(r)$ 表示当拍卖方所设定的保留价格为 r 时，某个参与合谋的竞标者每期的事前期望收益。（25）式左边是竞标者参与合谋的未来预期合谋收益的净现值，右边第一项是从背叛中获得的短期收益，第二项是由于对背叛的惩罚带来的未来预期的静态纳什均衡利润的净现值。从（25）式中可以得到满足激励约束，即使得合谋竞标者没有动力背叛的最小折现因子 $\overline{\delta}^{WC}(v, r)$

$$\delta \geq \overline{\delta}^{WC}(v, r) = \frac{v-r}{\overline{\pi}_B^{WC}(r) - \overline{\pi}_B^{NE}(r) + (v-r)} \tag{26}$$

从（26）式可以看到，$\overline{\pi}_B^{WC}(r)$ 和 $\overline{\pi}_B^{NE}(r)$ 都独立于估价 v，很明显当 $v = \overline{v}$ 时，$\overline{\delta}^{WC}(v, r)$ 取最大值。这样我们就得到临界折现因子 $\overline{\delta}^{WC}(r) = \overline{\delta}^{WC}(\overline{v},$

r)，即只要 $\delta \geqslant \bar{\delta}^{WC}(r)$，则（26）式恒成立。

引理 5：在轮流坐庄的弱卡特尔合谋机制中，每个卡特尔成员的事前期望收益为：

$$\bar{\pi}_B^{BR}(r) = \frac{1 - F^N(r)}{N[1 - F(r)]}\int_r^{\bar{v}}(1 - F(v))\,\mathrm{d}v$$

证明：见附录。

命题 6：给定保留价格 r，通过对称轮流坐庄来实现弱卡特尔合谋机制时，卡特尔成员的事前期望收益为：

$$\bar{\pi}_B^{WC}(r) = \frac{1 - F^N(r)}{N[1 - F(r)]}\int_r^{\bar{v}}(1 - F(v))\,\mathrm{d}v$$

对于背叛能施加有效惩罚的临界折现因子为：

$$\bar{\delta}^{WC}(r) = \frac{\bar{v} - r}{\displaystyle\int_r^{\bar{v}}(1 - F(v))\left\{\frac{1 - F^N(r)}{N(1 - F(r))} - F^{N-1}(v)\right\}\mathrm{d}v + (\bar{v} - r)}$$

证明：由于弱卡特尔的合谋机制是通过轮流坐庄来实现的，因此两种情况下合谋竞标者的事前期望收益应该相等，即 $\bar{\pi}_B^{WC}(r) = \bar{\pi}_B^{BR}(r)$，再由引理 5 可知：

$$\bar{\pi}_B^{WC}(r) = \bar{\pi}_B^{BR}(r) = \frac{1 - F^N(r)}{N[1 - F(r)]}\int_r^{\bar{v}}(1 - F(v))\,\mathrm{d}v$$

再根据前面的分析可知：

$$\bar{\delta}^{WC}(r) = \bar{\delta}^{WC}(\bar{v}, r) = \frac{\bar{v} - r}{\bar{\pi}_B^{WC}(r) - \bar{\pi}_B^{NE}(r) + (\bar{v} - r)}$$

将结论 1 中得到的 $\bar{\pi}_B^{NE}(r)$ 以及上面已经求得的 $\bar{\pi}_B^{WC}(r)$ 代入上式即可得到满足激励约束时能对背叛者施以有效惩罚的临界折现因子，证毕。

3. 强卡特尔

现在假设合谋竞标者之间可以进行单边转移支付，从前面的分析可以看出无论在第一价格还是在第二价格的正式拍卖中，卡特尔都可以通过第二价格的预拍将估价最高的卡特尔成员挑选出来作为卡特尔的代表参加拍卖，赢标的卡特尔代表再将合谋的收益在所有合谋成员之间进行平均分配。可以看到此时拍卖是有效率的，估价最高的竞标者赢得拍卖，但是他要对其他的卡特尔成员进行单边转移支付。在这里，为了分析的方便我们依然不考虑搭便车问题和卡特尔的进入阻止，这样在均衡时所有的竞标者都加入到卡特尔中来。McAfee & McMillan（1992）研究表明在最优合谋机制中，具有最高估价的合谋竞标者作为卡特尔的代表赢标，并向拍卖方支付保留价格 r，而向所有的其他 $(N-1)$ 个竞标者做出相同的转移支付为 $[T(v) - r]/(N-1)$，赢标的竞标者所获得的剩余为 $(v - T(v))$，其中 $T(v)$ 满足：

$$T(v) = F^{-N}(v) \times \int_r^v (x-r)(N-1)F^{N-1}(x)f(x)\,\mathrm{d}x + r$$

在强卡特尔中，只要卡特尔代表的估价大于 r，其他竞标者即使估价小于 r 也能获得正的转移支付，这可以增加卡特尔的凝聚力，但是实际上与弱卡特尔相比较，强卡特尔要想维持合谋需要更为严格的限制条件，因为强卡特尔下竞标者一旦背叛其在短期能获得更大的收益。与弱卡特尔一样，在强卡特尔中没有被选定作为卡特尔代表的竞标者有动机报稍微高于 r 的报价来保证自己赢得拍卖，有效的合谋机制必须对这种背叛行为施加有力的惩罚从而阻止这种背叛行为，也就是说必须满足下面的不等式：

$$\left(\frac{\delta}{1-\delta}\right)\overline{\pi}_B^{SC}(r) \geqslant (v-r) + \left(\frac{\delta}{1-\delta}\right)\overline{\pi}_B^{NE}(r) \tag{27}$$

而在当期具有高估价的卡特尔成员，在他赢得预拍之后，我们必须从两个方面来阻止其可能出现的背叛。首先，在卡特尔代表在正式拍卖中赢标之后，他可能不愿意按照事前的合谋协议对于其他没有赢标的卡特尔成员做出单边转移支付。因为在预拍和正式拍卖结束之后，卡特尔代表能准确地知道其他卡特尔成员的估价信息，从而就能准确地计算出自己可以获得的利润，如果他的最高估价与次高估价之间的差距不是足够大，而且在他赢标后还得向所有其他的卡特尔成员做出转移支付，这样就进一步摊薄了他的利润，这时该卡特尔代表就有足够的激励退出卡特尔并拒绝在赢标后做出转移支付。为了阻止这种背叛行为，考虑到单边转移支付的存在，有效合谋的维持必须满足以下不等式：

$$(v - T(v)) + \left(\frac{\delta}{1-\delta}\right)\overline{\pi}_B^{SC}(r) \geqslant (v-r) + \left(\frac{\delta}{1-\delta}\right)\overline{\pi}_B^{NE}(r) \tag{28}$$

其次，具有较高估价的卡特尔成员有可能在预拍中报相对低的价格获得一个转移支付 $E[T(v_{(2)}) - r \mid v_{(1)} = v]/(N-1)$，然后在正式拍卖中报相对高的价格来排挤在预拍中被选定的卡特尔代表，取而代之从而赢得拍卖。为了阻止这种背叛行为的发生，有效合谋的维持还必须满足下面的不等式：

$$(v - T(v)) + \left(\frac{\delta}{1-\delta}\right)\overline{\pi}_B^{SC}(r) \geqslant \frac{E[T(v_{(2)}) - r \mid v_{(1)} = v]}{N-1} + (v-r) + \left(\frac{\delta}{1-\delta}\right)\overline{\pi}_B^{NE}(r) \tag{29}$$

与弱卡特尔相比较，在强卡特尔中（28）式和（29）式的存在显然增加了我们计算临界折现因子的复杂性。然而由于 $v - T(v) \geqslant 0$，因此只要（27）式成立则（28）式必定成立，这样我们就可以不考虑（28）式的约束。同理，如果（27）式成立，则（29）式不成立当且仅当：

$$v - T(v) < \frac{E[T(v_{(2)}) - r \mid v_{(1)} = v]}{N-1} \tag{30}$$

由于本文考虑的是第二价格预拍，根据前面静态拍卖的分析可知第二价格预

拍是激励有效的，即在第二价格预拍中每个参与合谋的竞标者都能真实显示自己的估价。具有最高估价的卡特尔成员在预拍中赢得参与正式拍卖的机会，在对其他所有的卡特尔成员做出转移支付后获得收益为 $(v - T(v))$，他本身没有激励在预拍中隐藏报价从而接受从次高估价竞标者那里获得转移支付 $E[T(v_{(2)}) - r \,|\, v_{(1)} = v]\big/(N-1)$。这样如果我们实行的是第二价格预拍，（30）式实际上不会成立，也就是说如果（27）式成立从而也能保证（29）式成立。因此，实际上（27）式的成立能同时保证（28）式和（29）式的成立，于是在强卡特尔下能保证给予背叛者施加有力的惩罚从而维持合谋的稳定时，我们只需要考虑由（27）式所给出的激励约束即可。从（27）式中可以得到满足激励约束，使得竞标者没有动力背叛的最小折现因子 $\bar{\delta}^{SC}(v, r)$

$$\delta \geqslant \bar{\delta}^{SC}(v, r) = \frac{v - r}{\bar{\pi}_B^{SC}(r) - \bar{\pi}_B^{NE}(r) + (v - r)} \tag{31}$$

与弱卡特尔时的分析类似，从（31）式可以看到，$\bar{\pi}_B^{SC}(r)$ 和 $\bar{\pi}_B^{NE}(r)$ 都独立于估价 v，很明显当 $v = \bar{v}$ 时，$\bar{\delta}^{SC}(v, r)$ 取最大值。这样我们就得到临界折现因子 $\bar{\delta}^{SC}(r) = \bar{\delta}^{SC}(v, r)$，即只要满足 $\delta \geqslant \bar{\delta}^{SC}(r)$，则（31）式恒成立。

命题7：给定保留价格 r，通过对称单边转移支付来实现强卡特尔合谋机制时，每个卡特尔成员获得的事前期望收益为：

$$\bar{\pi}_B^{SC}(r) = \left(\bar{v} - r - \int_r^{\bar{v}} F^N(v)\,\mathrm{d}v \right)\Big/ N$$

对于背叛能施加有效惩罚的临界折现因子为：

$$\bar{\delta}^{SC}(r) = \frac{N(\bar{v} - r)}{(N+1)(\bar{v} - r) - \int_r^{\bar{v}} \lfloor N - (N-1)F(v) \rfloor F^{N-1}(v)\,\mathrm{d}v}$$

证明：见附录。

推论2：由于 $\bar{\pi}_B^{SC}(r) \geqslant \bar{\pi}_B^{WC}(r)$，则 $\bar{\delta}^{SC}(r) \leqslant \bar{\delta}^{WC}(r)$，这表明对于给定的保留价格 r，强卡特尔中的合谋比弱卡特尔中的合谋更容易实现。

证明：见附录。

上面的推论表明，与弱卡特尔下不存在单边转移支付相比较，强卡特尔下单边转移支付的存在给竞标者参与合谋提供了更强的激励，竞标者无论是否在当期赢标都能从赢标的卡特尔那里获得等额的单边转移支付。而且一旦存在背叛行为，单边转移支付的存在也使得对于背叛者的惩罚更加严厉，强卡特尔下竞标者参与合谋就具有较高的期望收益而背叛合谋就会面临较大的期望收益损失，这样在强卡特尔下竞标者参与合谋的动机更为强烈。当然这样的结论只是对于给定的拍卖方保留价格才会成立的，一旦我们考虑到拍卖方对于合谋的存在会在保留价格上进行策略性响应，而且拍卖方可能会对强卡特尔和弱卡特尔设定不同的保留价格，这样一来上面的结论可能就不再成立。接下来我们考虑拍卖方在重复拍卖的背景下一旦考虑到合谋的存在，如何设定最优的保留价格，并分析最优保留价格的设定对于不同类型卡特尔下的临界折现因子有什么影响，并进而考察这种影响是使得竞标者之间的合谋变得更容易还是更困难。

（三）　重复拍卖中拍卖方的最优保留价格策略

以上分析都假定拍卖方的保留价格是给定的，而实际上拍卖方的保留价格策略对于竞标者参与合谋的难易程度有重要影响，而且拍卖方对于竞标者合谋的策略性响应也只有在重复拍卖的背景下考察才更有意义。我们首先来考虑拍卖方在面临合谋时应该设定的最优保留价格。对于任何保留价格，由于在合谋均衡时所有的竞标者都会加入到卡特尔中来，而且被卡特尔选定作为卡特尔代表的竞标者在正式拍卖中都会将保留价格作为报价，只要卡特尔代表的估价高于保留价格。这样无论是在怎样的固定价格合谋机制下，拍卖方的期望收益都是相等的，从而拍卖方所设定的最优保留价格也是相同的。在这里我们依然假定在正式拍卖之前举行的预拍中，卡特尔使用第二价格预拍来选出卡特尔代表参加正式拍卖。

结论 3：无论是在强卡特尔还是在弱卡特尔合谋机制下，在正式拍卖中卡特尔代表以保留价格作为报价并赢标，只要至少有一个卡特尔成员的估价高于保留价格，拍卖方将获得赢标的卡特尔代表所支付的保留价格。这样，拍卖方的期望收益作为保留价格的函数可以表示为：

$$\overline{\pi}_S^C(r) = (r - V_0)(1 - F^N(r))$$

从上式的一阶条件得到拍卖方的最优保留价格满足：

$$r^C = V_0 + \frac{1 - F^N(r^C)}{N F^{N-1}(r^C) f(r^C)} \qquad 其中 C \in \{WC, SC\}$$

当在均衡时所有的竞标者都加入卡特尔，卡特尔代表在正式拍卖中报保留价格，而其他所有竞标者的报价都低于保留价格或者不参与竞价时，此时拍卖方就等价于只面对单一的竞标者，该竞标者的估价服从的分布为 $G(r) = F^N(r)$。$G(r)$ 是从分布 $F(r)$ 中得到的 N 个估价中最小估价的分布函数，这样结论 3 中所给出的最优保留价格的等式在本质上就等同于结论 2 在不考虑竞标者合谋下给出的最优保留价格的等式。更进一步可以看到结论 3 所给出的最优保留价格是参与合谋竞标者人数的增函数，因此结论 3 所给出的合谋机制下的保留价格要高于结论 2 所给出的静态纳什均衡下的保留价格。

尽管结论 3 给出了无论在强卡特尔还是在弱卡特尔下，当拍卖方知道他所面对的刚性价格机制（rigid-pricing scheme）时所设定的最优保留价格，但是该最优保留价格不一定是拍卖方考虑到竞标者合谋的情况下所选择的保留价格，相反，拍卖方能够通过选择不同的保留价格来阻止合谋，而这又会进一步影响到临界折现因子，而又正是这临界折现因子的大小决定了拍卖方在选择这样的保留价格时对于竞标者合谋实现的难易程度。

由于在动态重复拍卖的背景中考虑拍卖方对于合谋的策略式响应是非常复杂的，因为拍卖方总需要对于过去的拍卖结果和竞标者合谋的不同情况来调整当期和未来的最优保留价格，因此此时拍卖方所设定的最优保留价格肯定也是一个不断动态演变的过程。结论 3 所给出的最优保留价格描述了最优保留价格动态演化的均衡路径，它反映了随着拍卖的不断重复且存在不同人数的竞标者参与合谋的情况下，拍卖方最优保留价格的设定应该遵循的基本变化趋势，但是它并不能告诉我们针对于某一次具体的拍卖过程拍卖方应该设定什么样的保留价格。具体到每一次拍卖过程，由该动态演化均衡路径所决定的每个最优保留价格应该存在于拍卖方所能选择的最优保留价格的集合中，随着拍卖的不断重复以及拍卖方与参与合谋的竞标者之间的不断重复互动，每一次具体拍卖的最优保留价格必定是来自于这样的集合中，而且单个的保留价格也不一定与最优保留价格动态演化的均衡路径完全具有一致性，但是随着拍卖方和合谋竞标者之间重复互动的持续，每一次具体拍卖过程的最优保留价格应该是围绕着最优保留价格动态演化的均衡路径上下波动。而且可以合理预见，随着时间的推移，拍卖方阻止合谋的经验的不断累计增加，这种波动的幅度应该会越来越小，在极限情况下应该会无限趋近于该均衡路径。

为了比较清楚且直观的获得动态重复拍卖中拍卖方最优保留价格的性质及其对于竞标者参与合谋的能力的影响，我们没有必要也不可能刻画出在每一期最优保留价格的特征，我们只能集中于关注最优保留价格的集合的性质。由于拍卖方设定最优保留价格的目的是为了能有效阻止合谋并实现自身收益最大化，我们在这里考虑最优保留价格集合的上限和下限，即最大阻止保留价格（the maximal deterrent reserve price）和最小阻止保留价格（the minimal deterrent reserve price），同时由于不存在竞标者合谋时的纳什保留价格（Nash reserve price）是一种特殊情况，因此在这里我们实际上只需考虑三种可由拍卖方选择的保留价格，每个保留价格决定了对应的临界折现因子，为了使得合谋得以维持竞标者的折现因子必须超过这些临界折现因子。

最小阻止保留价格 r^{Min} 等于竞标者估价分布的下限 v，拍卖方在以下三种情况下有可能设定这样的保留价格：（1）拍卖方没有经验或者经验不足；（2）不能令人置信的设定偏高的保留价格；（3）与竞标者的估价相比自身的估价较低。更准确地讲，如果拍卖方的估价 V_0 低于竞标者的最低估价，则拍卖设定高于其自身估价的保留价格是难以令人置信的，此时拍卖方更会受到合谋的影响。这是因为被选定作为卡特尔代表的赢标者的报价将为 $V_0 > \bar{v}$，如果考虑到惩罚的存在最高的报价将会是 v。纳什保留价格（Nash reserve price）r^{NE} 由前面的结论 2 所给出，是在不存在竞标者合谋时拍卖方所设定的最优保留价格。最大阻止保留价格 r^{Max} 是使得静态纳什均衡下拍卖方的期望收益与合谋均衡下拍卖方的期望收益相等的最小保留价格，其中静态纳什均衡下的期望收益使用最大阻止保留价格计算得到，而合谋均衡下的期望收益使用结论 3 所给出的最优保留价格 r^C 得到。

为了更加清楚直观的分析临界折现因子如何随不同保留价格的变化而变化，以及这种变化对于竞标者参与合谋难易程度的影响，我们现在假设竞标者的估价服从区间 $[0，1]$ 上的均匀分布，拍卖方自身对于拍卖品的估价 V_0 标准化为零。同时根据上面的推论 3 可知 $\bar{\delta}^{SC}(r) \leqslant \bar{\delta}^{WC}(r)$，我们在这里只考虑弱卡特尔的临界折现因子的变化。从而我们很容易得到最小阻止保留价格 $r^{Min}=0$，纳什保留价格 $r^{NE}=0.5$，结论 3 中的最优保留价格 $r^C=(N+1)^{\frac{-1}{N}}$，最大阻止保留价格 r^{Max} 由 $\bar{\pi}_S^{NE}(r^{Max})=\bar{\pi}_S^{WC}(r^C)$ 给出，经过计算可以得到 r^{Max} 可以通过下面的等式确定：

$$(N+1)r^N - 2Nr^{N+1} = (N+1)^{\frac{-1}{N}}N - (N-1)$$

同样通过计算可以得到：

$$\bar{\pi}_B^{NE}(r) = \frac{1-(N+1-Nr)r^N}{N(N+1)}，\quad \bar{\pi}_B^{WC}(r) = \frac{(1-r^N)(1-r)}{2N}$$

$$\bar{\delta}^{WC}(r) = \frac{2N(N+1)(1-r)}{(1-N)r^{N+1}+(N+1)r^N-(2N^2+3N+1)r+(2N^2+3N-1)}$$

$$\tag{32}$$

从而很容易得到 $\bar{\delta}^{WC}(r^{Min}) < \bar{\delta}^{WC}(r^{NE}) < \bar{\delta}^{WC}(r^{Max})$。这就表明：当拍卖方设定最大阻止保留价格 r^{Max} 时，竞标者合谋得以维持的难度最大，也即合谋竞标者背叛的动机最大；当拍卖方设定纳什保留价格 r^{NE} 时，竞标者合谋得以维持的难度次之，也即合谋竞标者也存在背叛的动机；当拍卖方设定最小阻止保留价格 r^{Min} 时，竞标者合谋最容易得以实现，此时合谋竞标者背叛的动机较小。同时为了比较并判断临界折现因子如何随着卡特尔规模 N 和拍卖方保留价格 r 的变化而变化，取 $N \in [2，30]$ 且为整数，$r \in [0，0.95]$，运用 Mathematica 5.0 可以得到下面的三维图形。从图 2 可以看出，随着 N 和 r 的增加，临界折现因子也会增加，这就表明，随着参与合谋的竞标者人数的增加合谋变得更加困难，同样随着拍卖方设定的保留价格的提高合谋也会变得更加困难。

命题 8：在重复拍卖中，拍卖方最优保留价格动态演化的均衡路径为：

$$r^C = V_0 + \frac{1-F^N(r^C)}{NF^{N-1}(r^C)f(r^C)}；$$ 且由于 $\bar{\delta}^{WC}(r^{Min}) < \bar{\delta}^{WC}(r^{NE}) < \bar{\delta}^{WC}(r^{Max})$，在重复拍卖中拍卖方策略性的设定保留价格对于卡特尔合谋的能力有重要影响。

在现有的关于竞标者合谋的文献中考察了在单期静态拍卖中，拍卖方设定的保留价格对于合谋难易程度的影响，命题 8 表明在重复动态拍卖中拍卖方的保留价格策略同样会对于竞标者的合谋能力产生重要影响。

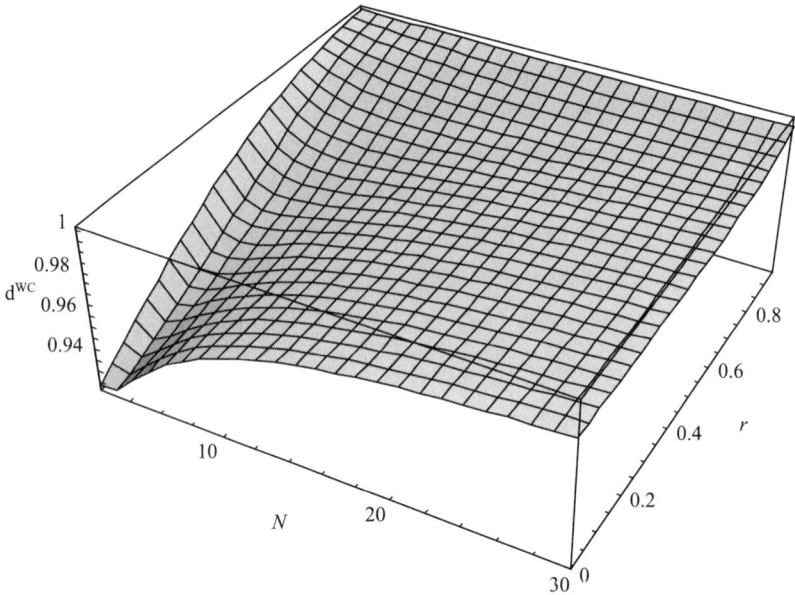

图 2　弱卡特尔下的临界折现因子

七、结论及进一步研究展望

　　本文分别在单期静态拍卖和重复动态拍卖中分析了拍卖方的保留价格策略对于竞标者合谋的影响。现有的部分文献也关注于保留价格对于合谋的影响，但是其缺陷主要有：（1）大部分相关文献都是在静态拍卖的背景下进行考察的，而实际上拍卖方在保留价格上对于竞标者合谋的策略性反应在多期重复动态拍卖的环境下加以考察更有意义；（2）许多文献为了分析的简化，都假设卡特尔包括所有的竞标者，而实际上合谋均衡时卡特尔的最优规模是在策略性互动中内生决定的，本文研究表明在不考虑搭便车问题的情况下第二价格拍卖下合谋均衡时的卡特尔应该包括所有的竞标者，但是一旦存在搭便车行为，卡特尔应该采取一定的进入阻止策略以维持合谋的稳定性，而在第一价格拍卖下即使假设不存在搭便车行为，合谋均衡时也只有部分竞标者加入到卡特尔中。（3）现有的关于拍卖中合谋的文献只考虑了卡特尔和拍卖方之间的策略性互动，而没有考虑到合谋竞标者和非合谋竞标者之间的策略互动，而一旦考虑到这后一种互动将会对所有卡特尔代表以及其他非合谋竞标者的竞标策略产生影响，而且在这种情况下，第一价格拍卖和第二价格拍卖下拍卖方的期望收益相等，这就将经典的收益等值原理推广到存在合谋时的情形。

　　当然本文的研究只是对单物品的对称 IPV 拍卖模型的推广，我们应该更多的关注对多物品重复拍卖中合谋问题的研究，这两种拍卖模式下更容易出现合谋。同时升价拍卖是销售多物品的一种常用机制，可能还存在着其他更不容易受到合谋影响的机制。此外，为重复拍卖下对动态竞标过程中可能出现的合谋进行全面的审查，我们需要借助于一些计量工具在经验分析中对于竞价数据进行数据挖掘从而发现合谋的有力证据，当然这只是一种事后的补救措施，更为重要的是我们需要借助机制设计的理论工具在事前设计出一种能够有效防止合谋的最优拍卖机制。这也是本文未来的研究方向所在。

附　　录

1. 命题 1 的证明

由文中的（4）式和（5）式的一阶条件整理得到：

$$\frac{d(B_N^{-1}(b_1))}{db_1} = \frac{1}{N-K} \cdot \frac{1}{v-b_1} \cdot B_N^{-1}(b_1) \tag{A1}$$

$$-(B_N^{-1}(b_1))(B_C^{-1}(b_1)) + (v-b_1)(N-K-1)\frac{d(B_N^{-1}(b_1))}{db_1}(B_C^{-1}(b_1))$$

$$+ (v-b_1)K\frac{d(B_C^{-1}(b_1))}{db_1}(B_N^{-1}(b_1)) = 0 \tag{A2}$$

由于具有最高估价 1 的竞标者在均衡时的最高报价为 b_1，从而微分方程（A1）式和（A2）式的初始条件为：$B_C(1) = B_N(1) = b_1$。通过求解（A1）式可以得到，没有参与合谋的竞标者在考虑到 K 个合谋的竞标者组成的卡特尔的存在时，在均衡时的最优竞价策略为：

$$B_N(v) = v - \frac{1-b_1}{v^{N-K}} \tag{A3}$$

（A3）式代入（A2）式中并化简得到：

$$\frac{d(B_C^{-1}(b_1))}{db_1} = \frac{1}{(N-K)K} \cdot \frac{1}{v-b_1} B_C^{-1}(b_1) \tag{A4}$$

从而由（A4）式可以得到均衡时卡特尔的代表在正式拍卖中的最优竞价策略为：

$$B_C(v) = v - \frac{1-b_1}{v^{(N-K)K}} \tag{A5}$$

再将（A3）式和（A5）式分别代入到（4）式和（5）式中，可以得到：

$$\pi_C^K = \pi_N^K = 1 - b_1$$

证毕。

2. 引理 2 的证明

从（11）式很容易知道，给定 K，则有 $\partial \pi_c(K, r)/\partial r < 0$，即卡特尔成员的期望收益是保留价格的减函数。为了便于考察卡特尔的期望收益与卡特尔规模之间的关系，（11）式的被积函数对 K 的偏导为：

$$z^{-(N-K)K}F^{K-1}(z)\ln(F(z)/z^{N-2K})$$

从上式可以看出，只有当 $F(z) > z^{N-2K}$ 时，才有 $\partial\pi_C(K, r)/\partial K > 0$。

证毕。

3. 引理 5 的证明

假定某个估价大于 r 的卡特尔成员被选定作为某次拍卖的赢标者，在 $v \geq r$ 的条件下，该卡特尔成员的期望收益为：

$$\frac{\int_r^{\bar{v}}(v-r)f(v)dv}{1-F(r)} = \frac{\int_r^{\bar{v}}(1-F(v))dv}{1-F(r)}$$

卡特尔成员的估价大于 r 的概率为 $1-F(r)$，某个卡特尔成员从 N 个合谋的竞标者中被挑选出来的概率为

$$\frac{1}{N} + \frac{1}{N}F(r) + \frac{1}{N}F^2(r) + \cdots + \frac{1}{N}F^{N-1}(r) = \frac{1-F^N(r)}{N[1-F(r)]}$$

因此得到该卡特尔成员的事前期望收益为：

$$\begin{aligned}\overline{\pi}_B^{BR}(r) &= \frac{1-F^N(r)}{N[1-F(r)]} \times [1-F(r)] \times \frac{\int_r^{\bar{v}}(1-F(v))dv}{1-F(r)} \\ &= \frac{1-F^N(r)}{N[1-F(r)]}\int_r^{\bar{v}}(1-F(v))dv\end{aligned}$$

证毕。

4. 命题 7 的证明

我们首先求出估价为 v 的参与合谋的卡特尔成员的事中期望收益，由于估价 v 可能大于也可能小于拍卖方设定的保留价格 r，因此我们需要分两种情况进行讨论：

（i）当 $v \geq r$ 时，若 v 为所有卡特尔成员中的最高估价，则他赢标的概率为 $F^{N-1}(v)$，获得的收益为 $[v-T(v)]$；若 v 不是最高估价，此种情况发生的概率为 $[1-F^{N-1}(v)]$，假设 x 为所有卡特尔成员中的最高估价，他赢标后支付给所有其他卡特尔成员的转移支付都相等且都等于 $(T(x)-r)/(N-1)$，给定至少存在某个估价高于 v 的条件下 x 为所有估价中的最高估价的概率为 $F^{N-1}(x)/(1-F^{N-1}(v))$。这样我们得到，当 $v \geq r$ 时卡特尔成员的事中期望收益为：

$$\begin{aligned}\overline{\pi}_B^{SC}(v\,|\,r) &= [v-T(v)]F^{N-1}(v) + [1-F^{N-1}(v)] \\ &\int_v^{\bar{v}}\left[\frac{T(x)-r}{N-1}\right]\left[\frac{(N-1)F^{N-1}(x)}{1-F^{N-1}(v)}\right]f(x)dx\end{aligned}$$

（ii）当 $v < r$ 时，至少存在某个卡特尔成员估价高于保留价格 r 的概率为 $[1-F^{N-1}(r)]$，假设高于 r 且为所有卡特尔成员中最高的估价为 x，则此时估价为 v 的卡特尔成员所获得的转移支付为 $(T(x)-r)/(N-1)$，给定至少

存在某个卡特尔成员的估价高于 r 的条件下 x 为所有估价中最高估价的概率为 $F^{N-1}(x)/(1-F^{N-1}(r))$。这样我们得到，当 $v < r$ 时卡特尔成员的事中期望收益为：

$$\overline{\pi}_B^{SC}(v \mid r) = [1 - F^{N-1}(r)]\int_r^{\bar{v}}\left[\frac{T(x)-r}{N-1}\right]\left[\frac{(N-1)F^{N-1}(x)}{1-F^{N-1}(r)}\right]f(x)\,\mathrm{d}x$$

通过计算并化简我们可以得到卡特尔成员的事前期望收益为：

$$\overline{\pi}_B^{SC}(r) = \int_v^{\bar{v}}\overline{\pi}_B^{SC}(v \mid r)f(v)\,\mathrm{d}v = \left(\bar{v} - r - \int_r^{\bar{v}}F^N(v)\,\mathrm{d}v\right)\Big/ N$$

通过前面的分析我们知道，为了有效阻止强卡特尔中的各种背叛行为我们实际上只需要考虑由（27）式所给出的激励约束，而此时的临界折现因子 $\overline{\delta}^{SC}(r) = \overline{\delta}^{SC}(\bar{v}, r)$，从而得到

$$\overline{\delta}^{SC}(r) = \frac{\bar{v} - r}{\overline{\pi}_B^{SC}(r) - \overline{\pi}_B^{NE}(r) + (\bar{v} - r)}$$

$$= \frac{N(\bar{v} - r)}{(N+1)(\bar{v} - r) - \int_r^{\bar{v}}[N - (N-1)F(v)]F^{N-1}(v)\,\mathrm{d}v}$$

证毕。

5. 推论 2 的证明

令 $G(v) = \dfrac{1 - F^N(v)}{1 - F(v)} = 1 + F(v) + F^2(v) + \cdots + F^N(v)$，显然 $G'(v) > 0$，

从而对于 $v > r$，我们有 $\dfrac{1 - F^N(v)}{1 - F(v)} > \dfrac{1 - F^N(r)}{1 - F(r)} \Rightarrow \dfrac{1 - F^N(v)}{(1 - F^N(r))\dfrac{1 - F(v)}{1 - F(r)}} > 1$。根

据命题 6 和命题 7 的结论我们知道 $\overline{\pi}_B^{SC}(r) = \int_r^{\bar{v}}(1 - F^N(v))\,\mathrm{d}v/N$，$\overline{\pi}_B^{WC}(r) = \int_r^{\bar{v}}(1 - $

$F^N(r))\left(\dfrac{1 - F(v)}{1 - F(r)}\right)\Big/ N$，从而很容易得到 $\overline{\pi}_B^{SC}(r) \geqslant \overline{\pi}_B^{WC}(r)$。

同时由于临界折现因子 $\overline{\delta}^i(r) = \dfrac{\bar{v} - r}{\overline{\pi}_B^i(r) - \overline{\pi}_B^{NE}(r) + (\bar{v} - r)}$，其中 $i \in \{WC,$

$SC\}$，我们容易得到 $\overline{\delta}^{SC}(r) \leqslant \overline{\delta}^{WC}(r)$，即对于给定的拍卖方保留价格 r，强卡特尔下维持合谋的临界折现因子不高于弱卡特尔下维持合谋的临界折现因子，进而表明在既定的保留价格下强卡特尔下的合谋更容易得以维持。

证毕。

参 考 文 献

[1] Aoyagi, M., 2003: Bid Rotation and Collusion in Repeated Auctions, *Journal of Economic Theory*, Vol. 112, No. 1.

［2］ Asker, J. , 2009: A Study of the Internal Organization of a Bidding Cartel, Unpublished Working Paper, New York University, New York.

［3］ Athey, S. and Bagwell, K. , 2001: Optimal Collusion with Private Information, *RAND Journal of Economics*, Vol. 32, No. 3.

［4］ Athey, S. , Bagwell, K. and Sanchirico, C. , 2004: Collusion and Price Rigidity, *Review of Economic Studies*, Vol. 71, No. 2.

［5］ Baldwin, L H. , Marshall, R. C. and Richard, J. F. , 1997: Bidder Collusion at Forest Service Timer Sales, *Journal of Political Economy*, Vol. 105, No. 4.

［6］ Brosig, J. , Güth, W. and Weiland, T. , 2006: Collusion Mechanisms in Procurement Auctions: An Experimental Investigation, Working Paper.

［7］ Cassady, R. , 1967: *Auctions and Auctioneering*, University of California Press, Berkeley, CA.

［8］ Cramton, P. C. and Schwartz, J. A. , 2000: Collusive Bidding: Lessons from the FCC Spectrum Auctions, *Journal of Regulatory Economics*, Vol. 17, No. 3.

［9］ Cramton, P. C. and Schwartz, J. A. , 2002: Collusive Bidding in the FCC Spectrum Auctions, *Contributions to Economic Analysis & Policy*, Vol. 1, No. 1.

［10］ De Silva, D. G. , Dunne, T. and Kosmopoulou, G. , 2002: Sequential Bidding in Auctions of Construction Contracts, *Economics Letters*, Vol. 76, No. 2.

［11］ Feinstein, J. S. , Block, M. K. and Nold, F. D. , 1985: Asymmetric Information and Collusive Behavior in Auction Markets, *American Economic Review*, Vol. 75, No. 3.

［12］ Fudenberg, D. , Levine, D. and Maskin, E. , 1994: The Folk Theorem with Imperfect Public Information, *Econometrica*, Vol. 62, No. 5.

［13］ Gandenberger, O. , 1961: *Die Ausschreibung*, Heidelberg: Quelle und Meyer.

［14］ Graham, D. A. and Marshall, R. C. , 1987: Collusive Bidder Behavior at Single-object Second Price and English Auctions, *Journal of Political Economy*, Vol. 95, No. 6.

［15］ Güth, W. and Peleg, B. , 1996: On Ring Formation in Auctions, *Mathematical Social Sciences*, Vol. 32, No. 1.

［16］ Hendricks, K. and Porter, R. H. , 1988: An Empirical Study of an Auction with Asymmetric Information, *The American Economic Review*, Vol. 78, No. 5.

［17］ Hendricks, K. , Porter, R. H. and Guofu, T. , 2008: Bidding Rings and the Winner's Curse, *RAND Journal of Economics*, Vol. 39, No. 4.

［18］ Hoppe, H. , Jehiel, P. and Moldovanu, B. , 2006: License Auctions and Market Structure, *Journal of Economics and Management Strategy*, Vol. 15, No. 2.

［19］ Jofre-Bonet, M. and Pesendorfer, M. , 2000: Bidding Behavior in a Repeated Procurement Auction: A Summary, *European Economic Review*, Vol. 44, No. 4 – 6.

［20］ Jofre-Bonet, M. and Pesendorfer, M. , 2003: Estimation of A Dynamic Auction Game, *Econometrica*, Vol. 71, No. 5.

［21］ Lyk-Jensen, P. , 1996: Some Suggestions on How to Cheat the Auctioneer: Collusion in Auctions When Signals Are Affiliated, Unpublished Working Paper, University of Copenhagen.

［22］ Mailath, G. and Zemsky, P. , 1991: Collusion in Second Price Auctions with Heterogeneous Bidders, *Games and Economic Behavior*, Vol. 3, No. 4.

[23] Marshall, R. C. and Max, L. M., 2007: Bidder Collusion, *Journal of Economic Theory*, Vol. 133, No. 1.

[24] Marshall, R. C. and Meurer, M. J., 2004: Bidder Collusion and Antitrust Law: Refining the Analysis of Price Fixing to Account for the Special Features of Auction Markets, *Antitrust Law Journal*, Vol. 72.

[25] McAfee, R. P. and McMillan, J., 1992: Bidding Rings, *The American Economic Review*, Vol. 82, No. 3.

[26] Milgrom, P., 1989: Auctions and Bidding: A Primer, *Journal of Economic Perspectives*, Vol. 3, No. 3.

[27] Mookherjee, D. and Tsumagari, M., 2004: The Organization of Supplier Networks: Effects of Delegation and Intermediation, *Econometrica*, Vol. 72, No. 4.

[28] Myerson, R. B., 1981: Optimal Auction Design, *Mathematics of Operations Research*, Vol. 6, No. 1.

[29] Myerson, R. B., 1983: Mechanism Design by An Informed Principal, *Econometrica*, Vol. 51, No. 6.

[30] Pesendorfer, M., 2000: A Study of Collusion in First-price Auctions, *The Review of Economic Studies*, Vol. 67, No. 3.

[31] Porter, R. H. and Zona, D. J., 1993: Detection of Bid-rigging in Procurement Auctions, *The Journal of Political Economy*, Vol. 101, No. 3.

[32] Porter, R. H. and Zona, D. J., 1999: Ohio School Milk Markets: An Analysis of Bidding, *The RAND Journal of Economics*, Vol. 30, No. 2.

[33] Price, M. K., 2008: Using the Spatial Distribution of Bidders to Detect Collusion in the Marketplace: Evidence from Timber Auctions, *Journal of Regional Science*, Vol. 48, No. 2.

[34] Riley, J. G. and Samuelson, W. F., 1981: Optimal Auctions, *American Economic Review*, Vol. 71, No. 3.

[35] Robinson, M. S., 1985: Collusion and the Choice of Auction, *The RAND Journal of Economics*, Vol. 16, No. 1.

[36] Saphores, J. D. M., Vincent, J. R., Abrudan, I. V., Bouriaud, L. and Zinnes, C., 2006: Detecting Collusion in Timber Auctions: An Application to Romania, *World Bank Policy Research Working Paper* 4105.

[37] Skrzypacz, A. and Hopenhayn, H., 2004: Tacit Collusion in Repeated Auctions, *Journal of Economic Theory*, Vol. 114, No. 1.

[38] Thomas, C. J., 2005: Using Reserve Prices to Deter Collusion in Procurement Competition, *The Journal of Industrial Economics*, Vol. 3, No. 3.

[39] Ulrich, F. and Werner, G., 1987: Internal and External Stability of Bidder Cartels in Auctions and Public Tenders, *International Journal of Industrial Organization*, Vol. 5, No. 3.

[40] Vickrey, W., 1961: Counterspeculation, Auctions, and Competitive Sealed Tenders, *The Journal of Finance*, Vol. 16, No. 1.

Equilibrium Analysis on Bidder Collusion: From One-Period Static Auction to Repeated Dynamic Auction

Wang Hong　　Chen Hongmin

Abstract: We suppose collusive bidders adopt the second price pre-auction knock-out to select the effective bidder as the cartel's representative to attend the main auction, solve the collusion equilibrium of the FPA and SPA under the background of one-period static auction and repeated dynamic auction respectively. We take into account auctioneer's optimal strategic response to bidder collusion as well as the strategic response between cartel members and non-cartel members. The main conclusions indicate that: (1) in order to counteract disadvantage from cartel members, the bidding of non-cartel members will become more aggressive; (2) compared to the FPA, bidder collusion in the SPA can be sustained more easily; (3) given reserve price, bidder collusion in strong cartel can be more easily sustained than in weak cartel under dynamic auction; (4) whether in static auction or in dynamic auction, setting a reasonable reserve price has significant effect on bidder collusion.

Keywords: Bidder Collusion　Reserve Price　Repeated Auctions

JEL Classification: D44　L29　C73

第 9 卷第 2 辑　　　　　　　　产业经济评论　　　　　　　　Vol. 9　No. 2
2010 年 6 月　　　　Review of Industrial Economics　　　　June 2010

可竞争市场理论及其对我国
自然垄断行业改革的启示

汤吉军[*]

摘　要： 本文通过对可竞争市场理论的假设前提、推导过程以及主要结论等进行梳理，使我们对市场机制与政府管制问题有了更深刻的了解。在此基础上，借鉴可竞争市场理论，特别是运用沉淀成本概念，我们突破了规模经济（报酬递增）导致市场失灵的传统认识，为我国自然垄断行业改革提供一些新的管制政策设计，关键在于加强沉淀成本与风险管理，从而创造出一个自由进入与自由退出的可竞争市场环境，使沉淀成本、产权和信息不完全管制之间形成互补关系，更好地应用于我国自然垄断行业的改革实践中。

关键词： 可竞争市场　沉淀成本　自然垄断　管制政策

一、引　　言

新产业组织理论（New Industrial Organization Theory）主要是指 20 世纪 70 年代以来，包括博弈论、交易成本理论、委托代理理论和可竞争市场理论等方面的重大发展。其中，前三者已经被我国经济学者广泛地研究和应用，对后者却没有多少介绍和应用，使得对产业组织理论的认识显得有些不够全面，甚至还没有形成统一的分析框架，特别是在我国由计划经济体制向市场经济体制转型时期，自然垄断行业如何改革，以及如何看待市场体制，就显得不十分充分了。新古典经济学界定市场机制与政府管制的范围往往依据的是完全竞争市场模型，而这个经济模型具有两个重要的假设前提：一个是竞争性市场，不具有规模经济状况；另一个是市场完全，不具有外部性状况。

然而，一方面，由于对市场失灵认识的深化，很多市场失灵恰恰是理性选择的结果，从而大大缩小市场失灵的范围，拓展了"看不见的手"作用机制。同时，由于非市场失灵（Non-Market Failure）或"政府失灵"的存在，

---

　*　教育部人文社会科学一般项目（09YJA790082）和国家社会科学基金（08CJY021）的阶段性成果。

　汤吉军：吉林大学中国国有经济研究中心；地址：吉林省长春市前进大街 2699 号，邮编：130012；电话：13654059813；E-mail：tangjj@jlu.edu.cn。

使我们认识到，市场失灵并不是政府管制的充分条件，这是因为政府管制本身也需要支付成本。虽然可以从外部性、公共物品、垄断和信息不完全等角度探讨市场失灵，但它并没有打破垄断和竞争简单两分法，看不到不完全竞争存在的客观性和普遍性，甚至没有分析它们存在的合理性；另一方面，由于经济现实的发展和理论本身的创新，不时地冲破传统完全竞争理论，使理论本身发展越来越贴近真实经济环境，对市场机制认识也越来越全面，包括交易成本经济学、委托代理理论、博弈论以及信息不对称等。而 20 世纪 70 年代，鲍莫尔（Baumol）、潘泽（Panzar）和威利格（Willig）等人突破完全竞争条件下规模经济不变和递减假设前提，创建了可竞争市场理论，通常又被称为 BPW 模型。可竞争市场理论，一方面可视为对新古典完全竞争市场的扩展，将规模经济状态一般化，扩大了"看不见的手"作用范围，缩小政府管制的空间；另一方面把产业组织的理想化标准模型由完全竞争市场转变成完全可竞争市场，并且引入了沉淀成本概念，深入审视市场自由进出力量，使传统微观分析一般化，开创市场结构的内生性研究，以及为政府放松管制和私有化提供了一种新的视角，有利于降低或管理沉淀成本，培育潜在的市场竞争机制。这一思路为我们研究我国自然垄断行业改革提供一种新的方法，特别为大中型企业如何引入竞争机制提供了理论指导。

二、可竞争市场理论兴起的背景

一直以来，规模经济（自然垄断）被看做是导致市场失灵最重要的原因，从而导致自由市场进入与退出失灵，进而严重影响市场的经济绩效。自然垄断行业最引人注目的特征是，该行业从技术上需要非常巨大的固定成本投入。相对于整个市场而言，符合有效规模要求的行业规模也非常大。20 世纪 70 年代，鲍莫尔、潘泽和威利格认为，即使在规模收益递增的情况下，由于生产要素充分流动，也可以出现与竞争性市场条件下相似的均衡[①]。这一结果的出现取决于市场可竞争性程度，即企业可以自由进入和自由退出市场，并且不发生沉淀成本的可能性。事实上，任何理论的产生都有一定的背景条件，可竞争市场理论也是如此。

首先，在可竞争市场理论中，规模经济产生的自然垄断导致市场失灵的思维受到挑战。竞争是经济学的核心概念，穆勒（2005）指出，"正是由于竞争原理，才使政治经济学成为科学"。古典经济学只是强调自由竞争，即只要资本具有充分流动性，就会使投资投向比较有利可图的行业，便会使利

---

① 实际上，施马兰西和威利格（2009）指出，没有沉淀成本的经济模型主要包括德姆塞茨竞争（特许权投标）、可竞争市场（潜在竞争）和张伯伦垄断竞争（联运竞争）。

润均等化，从而符合长期状态的自然价格。在这里，自由竞争是一个过程，并不包含完全竞争的诸多假设，只是突出资源具有充分流动性。然而，根据完全竞争市场理论，我们发现，规模收益递增（规模经济）情形下的自然垄断行业会出现"马歇尔难题"：边际成本定价使企业亏损，非边际成本定价无法实现社会福利最大化，最终导致政府管制或国有化（Nationalization）。这样就形成了竞争与垄断简单两分法，即对于规模经济状态下的大企业应该实行自然垄断，需要政府管制，而对于规模不经济（包括规模收益不变）的小企业应该实行竞争。在这种情况下，资源充分流动仅仅适合规模不经济，并且将规模经济看做是固定成本的表现形式，这本身就说明只要固定成本大，规模经济显著，必然导致自然垄断，无法实现竞争，造成传统经济理论固有的缺陷。由于规模经济（固定成本）不能构成市场失灵的理由，所以需要新的理论进行解释。可竞争市场理论就是在放松完全竞争市场的诸多假设条件下，仅仅突出自由进入和自由退出的力量，强调在没有进入壁垒和退出壁垒——主要是没有沉淀成本而不是固定成本的情况下，经济效率不受规模经济和范围经济的影响。

　　其次，可竞争市场理论源于"管制失灵"。由于政府官员都是理性的经济人，一方面都追求私利，寻求自身效用最大化；另一方面他们都是普通人，并不是神、上帝，并不是无所不知，无所不能，他们拥有人类所共有的弱点，如有限知识、有限理性和机会主义等，很难处理政府管制条件下复杂的现实问题，因而存在信息不完全或不对称问题，无法达到最优管制。而且，由于政府机构本身缺乏竞争，常常遭受多重委托—代理关系的困扰，特别是受搜寻信息成本、监督成本大，以及管制者与被管制者博弈信息分布不对称等因素的影响，导致管制难以达到预期效果，出现大量"管制失灵"，从而使经济学者重新反思市场竞争的好处，引发了经济学家对管制和市场关系的重新思考。通过放松管制、缩小政府管制范围扩大市场范围便成为现实和理论发展的需要，进而再次转向市场机制。

　　再其次，自然垄断本身具有不可持久性，除非政府管制，否则技术创新和发明创造会使自然垄断的性质发生根本变化，随着市场供求变化也会发生变化。以信息、技术、知识以及其他为中心的技术创新，减少了投资规模、进入壁垒和退出壁垒，削弱了通过管制维持其垄断地位的基础，使垄断难以长期持续下去。传统的自然垄断行业，主要是指电话、电信产业，银行业等自然垄断产业。又由于地区间和国际间劳动、资本和知识等流动性日益增强，迫切需要放松这些要素的管制，以增进企业效率。其主要原因不在于固定成本之大小，而在于投资成本是否会发生沉淀。如果没有沉淀成本，企业进入与退出比较自由，这就要求在该产业中引入竞争以适应其发展的需要，这些都需要用新的理论来阐释。

　　最后，可竞争市场也是对现实经济发展的最好回应。20 世纪 70 年代以来，美国和英国等发达国家放松管制和私有化[①]浪潮的绩效使我们重新审视市场功效。放松具有规模经济行业的管制，如航空、石油、天然气、银行、长途电话等，降低了收费水平，提高消费者福利，增强企业的经济效率，削减了行政管理成本，促进了经济增长，使人们认识到，竞争效率不在于企业数目之多寡，也不在于是否具有规模经济之情形，只要资源在各个市场上自由流动，也会达到令人满意的效率，也没有人会赞成完全竞争市场所要求大量企业参与这样的约束条件，因此有效地减少盲目和人为的管制，普遍引入激励性管制，克服了进入与退出壁垒，这些都需要用新的理论来说明。

在这种情况下，传统完全竞争理论的局限和西方发达国家经济现实的发展实践，迫切需要新的理论来解释。鲍莫尔、威利格和潘泽（Baumol, Panzar & Willig, 1982）创立了可竞争市场理论，主要内容为发挥"看不见的手"功效，再次确立政府管制与市场机制之间的适用范围，为提高潜在的市场竞争提供一种新的分析视角，关键在于加强沉淀成本管理。

三、可竞争市场理论的主要内容

任何经济理论的发展，都是对新古典一般均衡理论假设前提的放松，包括交易成本经济学、博弈论、委托代理理论和信息不对称理论等。可竞争市场理论也不例外，它主要打破完全竞争市场中企业数量极多和规模不经济或报酬不变假设，再次关注规模经济和市场机制的积极作用，进一步看到自然垄断行业的可竞争性。

首先，可竞争市场理论极其重视沉淀成本概念。在这里，他们鲜明地区分了固定成本和沉淀成本[②]。固定成本是不随着产量水平的变化而变化的成本，这些成本并不总是沉淀的、不可回收的。例如，一家企业在短期内租用一台打印机，这会给该企业带来固定成本，而不是沉淀成本。而沉淀成本是指无法通过资产或要素转移价格得到补偿的那些成本。简言之，固定成本是指投资之后还有再进行生产的机会成本，通过转让可以得到补偿的那些成

---

① 放松管制与私有化是不一样的，放松管制是一种与所有权截然不同并且完全独立的政策，它可以适用于任何市场，不管企业所有权是什么，并导致自由化。国有企业和私有企业可以共存于自由化的市场中。

② 汤吉军、郭砚莉（2009）认为，沉淀成本（sunk cost）实际上有两种涵义，一种是预期意义上的沉淀成本；另一种是过去发生意义上的沉淀成本，往往又被翻译为沉没成本，正如鲍莫尔（2004）直截了当地指出："经济学文献的规范结论认为，理性的决策者不应该考虑过去发生的沉淀成本，因为'过去的都已经过去了'，现在的行为已经无法改变它。如果解释得当，那么这样的规范结论是相当正确的。但是，预期沉淀成本在没有产生之前还是会产生很大影响，事实上它们的作用还是举足轻重的。"因此，经济学家大都是在预期意义上使用沉淀成本的，欧文和布雷尤提盖姆（Owen & Braeutigam, 1978）更鲜明地声称："经济学家是沉淀成本的极端尊重者，通过市场或技术力量将有用的物质和人力资本转换成不相关的沉淀成本，是一个容易被视为不公平或甚至不近人情的过程"。显然本文亦是如此，并不考虑过去发生的沉淀成本（沉没成本）的经济价值。

本，而沉淀成本则不可能。该理论认为，沉淀成本而不是固定成本是影响市场可竞争程度的重要因素。由于不存在沉淀成本，不论进入和退出，都不会给企业带来任何的成本负担。

完全竞争市场模型认为产品价格等于边际成本和平均成本，因此可以使企业刚好回收投资成本，并使那些提供给企业所需资本的企业以平均的竞争性利率得到投资回报。由于报酬递增导致市场失灵，所以需要政府管制，但看不到规模经济与市场竞争的一致性。尽管新古典理论提及沉淀成本，但他们大多讨论的是过去发生的沉淀成本，为的是证明它们对经济决策的无关性，即"不要为溅出的牛奶而哭泣"，忽略了沉淀成本对企业自身维系再生产和扩大再生产的影响。然而，在可竞争市场上，主要是指预期沉淀成本，针对资源充分流动性提出来。在完全可竞争市场上，是通过资产自身价值补偿还是通过产品价值补偿，是沉淀成本有无的关键，将很多因素纳入到沉淀成本概念上去，进而强调它对自由进入与自由退出市场的重要性，同样它也是影响经济绩效的重要变量。

其次，可竞争市场理论为我们研究市场结构与产业组织树立了新的参照系。原有参照系主要指产业组织的结构—行为—绩效（SCP）模型和贝恩—萨勒斯—拉比尼—莫迪格利亚尼（BSM）模型下发展的限制性定价。其中，SCP 模型的主要前提就是规模经济构成进入壁垒，即资本市场不完善；BSM 模型下的限制性定价恰恰是信息不完全条件下的产物，即其他企业不知道垄断者的生产成本，垄断者试图用低价格来告诉其他企业自己是低成本，进入是无利可图的；博弈论主要涉及在位者之间以及在位者与潜在进入者之间的策略行为，从中发现博弈的实现条件是设法阻碍自由进入和自由退出，即有可信性承诺——沉淀成本，才使博弈相互行为发挥作用。而交易成本经济学通过引入资产专用性、有限理性和未来不确定性等因素，为非市场治理结构确立了理性基础。因此说，博弈论、SCP 模型和 BSM 模型下的限制性定价只适用于非可竞争市场上（Non-Contestable Market）包含沉淀成本的市场结构，而可竞争市场本身则是没有沉淀成本的市场结构。

在这种情况下，可竞争市场理论在保留、吸收、综合各种理论的基础上，将其建立在自由进入和自由退出以及市场开放、潜在竞争的竞争压力对在位企业有很强的约束的一系列假设前提下，提供了理想化的完全可竞争市场经济模型。一方面，将完全竞争作为特例纳入完全可竞争的常态之中，将板块式市场结构分析融于一般化；另一方面，依据市场供求的作用来决定自然性的市场结构，将微观经济分析一般化，重新解释了市场结构的形成，开创一种新的方法。

再其次，完全可竞争市场的假设前提，比完全竞争市场更宽松、更具有普遍性。与完全可竞争市场相对照，完全竞争假设没有规模经济（报酬递增），仅仅假设具有规模收益不变或规模不经济情况。在完全竞争市场上，完全竞争行业被假设有大量的企业，每一企业只能提供给市场总销售量很小一部分，根本不影响市场价格。这两个假设与现实条件下寡头市场结构相去甚远，无法解释创新和企业家功能的起源和作用。为此，完全可竞争市场的假设前提：（1）是企业进入和退出是完全自由且无摩擦，潜在进入者在生产技术、产品质量、成本方面都不存在劣势；（2）是潜在进入者根据在位企业来预期自己的赢利性；（3）是潜在进入者采取"打了就跑进入"策略，其原因主要在于没有沉淀成本，即进入和退出不会产生任何投资资本损失。换言之，任何投资成本都可以在一定时期内通过产品价格得到补偿，或者通过资产自身销售得到补偿，这就是可竞争市场。这样，我们把理论的焦点直接定位在自由进入和自由退出，或者说沉淀成本方面。

最后，完全可竞争市场提供新的政策涵义。可竞争市场理论提供的完全可竞争市场这种理想化的结构有很强的政策涵义。它打破了竞争与垄断简单两分法，重新反思"看不见的手"作用，垄断市场结构并不一定导致社会福利受损，也并不一定需要政府管制。由于自由进入和自由退出，或者没有沉淀成本，潜在竞争使自然垄断均衡达到福利最大化。即使少数几个企业的寡头垄断也会达到完全竞争产业的均衡特征，产品价格歧视是回收投资成本的重要手段，并不意味着市场竞争失灵，恰恰是市场竞争的直接反映。同时，在近似的完全可竞争市场中，自由放任政策比各种管制更能有效地保护一般公众利益。少数几个企业纵向一体化、横向一体化及其它们之间的组合和开拓新的市场，并不会降低市场的可竞争性，也不会损害市场机制的经济效率。因为，可竞争机制是对市场的潜在竞争，而不是简单的在位企业之间的市场内的实际竞争。多种产品的企业在不同市场上交叉经营，并不排除竞争，本身有利于技术进步和创新。虽然根据传统完全竞争范式观点认为有垄断之嫌，但在可竞争市场上，它们都变成无害的甚至可能是有效率的事情。

然而，需要指出，完全可竞争市场也是一种理想化经济模型，它也需要一系列假设前提，因此它并不认为无约束的市场能自动解决一切经济问题，也不认为所有管制都是不必要的。例如，当处在规模不经济时，可维持性价格不存在，为了避免资源浪费，需要政府管制；当存在外部性时，也需要政府界定产权；当有公共物品时，要看提供公共物品的沉淀成本大小，也需要在减少沉淀成本以及不必要的进入成本和退出成本方面进行管制；当私人缔约交易成本较大时，也需要政府管制。由此可见，完全可竞争市场理论并不是消除政府管制，而是对政府管制提供新的指导原则，即创造出一个没有沉淀成本的可竞争市场环境。

虽然根据完全竞争理论分析认为，在规模经济出现情况下，较少垄断与企业生产效率损失之间有一定的替代关系，但可竞争市场理论却认为它们之间没有替代关系。因此，在合理应用可竞争市场理论之前，产业是不受进入障碍约束的。当且仅当刻划现实产业的可竞争条件出现时，才可利用可竞争市场理论进行规范性分析。当可竞争市场条件没有得到满足时，主要是由于沉淀成本（资产专用性）所致，那么一方面，政府应该采取成本—收益的分析，只有当管制的预期收益大于预期成本，才能实行政府管制；另一方面，确立政府的管制原则是创造可竞争市场环境、扶植潜在竞争环境。此时基本原则就是减少沉淀成本的数量，例如加速折旧、税收优惠，鼓励旧物、旧厂、废品再利用、繁荣二手市场、鼓励发明创造和资源共享和实行自由贸易等，无非是便于资本流动和促进企业之间合并重组与非一体化，提高产出水平和资产流转的机会，进而提高可竞争程度，使政府管制目标由竞争行为（Competitive Behavior）转向可竞争行为（Contestable Behavior），不再将企业规模视为政府管制的主要目标。换言之，与其说"市场失灵"，不如说是"潜在竞争失灵"，无法约束在位企业的策略行为而造成垄断结构。

四、可竞争市场理论假设前提及其批评

鲍莫尔等人在《可竞争市场与产业结构理论》一书中创立可竞争市场理论。遵循这种理论，如果满足下面三个假设前提，那么市场则是完全可竞争的：

（1）市场进入在斯蒂格勒意义上是完全自由的。新企业与在位企业相比没有任何劣势。他们都拥有相同的生产技术、要素市场、投入要素价格、产品和劳务以及相同的需求。没有关于消费者偏好不对称信息，法律的市场壁垒也不存在。潜在消费者对于供给者毫无差异，他们总是理性和立即进行反应。

（2）市场退出是无成本的，沉淀成本为零。因此，所有有关市场进入成本都是完全可以得到补偿的。任何市场企业都可以出售生产设施，或者在二手市场上以现值出售，或者毫无损失地在多种用途中使用。强调资产投资的通用性和二手市场的完全性。

（3）进入时滞（新企业显著进入与有能力出售产品之间的时间间隔）小于价格调整时滞（市场进入与在位企业价格反应时间间隔）。如果在位企业在这个进入时期内没有显著地减少产品价格，那么市场是可竞争的。这个假设前提很少有人提及，需要我们注意。

如果这些条件满足，在位企业将面临来自于"打了就跑的"进入威胁——潜在竞争。即使在位企业处于垄断条件下，企业也会受到竞争压力，最终定价在均衡水平，好像处于完全竞争条件下。由于新企业无成本地进入市场（自由市场进入），削减垄断企业价格，使在位企业无法获得超额利润。一旦在位企业通过价格调整（进入时滞小于价格调整时滞），新企业会离开市场（市场退出无成本）。这样，就会实现社会最优效率。

最常见的批评可竞争市场理论就是认为假设前提不现实，不具有普适

性。然而，我们需要考虑这种批评何时是合理的，特别是该理论的假设前提有些矛盾是非常明显的：

（1）市场进入完全自由。这种假设在现实中难以满足。关于消费者偏好几乎没有对称信息。顾客不是完全信息者，并不能完全理性从事货币活动。法律市场壁垒也相当普遍。如果生产技术复杂，那么自由进入则是不可能的。

（2）市场退出毫无成本。正如定义，投资不可逆性水平（沉淀程度）取决于二手市场上专用性资产出售可能性，以及重新使用的可能性。在这种情况下，市场营销、法律许可证，以及出租成本等支出。这些投资成本很容易发生沉淀成本。

（3）进入时滞小于价格调整时滞。这种情况取决于市场的进入条件。假设市场进入，在位企业面临着最优化问题：他理性计算价格下降的损失（销售量×−Δ价格），并把它与利润损失（每单位利润×−Δ销售量）相比。如果利润损失大于价格下降损失，那么他会减少产品价格。如果市场进入预期导致较大的市场份额损失，那么他就会减少价格。换言之，在位企业反应越快，市场进入越具威胁性。如果在位企业预期仅仅失去较小的市场份额，那么他可能不会减少价格，此时市场进入没有带来价格反应。在位企业的反应也会受到顾客转换新企业的能力和速度的影响。长期契约和市场不透明会延长进入时滞。同样，在位企业有关新企业方面的信息缺乏也会延长其价格调整时滞。

如前所述，所有这三个假设前提在现实经济环境中难以得到满足，即便如此，我们仍需要合理地判断假设前提的现实性，从而判断理论的存在价值。

从理论的普适性角度看，第三个假设前提比前两个假设前提是更加严格的。如果价格调整时滞大于进入时滞，那么沉淀成本将失去重要性。如果沉淀成本小于来自于市场进入的超额利润，那么潜在企业将进入市场。利润取决于价格调整时滞：价格调整时滞持续时间越长，市场进入可能更合理，尽管发生沉淀成本，由于能够得到产品市场的补偿，因此市场也是可竞争的。尽管静态市场结果不是竞争性均衡，但是市场经验表明，长期看来经济趋于竞争性价格，这可以通过新企业的增长和市场份额增加得到解释。

事实上，可竞争市场理论隐含有三个假设前提来建立潜在竞争：自由市场进入、毫无成本损失市场退出，以及价格调整时滞大于进入时滞。如果在位企业降价缓慢（长调整时滞），同时市场进入迅速（短进入时滞），那么新进入企业能够收回资产投资沉淀成本。因此，对于潜在竞争无需这三个假设前提同时成立。这样，就可以应用这修正的可竞争市场理论研究自然垄断行业放松管制。由于投资资产沉淀成本、预期较长的进入时滞和较短的价格时滞，这些部门都不是可竞争市场，诸如电信、铁路以及能源（电力和天然气）行业，它们大多是不可竞争的自然垄断性产业。

事实上，可竞争市场理论已经得到经济学界认可，现在仅仅是一个如何被应用于指导实践的问题。一些市场注定缺乏可竞争性，所以不会受到潜在竞争约束，政府管制是必要的。在采纳政府管制以前，我们需要认识到自然垄断的存在。除此之外，如果市场缺乏可竞争性，那么就会出现瓶颈设施，诸如管道式基础设施、电信和能源市场等。如果一个企业可以有效地满足市场需求，那么两个企业以哪种方式进行生产，它们的生产成本都会超过由单个企业进行生产的成本。原因在于，无论有多少个企业，生产一单位产品的边际成本是相同的，但是每增加一个企业就会增加一个固定成本，这样就会提高企业生产既定数量产品的成本。如果只有一家企业进行供给，就会节约建造第二家企业的固定成本支出。当市场不是可竞争（垄断不受潜在竞争约束）以及当前竞争不理想时，那么有必要政府管制。即使寡头竞争，由于新企业进入市场阻止垄断价格，那么政府管制也就不必要了。

五、结论及对我国自然垄断行业管制的意义

综上所述，可竞争市场理论开始关注进入壁垒和行为特征，不再拘泥于对结构唯一决定绩效的强调。这一理论不仅不受规模经济和范围经济的影响，而且也可应用到多产品企业的产业结构分析中去，现实性特别强。即使现实中不出现可竞争性，运用完全可竞争市场也比完全竞争市场更具有指导现实意义。完全竞争市场要求以边际成本定价，很难适应规模经济和范围经济的情况，可竞争市场理论提出了恰当的管制定价的成本测度——边际成本和独立成本。在完全可竞争市场中，产品价格将位于边际成本和独立成本之间的某处，到底在哪儿，取决于市场需求状况。这样，在完全可竞争市场上，无论在位企业是否愿意，无休止地进入威胁都迫使它们采取竞争：它们不能预期获取高于竞争水平以上的利润；它们采用的价格不能提供垄断利润；它们不能无效率地运营；它们必须准备满足所有消费者的需求；它们无法阻止以低成本企业进入市场。在这样的市场上，不存在垄断势力的说法。"打了就跑进入"使寡头垄断结果和行为不再取决于猜测的相互依赖性。处于潜在竞争压力下的在位企业没有选择，只能根据边际成本定价获得正常利润，此时无需政府管制。

鲍莫尔（Baumol，1982）曾说，"现实世界的市场很少是完全可竞争的。可竞争市场仅仅只是一个较广的理想情形，是比完全竞争应用更广的标准"。而且他还断言："如果说可竞争市场不是一场革命，至少也掀起了一股狂澜"。在许多方面，可竞争市场突破了完全竞争市场的局限性，例如，在完全竞争市场上，没有企业规模决定理论，企业规模很小，不会出现寡头或垄断情况；企业是价格接受者，不会出现价格歧视；不会看到产业结构向寡头

演变，也看不到企业进行创新活动；非边际成本定价意味着竞争失效；等等。通过完全可竞争市场理论分析，这些并不是市场失灵的表现，恰恰是市场机制发挥作用的重要表现形式。

可竞争市场理论在理论界引起极大的争论，在放松管制和反托拉斯以及私有化政策的讨论中占有显著的重要地位。可竞争市场理论作为一种竞争衡量标准，在某种意义上，它比传统的完全竞争模型更具有一般性。大量小企业的存在不再是竞争的标志，反而是市场进入所带来的威胁促进市场竞争的发展，即使市场均衡时仅有一家或两家企业存在。事实上，可竞争市场理论是从自由进入和自由退出对市场绩效重新考虑，依赖市场供求的力量，打开进入与退出"黑盒子"（Black Box），以沉淀成本（而不是固定成本）分析方法提供了一种新的产业组织理论，放松了完全竞争资源充分流动性这一严格假设前提，突出潜在竞争的积极作用，使公共政策聚焦于可竞争性的人为或策略障碍方面。一方面，如果在规模经济之下可竞争市场能够健康运行，则规模经济不足以成为管制合理化的理由，它重新界定市场和政府管制的范围，即使寡头市场或集中度高的行业也并不排除竞争；另一方面，如果能够证明市场失灵由规模经济和市场对可竞争性理想化的违背造成的，这又为政府管制指明了方向，即向完全可竞争市场接近，提出可竞争市场机制这只"有效的看不见的手"，使政府管制原则由管制固定成本转向管制沉淀成本，由创造竞争行为转向创造可竞争行为，使政府的竞争政策致力于通过增加企业行为的机动性、增强在位企业和潜在企业之间的竞争性来开放市场。这样，我们发现，博弈论只有在非可竞争市场上才能发挥作用。那些降低交易成本的治理结构也都会间接有助于降低或补偿沉淀成本，但交易成本方法并不是问题的全部答案。同样这些理论为我国自然垄断行业改革提供了新的指导原则。

我国的自然垄断行业是伴随着国家的重工业优先发展战略而发展起来的。由于资本被纳入计划的框架下，要想使资本发挥作用，就必须保证资本所需要的劳动力、原材料等也被纳入计划经济体制之中。这种计划经济体制与重工业优先发展战略密切一致，因而是一种内生的制度选择（林毅夫等，1997）。在这种背景下，自然垄断行业不仅被纳入计划经济体制下，而且也必然采取国有企业形式。

因此，在自然垄断行业改革过程中，并不能简单地实行私有化就能解决一切问题。这是因为所有权的改变，一方面，无法使专用性资产配置到最佳用途上；另一方面，因沉淀资产重组带来困境。在这里，我们以电信行业和电力行业为例说明，虽然同处于国有制之下，因引入竞争机制所产生的沉淀成本数量不同，从而导致经济效率的不同。其中，电信行业沉淀成本极小可以忽略不计，而电力行业沉淀成本则十分显著。

首先，电信和电力行业投资承诺成本和技术变化速度有差别。它们之间差别在于产业的生产技术特征和技术变化的方式。与电力行业不同，电信行业不承担因过去承诺的高成本，常常受技术变迁的影响。电力行业与过去技术承诺和供给源密切相关，很难放弃这些投资成本。而且电信行业的技术变化迅速，特别是数码设备的重置。由于技术变迁带来的重置或废弃成本都因重新利用而不是沉淀成本。

其次，电信行业和电力行业进入基础设施不同。在电信行业，新电信行业技术集中在转换、传导以及数据处理等方面，往往不需要重新创建成本。因此，当企业进入时，他们更偏好租用在位企业的设施，而不重新创建。租用而不是创建从沉淀成本角度看意义非常大。如果接入价格合理，会大大降低沉淀成本。在位企业或者自己充分利用，或者租赁这些设施。物质资本的大部分有可能被充分利用而获得竞争收益。而在电力行业无法做到这一点。新企业进入，主要用于生产电产品，往往需要重新创建成本而不是租赁。这样，采用先进的生产技术条件，会降低电产品价格，从而会给在位企业带来更多的沉淀成本。

再其次，电信行业和电力行业资产用途多样性不同。大多数现代电信设施有多种用途。由于在转换、传导和数据处理等方面的技术进步，例如，起初传送声音，现在可以传送相片或者电脑文件，甚至还能传送有线电视或上网等。由于新技术使用，对现有系统的需求有可能增长，从而降低沉淀成本。相比之下，电力行业仅有一种用途，生产电产品。如果电的生产技术发生变化，仅会带来电产品价格下降，此时竞争会导致更多的生产能力过剩，从而带来更多的沉淀成本。

最后，电信行业和电力行业自我补偿能力不同。虽然电信行业放弃局部网市场的垄断，但是却可以经营长途市场。这些长途收益可以补偿局部收益损失。而电力行业只能经营现有的产品市场，很难开辟新的产品市场，自我补偿能力较弱。

由此可见，在我国自然垄断行业改革过程中，如何引入市场可竞争性，创造出一个自由进出环境显得十分重要，而降低和管理沉淀成本是引入市场竞争，以及政府管制的最基本原则。虽然沉淀成本并不是不可逾越的进入壁垒，但却可以采取多种方式降低沉淀成本促进市场可竞争性。为此，我们需要做到：

首先，大力完善有形资产市场和无形资产市场，可以减少沉淀成本。任何投资都涉及某种程度的沉淀性，不论是资本设备、市场营销还是研究开发投资。自然垄断行业投资更是如此，大多专用于给定的场址、企业或者产业，不能轻易地用于其他企业或产业，有可能是沉淀成本最重要的来源之一。当投资是企业或产业专用性时，其物质特征难以再转移到其他企业或产业。在许多情况下，甚至较小的产品或劳务的调整很可能需要显著的调整成本。按照威廉姆森（2002），专用性资产①可以划分为：（1）设厂区位专用性。例如，在矿山附近建立炼钢厂，有助于减少存货和运输成本，而一旦厂址设定，就不可转作他用。若移做他用，厂址的生产价值就会下降。（2）物质资产专用性极强。设备和机器的设计仅适用于特定交易用途，在其他用途中会降低价值。（3）人力资产专用性。在人力资本方面具有特定目的的投资。当用非所学时，就会降低人力资产的价值。（4）特定用途的资产，是指供给者仅仅是为了向特定客户销售一定数量的产品而进行的投资，如果供给者与客户之间关系过早结束，就会使供给者处于生产能力过剩状态。因此，大力完善有形资产和无形资产市场制度，打破地区或行政垄断等，促进这些资产充分流动，有助于减少沉淀成本，从而有助于提高可竞争程度。

其次，大力发展和完善产品和劳务市场，使自然垄断产品和劳务有稳定的预期收益流，以达到降低沉淀成本的目的。因此为了防止信息不对称带来的逆向选择和道德风险，刺激产品交易效率，需要质量担保和专家审核，以低成本满足消费者需求，有助于实现销售收益，进而促进企业进行产品和技术创新，增强企业竞争力，也有助于企业进入提高产品可竞争性。

再其次，需要大力完善纵向和横向一体化、长期契约等非市场制度（Non-Market Institution）促进潜在企业进入。潜在企业可以采取多种方式降低沉淀投资风险，包括与顾客之间缔约，以及与在位企业采取合资或合并形式。使用专用性资产市场制度有昂贵的交易成本，因此，需要通过非市场制度降低交易成本来减少沉淀成本，以创造出可竞争市场环境。实际上，交易成本也是沉淀成本产生的重要来源，特别是当交易成本提高购买资产价格和降低资产再出售价格时。交易成本是人们依靠市场来交易产权时运用资源的成本。它们包括搜寻信息成本，还有谈判成本、缔约成本、监督履约成本，可能发生的处理违约成本。这些交易成本的存在会进一步降低再出售价格。而且更为重要的是，尽管生产要素不是产业或企业专用性的，但经常也是部分沉淀的，一般是由于"柠檬"问题，使再出售的资产价值大打折扣，就像汽车市场的旧车问题。即使是新的，只要买到手之后，再出售价格就会下降，也会带来沉淀成本，这并不是简单的有形损耗和无形损耗造成的。

最后，需要政府采取积极的管制政策和有效的经济政策，提高投资成本的产品价值回收能力，以达到降低沉淀成本的目的。例如，政府需要尊重自

---

① 在威廉姆森（2002）看来，"如果假定资产不受专用性的限制，那么——按照鲍莫尔、潘泽和威利格（1982）的说法——市场就是完全可竞争的。在这个意义上可以说，可竞争性理论与交易成本经济学是——从望远镜的两头——来研究同一个问题，即决定资产专用性的那些条件到底是什么"。因此，资产专用性与沉淀成本是可以互换的，只是用于不同的研究条件。从狭义角度看，沉淀成本与资产专用性或不可逆投资等概念大体相同。但从广义角度看，沉淀成本并不等价于资产专用性，它远比资产专用性内容还丰富、还复杂。可竞争性理论是把沉淀成本放在完全理性条件下做出的垄断解，而交易成本经济学是把沉淀成本放在有限理性条件下做出的效率解。

由契约，健全和保护私人产权，树立法律的权威和规则的可信性承诺形象，目的是降低交易成本，促进私人收益和社会收益一致，减少负外部性，有助于自然垄断行业管制和潜在企业的创新激励，减少沉淀成本；再比如，政府需要承担正常教育、在职培训和研发，以及搜寻市场信息等方面的投资，目的是减少潜在企业的进入沉淀成本。由于研发与信息搜集沉淀成本非常普遍，所以，对企业来说很容易产生沉淀成本和不确定性，因此，政府通过对企业内信息分享协调，可以减少沉淀成本和降低不确定性，刺激对学习教育投资，增强要素流动性，在提高劳动生产力的同时也有助于减少沉淀成本。此外，政府可以采取相关的经济政策有助于降低沉淀成本，例如税收减免，或加速折旧制度等。

总而言之，为了构建有效率的市场经济体制，政府要提供激励人们创造性和生产率更高的规则和管制政策。同时，还要随着技术和市场条件的变化而不断改变，不断地更新现有规则。因此，依据可竞争市场理论，特别是强调没有沉淀成本的自由进入与自由退出机制的重要性，挖掘市场制度自身蕴藏的力量，防止自然垄断行业利用自身垄断地位扩展其对市场控制的能力，这对于体制转型时期我国自然垄断行业改革来说，其借鉴意义十分巨大，从而不再囿于企业规模的大小和企业数目之多寡，而是根据可竞争市场理论进行民营化和国有化之间的取舍，包括国内竞争和国际竞争。因此，不仅需要完善市场价格制度和非市场制度，而且还需要政府相关的管制政策，其最终目的是补偿或者降低沉淀成本，提高自然垄断行业的市场可竞争程度，借助政府管制充分发挥市场竞争机制，从而通过可竞争市场提高社会福利水平。因此，管理沉淀成本和降低不确定性，提高市场可竞争性程度，是我国自然垄断行业未来改革的基本指导原则。

参 考 文 献

[1] 奥利弗·E. 威廉姆森：《资本主义经济制度》，商务印书馆 2002 年版。

[2] 丹尼尔·F. 史普博：《管制与市场》，上海三联书店和上海人民出版社 1999 年版。

[3] 丹尼尔·卡尔顿、杰弗里·佩罗夫：《现代产业组织》，上海三联书店和上海人民出版社 1998 年版。

[4] 林毅夫等：《充分信息与国有企业改革》，上海人民出版社、上海三联书店 1997 年版。

[5] 穆勒：《政治经济学原理》，商务印书馆 2005 年版。

[6] 施马兰西、威利格：《产业组织经济学手册》，经济科学出版社 2009 年版。

[7] 泰勒尔：《产业组织理论》，中国人民大学出版社 1997 年版。

[8] 汤吉军、郭砚莉：《沉淀成本、市场结构与企业间战略博弈》，载《产业经济评论》2008 年第 4 辑。

[9] 汤吉军、郭砚莉：《历史沉淀成本与经济转型的路径依赖及其超越》，载《经济学家》2009 年第 7 期。

［10］ 王俊豪：《政府管制经济学导论》，商务印书馆 2008 年版。

［11］ 威廉・鲍莫尔：《资本主义的增长奇迹》，中信出版社 2004 年版。

［12］ 维克斯、亚罗：《私有化的经济学分析》，重庆出版社 2006 年版。

［13］ 张帆：《对自然垄断的管制》，载《现代经济学前言专题》（第一辑），商务印书馆 1996 年版。

［14］ Akerlof, G. , 1970: The Market for Lemons: Quality Uncertainty and the Market Mechanism, *Quarterly Journal of Economics*, Vol. 84, No. 3.

［15］ Baumol, W. J. and Lee, K. S. , 1991: Contestable Markets, Trade and Development, *World Bank Research Observer*, Vol. 6, No. 1.

［16］ Baumol, W. J. and Sidak, J. G. , 1994: *Toward Competition in Local Telephony*, Cambridge: MIT Press.

［17］ Baumol, W. J. and Willig, R. D. , 1981: Fixed Costs, Sunk Costs, Entry Barriers and Sustainability of Monopoly, *Quarterly Journal of Economics*, Vol. 96, No. 3.

［18］ Baumol, W. J. , 1982: Contestable Markets: An Uprising in the Theory of Industrial Strcture, *The American Economic Review*, Vol. 73, No. 3.

［19］ Baumol, W. J. , 1986: Williamson's The Economic Institutions of Capitalism, *Rand Journal of Economics*, Vol. 17, No. 2.

［20］ Baumol, W. J. , Panzar, J. S. and Willig, R. D. , 1982: *Contestable Markets and the Theory of Industry Structure*, San Diego: Harcourt Brace Jovanovich.

［21］ Demsetz, H. , 1968: Why Regulate Utilities? *Journal of Law and Economics*, Vol. 11, No. 1.

［22］ Dixit, A. and Pindyck, R. S. , 1994: *Investment under Uncertainty*, Cambridge: MIT Press.

［23］ Eaton, B. C. and Lipsey, R. G. , 1980: Exit Barriers are Entry Barriers: The Durability of Capital as a Barrier to Entry, *Bell Journal of Economics*, Vol. 10, No. 2.

［24］ Kessides, I. N. , 1990: Market Concentration, Contestability, and Sunk Costs, *Review of Economics and Statistics*, Vol. 72, No. 3.

［25］ Owen, B. and Braeutigam, R. , 1978: *The Regulation Game: Strategic Use of the Administrative Process*, Cambridge: MIT Press.

［26］ Sutton, J. , 1991: *Sunk Costs and Market Structure: Price Competition, Advertising, and the Evolution of Concentration*, Cambridge: MIT Press.

Contestable Market Theory and Its Implications for Reform of the Natural Monopoly in China

Tang Jijun

Abstract: The paper is to discuss the assumptions, reduction and the results of the contestable market theory, and make us better understand the boundary between market and government regulation. Based on the contestable market theory by means of the sunk cost concept, we provide some policy implications for China's natural monopoly or public utilities to create the contestable market environment, mainly reduce or recover the entry and exit sunk costs, including market institutions, non-market institutions and government regulation policy.

　　Keywords：Contestable Market　Sunk Cost　Natural Monopoly　Regulation Policy

　　JEL Classification：D4　L11

第 9 卷第 2 辑　　　　　产业经济评论　　　　　Vol. 9　No. 2

2010 年 6 月　　　Review of Industrial Economics　　　June 2010

国外服务业生产率研究：一个文献综述

曾世宏　　郑江淮　　丁辉关[*]

摘　要：服务业生产率的高低是衡量现代经济体是否成熟的重要标志。对服务业生产率的研究也是国外经济学界过去、现在与未来的一个敏感课题。本文从服务业与生产率的关系、服务业生产率的度量、服务业生产率增长的影响因素、服务业生产率的异质性增长与未来进一步的研究方向等几个方面对国外服务业生产率的研究路径演化和主要观点作一些梳理，以给中国研究服务业生产率的学者一些借鉴和启示。

关键词：服务业　生产率　企业家行为

一、服务业与生产率的由来：鲍默尔"成本病"理论及其批评

经济学中的传统观点认为服务部门作为一个整体，它比其他生产部门具有更低的生产率，它的增长速度十分缓慢，这种观点起源于 Baumol（1967）发表在《美国经济评论》的《非平衡增长的宏观经济学：城市病的剖析》一文。

Baumol（1967）认为包含在每种经济服务活动中的技术结构是影响服务真实提供成本是否提高的重要力量，抵消这些成本增加的努力，虽然在当期可能成功，但是从长远来看，它们可能仅仅是缓和性的，对潜在的趋势可能没有任何效果。

进一步说，内含在创新、资本集聚和规模经济中的技术进步经济活动能够累积性提高人均产出，这些活动，从其本质上讲，只偶尔提高生产率。只

* 本文为郑江淮教授主持的国家社科基金重点项目"现代服务业发展战略研究"（08AJY046）的阶段性成果，同时得到南京大学 985 二期工程哲学社会科学创新基地——南京大学经济转型与发展研究中心"经济增长与结构转型"项目的资助。

感谢匿名审稿人的评审意见，当然文责自负。

曾世宏：南京大学经济学院；地址：江苏省南京市仙林大学城羊山北路 1 号，南京工业职业技术学院社会科学部，邮编：210046；电话：13951886370；E-mail：sdzshh@163.com。

郑江淮：南京大学经济学院、南京大学长江三角洲经济与社会发展研究中心；地址：江苏省南京市汉口路，南京大学经济学院产业经济学系，邮编：210093；电话：13851538753；E-mail：zhengjh@nju.edu.cn。

丁辉关：南京工业职业技术学院经济管理学院；地址：江苏省南京市仙林大学城羊山北路 1 号，邮编：210046；电话：13913938426；E-mail：dinghg@niit.edu.cn。

有经济活动的技术结构才能真正决定劳动投入的生产率是高还是低。基本的差异源泉在于劳动在经济活动中所起的作用，依赖劳动本身是以最终产品形式出现，还是获得最终产品的一种必不可少的工具。制造业中劳动是中间投入品，技术创新可能减少产品生产的劳动力需求，劳动投入系数的减少在某种程度上会改进产品的质量。

依照 Baumol 的观点，在服务业中，劳动本身就是最终产品。服务产品的质量直接以劳动的数量来衡量。Baumol 模型假定把服务部门称作"非进步"部门，劳动生产率保持不变，把制造部门称作"进步"部门，劳动生产率呈指数型增长。除了劳动成本，其他所有费用均被忽略，两经济部门的工资水平相等，且随着生产率的增长而增长，所有劳动力市场存在一定程度的流动性，生产率增长的部门货币工资随单位小时劳动产出的增加而迅速增加。

Baumol 非平衡生产率增长模型得出的基本结论是："非进步"部门的单位产出成本可能会无限制地增加，而"进步"部门单位产出成本不变。因此，两部门的相对产出成本增加与工资水平无关。"非进步"部门由于其产品的需求弹性不高，其产出可能会下降，甚至最终消失。如果两部门的产出比例保持不变，总劳动中的越来越多的部分会转移到"非进步"部门。在非平衡生产率的现实世界中，为了获得平衡的增长，必定会导致相对于劳动力增长率而言的总产出增长率下降。

进一步说，如果经济体中一个部门的单位劳动小时的生产率相对于另一个部门累积性地增长，虽然两个部门的工资同等增长，那么"非进步"部门的相对成本不可避免地上升，并且这些成本是累积性地毫无限制地增长。"进步"部门的生产率增长将部分地抵消工资的上涨，但是在"非进步"部门，由于生产率保持不变，每次工资上涨都将导致成本累积性地增加。因此，"进步"部门的每次技术进步不可避免地增加没有技术进步的"非进步"部门的成本，除非工资是绝对地固定和劳动力市场密封，这显然是不现实的。由于这些部门的成本提高，其产出可能减少，但为了维持相对的产出份额不变，更多的劳动力必定会通过各种渠道进入这些部门，因此整个经济的增长速度就会相应地降低。

这就是著名的 Baumol "成本病"理论，即服务业相对低生产率增长将导致整体经济增长的下降，而与此同时，服务业中的价格增加，从而增加整个社会的使用成本。这种动力病源论的存在和经济活动中服务部门比重的增加导致了总增长率的下降，而这种下降主要是由于服务部门低生产率增长以及它对全要素生产率的影响。显然，Baumol "成本病"理论依赖于服务部门生产率低增长的假说，而这种假说又是建立在服务劳动充当最终消费品基础上的。

Baumol 模型的主要缺陷在于只注意到了作为最终劳动形式出现的消费性服务，其实当代经济生活中还有大量从制造业中分离出来的以中间劳动投入形式体现出来的生产型服务。如果考虑把服务劳动作为中间投入纳入经济增长模型，Baumol 的这些结论就显然只适用于消费性服务，而对生产者和商务型服务就不适用。所以，把整个服务部门看做是一个"非进步"部门本身就是一个错误的前提假定。服务部门，特别是生产者服务和商务服务，由于建立在现代信息技术基础上的企业家创新，大大提高了服务业的生产率水平，而不再是一个生产率水平固定不变，且相对落后于制造业生产率水平的"滞后"部门。所以，其最后分析的"城市病"的出现也会因生产型服务和制造业的协同定位作用而消除。

Oulton（2001）与 Wölfl（2007）已经试图修正 Baumol 模型中服务仅仅充当最终产品消费的假设前提。在 Oulton 模型中假设服务完全充当中间消费品，而 Wölfl 考察了当服务在中间品和最终品需求中发挥重要作用时就业从制造部门向就业部门转移怎样影响总增长率增长，作者构建的模型是 Baumol 模型和 Oulton 模型的一般推广，其研究结论表明假定服务部门的生产率增长速度慢于制造业生产率的增长速度，那么经济增长的总速度从长期来看会下降，服务部门的就业份额将增加。

Baumol 关于服务业"成本病"的理论发表以来，国外许多学者一直都在检验他的这种假说，特别是近些年来，随着现代服务业的兴起，他的这种"成本病"理论越来越受到广泛的质疑和批评。这些质疑和批评主要是基于以下观点（Rubalcaba，2007）。

第一，有必要把间接效应，服务业生产率的度量和指标一同考虑。作为最近 10 年关于服务业概念和统计争论的结果，这些争论包括从 Gadrey（1996）和另外一些法国作者的作品，和直到最近由一些 OECD 和另外一些国际组织发展起来的作品。

第二，有必要考虑另外其他要素的作用，不仅仅是劳动力，来解释服务业增长和服务业生产率的条件。这些理论，包括最近对服务业增长的解释，是非常的广泛并且涵盖了很多要素。这些要素与服务业的性质、服务市场的组织和构成以及劳动和资本的特定替代关系相联系。

第三，有必要把 Baumol 理论的应用仅仅限制在终端使用的服务，对那些作为中间投入的服务就不再使用：虽然同一服务产业是生产率滞后的，但流向作为中间投入服务的资源不是作为生产率下降的结果来解释，而应是作为生产率增加来解释（Oulton，2001）。另外，低的服务业生产率可能是使用这些服务后产生在公司里面的高生产率的反应。

第四，实证研究方法说明了在欧洲和在美国那些尤其与 ICT 相关的服务部门高生产率的地位。在后者的著作中，高生产率是由于未预知的全要素生产率扩张的结果。一个可能的解释是各种各样的第三产业活动中存在规模报酬递增，它可能与 Baumol 的假设相矛盾（Wölfl，2003）。

研究 Baumol 服务业成本病理论，除了从理论模型去修正服务只充当最终消费品和服务业保持生产率不变增长的假设前提之外，大部分的文献则是实证检验经济增长部门结构中服务业是否真的表现出了像 Baumol 所言的生产率增长不变或者滞后。这就要求首先必须对服务业生产率进行定义和度量。

二、服务业生产率的内涵与度量及其主要争论

国外经济学界关于服务业生产率度量的相关文献及其主要争论集中体现在以下几个方面：第一，服务业生产率的定义，即服务业的内涵与外延；第二，服务业生产率指标的选取和数据的获得；第三，服务业生产率的具体计算方法；第四，影响服务业生产率度量的因素；第五，国别或者具体部门的服务业生产率计算。

何谓服务业生产率，这直接关系到采用哪些指标，使用哪些数据和使用哪些方法去度量服务业生产率，选用的指标、数据和方法不同，测度出来的服务业生产率也就自然不同。

Fuchs（1965）首先提出了服务经济的生产率概念，他认为服务经济的生产率就是服务业使用资源的效率，传统的经济理论，如土地投入、完全竞争、规模报酬递减等不再完全适应于服务经济的分析。这是由于服务业比制造业具有更少的土地投入和更大的价格和收入需求弹性；由于合约、道义承诺或者很高的雇佣成本，特定个人长期依附于某个特定组织，而不容易自由流动的情况在服务产业中很常见；交易的规模和需求影响服务业生产率。

Fuchs（1965）关于服务业生产率的定义和分析还没有直接讲明服务业生产率度量的指标选取和方法过程。而服务业生产率的度量恰恰是研究服务业产出效率的基础和前提，早期的服务业生产率研究还主要集中在服务业的劳动生产率方面。所谓服务业的劳动生产率是指投入到服务部门中的人均服务产出。尽管这种定义有其局限性，用来测度服务部门劳动生产率的传统指标仍然是服务劳动投入和服务产出之间的关系，也就是为大家所熟知的"直观劳动生产率"或者"相对劳动生产率"。自然，这种服务业生产率的定义就涉及到两个指标的选取：第一个是投入的劳动力指标，第二个是服务产出的指标。然而，分析服务部门时，这些指标的数据获取和客观性就很成问题。服务业生产率度量的难度和精确性也表现在这两个方面。

第一，服务劳动投入指标的选取和数据获取。与服务劳动投入指标相关联的就是服务产业中的就业量统计，即投入到服务部门中的劳动总人数，虽然这些数据很容易获取，但是投入到服务部门中的劳动总人数与服务劳动产出之间未必就有必然的联系。这涉及到服务质量和服务产出效率之间的关系无法通过统计数据表现出来。正如 Gadrey（1996）所言与服务业劳动生产率度量相联系的问题就是服务生产率的概念和涵义以及服务质量和服务绩效之间的联系。另一个就是采用实际投入的服务劳动总小时数，可惜这些数据在

目前的各国统计资料里还很难全面反映。

关于服务劳动投入选择还必须考虑投入劳动是最终要素和中间要素之间的关系。这个可能的偏差主要是在服务生产是外包或者外部化时就特别重要。在 OECD 国家内部，有明显的证据表明原来发生在制造生产部门的越来越多服务环节已经转移到专门的服务部门（Heston & Summers，1992）。这种信息使得服务投入和服务生产率的关系复杂化，原因在于与服务和产品生产单位垂直一体化改变相关的外部化问题。

第二，服务产出的定义、指标的选取和数据获取。不像制造产品的有形性和单一性一样，由于大部分服务业产出的无形性、复合性和即时性使得服务产品价值增值很不容易用产品的产出数量乘以售卖价格统计出来。许多服务部门，尤其是那些"非售"服务，它们的增加值实际上等于劳动要素的使用成本。基于这个原因，在生产和单位雇员生产率增进怎样估算之间存在一个直接关系（Gadrey & Gallouj，2002）。而且服务业真实产出测度的困难还在于自我服务部分并没有计入服务总产出。

关于服务业这两个方面指标的选取和数据获取使得服务业劳动生产率的度量结果一直成为国外学者争论的焦点。Kendrick（1985）认为服务活动产出、价格和质量的测度问题在很大程度上与物品的产出、价格和质量测度没有很大的差别，然而，关于服务业的这些问题更重要，特别是由于缺少像数据统计或者价格数据统计这样的基础活动。因此，当我们力图测度服务部门的生产和生产率时，首先就面临一个怎样定义数量、质量和价格的概念性问题。这些问题是指产出的定义、服务质量和价格的变化以及缺少服务部门的相关数据，导致了服务活动的产出和生产率的历史性低估。

在服务生产率框架里关于度量偏差争论的焦点是当期和不变价格产出的选择。首先是服务产出的定义，例如，金融服务，在所有的国家未必都是相同的。其次就是计算不变价格的产出增加值。例如，在许多服务活动很难把由于质量变化而导致的价格变化和由于纯粹的价格变化而导致的价格变化分离开来，因此，很难用服务质量进行价格指数调整。结果用不变价格计算服务产出增值就有许多方法（Griliches，1999）。用不同价格指数计算服务产出和生产率的影响在许多经济学文献里有深入的分析（Berndt et al.，1998；Wölfl，2003）。最近几年，由价格引致的服务产出和生产率度量误差的显著例子就是与 ICT 部门相关的价格指数选择的影响（Schreyer，2001）。

关于与服务生产率增长度量相关的可能偏差还与总生产率估计相关。服务业偏差有两个可能渠道转移到总生产率指标中去。第一个渠道是在经济体总的产出和就业中，服务活动的比例低估了它们的生产率增长。第二个渠道与一些服务活动的作用相关，例如，金融、商务、交通通讯服务，它们是被另外一些部门所需求（Rubalcaba，2007）。

与服务业生产率度量相关的另外一些问题是：即服务部门质量较低的数

据，这主要是由于服务活动数据的调查和统计很难达到一致性；一些个人和商务服务处于经济黑箱中。这两个问题都妨碍了服务活动的生产率估计，可能导致数据研究的偏差（Rubalcaba，2007）。

虽然对这些类型的服务业生产率度量的偏差或者误差的直觉理解不是很复杂，但是要对这些度量误差形成维度和方向做出精准的分析更麻烦。使用不恰当的缩减指数或者错误的生产度量的影响很大程度上依赖于模型和分组数据的使用。基于这种原因，到现在大多数的研究主要还是关注于服务部门中的一些特殊活动，他们的结论对其他的服务活动不可能具有普适性。因此，国外一些国家统计局和 OECD 自从 90 年代以来一直努力面对服务产出和生产率度量的难题，对以前描述的可能误差开展了一些相关的研究。

发达经济体登记的服务部门产出和就业百分比增加，以及这些部门真实产出的相对缓慢增长导致了过去许多年服务生产率登记增加的重要性。然而，关于全球服务业生产率比较研究的文献相当有限。服务业生产率的国际比较从 Paige & Bombach（1959）比较英国和美国的服务生产率的著作开始。包括所有的服务部门，后来这方面的比较研究没有展开，一直到 Groningen 大学在 ICOP 框架内才有这方面的研究。就这个问题，Schreyer & Pilat（2001）提供了一个关于每个服务部门当期生产率测度的一般研究。

通过这些理论，看上去在服务和产品之间的生产率增长差异能够在上面提到的生产率度量问题中找到。Wölfl（2003）认为关于服务生产率度量的问题或者偏差能够在三个不同的领域找到：投入的选择；当期和不变价格产出的选择；部门加总方法。直觉地，赞成这种误差的观点一点都不复杂。当试图度量服务生产率时考虑可能误差的第一个障碍就是投入的选择。在度量直观劳动生产率的情况下，这首先意味着劳动要素的度量，是选择雇员总人数还是总劳动小时数。这个问题可能很重要，特别是当处理自我雇佣和兼职人员的工作时间时。总之，如果生产率测度是考虑雇员人数而不是考虑工作的小时数，那么制造业和服务业之间生产率增长的最终差别将会更大（Wölfl，2003）。

在国别和具体服务业部门的生产率度量方面，也有不少国外学者做出了自己的评价。Crespi *et al.*（2006）认为许多服务业生产率的比较研究，共同的缺陷就是数据不确定或者只看制造业的数据。他们认为英国市场服务部门的数据是不太可信的，不管它们是否应该被认为不精确，还是因为概念问题使服务产出变得很困难，在金融中介，国家统计惯例与调整使产出数据很难得以解释，而在商务服务中的大部分产出度量都是基于就业的，另外，零售批发贸易、交通、旅宿服务的主要问题实际上是缺乏收集到的平减指数。

处理服务业劳动生产率度量难题最简单的办法就是忽视服务业生产率度量问题中的一些细节问题。一般认为服务业劳动生产率增长被低估是由于服务业产出度量被低估所导致。然而有三种原因使这种解释不能令人信服

（Brus，1998）。

第一，服务业生产率保持不变或者相对下降。如果这个问题是由于服务产出被低估所致，那么服务业生产率增长也应该经常是低的。然而，学者测度出来的服务业生产率增长却有时十分高。没有人能够解释为什么服务业产出的度量偏差在一个时期更差，而另外一个时期就变好呢？

第二，如果说服务业生产率增长在教育、医疗和公共事业部门下降是由于服务产出度量不清，这本身不是一个问题，因为像公共事业部门提供的同质化服务，是容易度量的。

第三，在某些国家服务业生产率以更快的速度增长。从 1973～1984 年德国的服务业生产率以数倍的速度快于同期的美国服务业生产率增长。德国人度量服务产出的方法跟美国人的方法一样，如果服务产出度量问题是一个系统的误测问题，那每个国家应该有相同的低增长服务业生产率，而德国不是。

后来许多国外学者把服务业生产率研究从单纯的劳动生产率延伸到全要素生产率。Triplett & Barry（2002）把服务业生产率增长分解为劳动生产率增长和全要素生产率增长，并认为全要素生产率是服务产业劳动生产率增长的主要贡献者，全要素生产率也是服务产业劳动生产率加速的主要源泉。

Gouyette & Perelman（1997）比较了 frontier analysis 和 divisia index 两种服务业全要素生产率估算指标，并估计了 13 个 OECD 国家在 1970～1987 年服务业和制造业的生产率绩效，认为与制造业相反，尽管服务业的增长率很低，但服务业生产率水平仍然出现趋同，而且新的资本投资对服务业活动的全要素生产率增长施加了未预料到的抑制作用，对制造产业具有正的影响。Wolff（1999）提供了服务业全要素生产率度量的两种间接指标方法，第一种方法是基于直接的投入—产出系数的变化；第二种方法是服务部门中就业的职业构成变化。

Bernard & Jones（1996）考察了 14 个 OECD 国家在 1970～1987 年生产率总趋同中部门的作用，发现服务部门正推动着劳动生产率与全要素生产率的总趋同，而制造业部门在劳动生产率与全要素生产率趋同方面表现出的作用并不是很明显，作者介绍了一种度量全要素生产率的新方法，避免了传统度量方法在生产率水平比较时出现的许多问题。Fuchs & Wilburn（1967）考察了美国 1939～1963 年 18 种服务业生产率的水平差异，认为如果把每人的劳动时间变化率、劳动质量、每工人的物质资本等要素考虑在内，那么服务部门之间的全要素生产率水平差异会比基于人均产出度量的服务业劳动生产率水平差异小得多。

服务业生产率的高估与低估问题是伴随国外经济学界争论服务业发展是否已经出现"成本病"而讨论的服务业生产率度量的另一个难题。Wölfl（2003）分析了度量问题在研究服务产业生产率与总生产率中的作用，认为那些生产率增长很低或者为负的服务业存在生产率度量问题，计算不变价格服务产出相当重要，通过加总效应和中间投入品的流动，潜在的对服务业生产率的低估导致了对总生产率的低估。Marotor & Rubalcaba（2008）也认为服务业生产率增长会表现出周期和趋势等动态性特征，就周期而言，服务产业内部表现出显著的差别，结构总体上趋于下降模式，这可能是没有充分考虑服务业生产率度量和统计上的缺陷所致。

　　总之，服务产出的度量问题在很大程度上造成了制造业与服务业劳动生产率差距的加大。服务产出不像制造产出，它的无形性、不可分性和私人性造成很多服务产出无法度量，因而降低了服务产出的劳动生产率。相同的产业部门，由于获得数据的来源不同，它的劳动生产率度量就可能相差很大。如，BLS 估计 1977～1993 年美国银行的劳动生产率增长平均每年为 2.8%，而 BEA 的估计仅为 0.1%。服务产出的计算基准不同以及服务质量调整的评估很困难。没有足够的服务质量改进的调整，价格指数趋向高估价格增加，导致了真实产出和服务劳动生产率的低估（Bonatti & Felice，2007）。

三、服务业生产率的异质性增长及其对经济发展的影响

　　作为服务业生产率度量的直接应用就是分析服务业生产率的异质性增长及其对经济发展的影响。从已有的文献来看，服务业生产率的异质性增长是指不同国家或地区的服务业生产率增长是不相同的，发达国家服务业总生产率增长虽然有收敛的趋势，但更多的是发达国家与发达国家之间，发达国家与不发达国家之间存在较大的差异性。而且同一国家内部服务业与制造业部门之间以及不同服务业部门之间生产率增长表现出更加明显的异质性。服务业生产率异质性增长对经济发展的影响主要表现在对国家或者地区的总生产率增长、就业转移、工资成本和相对价格上涨等方面。

　　Katouzian（1970）很早就从经济发展阶段考察了传统经济发展理论的局限性，重新认识到了服务业在经济变化阶段中地位与作用，他认为服务产品与农业产品和工业产品相比，不太符合行为发展模式总的一般性；服务部门增长有三种模式：新服务、老服务与互补性服务。新服务是那些随着高的大众消费的到来正经历需求大转移的服务，这些服务是人均收入与休闲时间的递增函数。互补性服务（生产者服务）的需求直接与工业化、中间投入品的增长、国内与国际市场的统一、城镇化等相关，如果进行技术革命，这类服务就会出现持续的生产率增长。因此，服务部门的产出与就业份额会持续增长，但由于发展中国家与发达国家发展进程中的差异，服务部门的生产率也会有经历异质性增长。

　　Thurow（1989）也比较早地从供给与需求，投入与产出角度看待服务业部门的生产率异质性增长。对服务投入的需求增长，而服务产出下降，所以服务业的生产率下降。过去 20 年美国的生产型服务业、零售贸易和卫生护

理的生产率分别以每年1%、0.1%和0.8%的速率下降，但是这三种服务业的需求却迅速上升。企业家的技术吸收能够使一些外部供应商、计算机软件企业与传统提供生产者服务的法律、会计和管理咨询企业融合，从而提高这些服务部门的劳动生产率。这些服务部门生产率的异质性增长能够解释体现在计算机软件和法律服务企业里1/3的生产者服务增长和大部分的就业收入增长。

大多数发达国家总的证据表明服务业的比重与总生产率增长存在负的关系，不仅是指生产而言，而且也包括就业。一些经济体，例如，韩国和爱尔兰近些年经历了最高的生产率增长，它们的服务部门在总经济活动中所占的比重较低。相反，一些在总生产和就业中服务部门占有较高比重的国家，如美国和法国，则表现出了低的生产率增长。这种趋势能够在更多的发达国家中被观察到。明显地，服务进入生产过程的方式不同可能使这些结论产生偏差。无论如何，这些观点都是基于服务业同其他生产部门相比具有低生产率增长特点的传统思想。然而，这种假定正如前面分析的一样，已经遭到许多作者的反驳，服务业生产率增长具有明显的异质性（Rubalcaba，2007）。

目前发达经济体中超过70%的就业和生产率由服务业贡献。尽管服务业起着越来越重要的作用，但是这些经济体中的一些主要国家服务业生产率增长一直很慢，因此，这些服务部门有必要获得更高的动态性和更强的增长率。如果目标是增加这些部门的劳动力使用和获得更大的生产率增长，那么服务业对经济增长的贡献程度会比目前更大。这一直就是美国、澳大利亚、加拿大和卢森堡的情况，但像意大利、法国、荷兰和西班牙服务部门对生产率增长的贡献一直很低（Wölfl，2003）。

已有的计算表明，欧盟、美国、日本和OECD另外一些国家在1980～2002年时期，以及1996～2002年缩减时期，单位雇员的生产率增长率比较快。在20世纪90年代下半期美国、希腊和爱尔兰等国家生产率加速增长。相反，在同一时期欧盟的另外一些国家，日本和韩国生产率增长比较缓慢。如果分析服务部门的生产率增长，美国和爱尔兰在90年代末期又经历了生产率增长率增加。然而，欧洲的其他国家，像英国、意大利和西班牙也经历了服务部门单位雇员的生产率增长率上升（Rubalcaba，2007）。

在服务业部门内部，社会和个人服务，包括医疗卫生和教育，已经促进了发达经济体中剩余就业的增加。这些服务中的一部分，主要是卫生和个人服务，也包括宾馆饭店，经历了小幅的生产率增长。因此，它们没有像其他服务业一样，显现出大幅度的生产率提升，而正是按传统服务理论表明的规律那样运行（Petit，1999）。

近年来某些服务部门的生产率经历了高生产率增长的事实也并不必然意味着这些活动对总生产率增长的贡献很大。生产率增长被定位为每单位使用雇员创造价值的增长。如果一些服务活动对价值增值的直接贡献小于对就业增长的直接贡献，那么我们就可以推出这些服务部门，例如，社会和个人服务，餐饮饭店服务和商务服务，对总生产率增长的贡献应该就相对的小。但仍然值得强调的是，在一些服务部门，如，通讯、金融服务和公共服务，还是存在相对较高的生产率的（Rubalcaba，2007）。

随着时间推移，在许多发达经济体中服务业的贡献也必将增加，而制造企业的贡献将下降，制造企业的部分活动将不可避免地转移进服务企业。而且一个更富生产率和竞争力的服务部门对完善制造业部门的运行也是很重要的。作为一个整体经济部门制造业与服务业部门生产率演化的比较支持了大部分传统理论观点，即强调服务部门低生产率增长。然而按活动部门分类分析服务业演化，就会显现一个双重现象。一些服务部门表现了同样的，甚至比某些制造部门和它的大多数发展很快的分部门更高的平均生产率增长（Pilat，2005）。

Brus（1998）认为早期的研究（如 Baumol，1967；Baumol & Blackman，1989；Fuchs，1968）已经指出服务业部门生产率的落后是美国 1929～1965 年服务业就业快速增长的重要原因，美国服务业的真实服务产出份额实际上一直没有发生改变，生产率增长率差异几乎解释了所有的服务业就业增长。而且与不同收入水平的国家相比，服务的真实产出份额相当固定。作者使用投入—产出的分解方法把就业变化可以分解成以下源泉：国内最终需求的增长；出口增长；进口替代；投入—产出系数的改变；劳动投入系数的改变。

作者通过这种分解发现，荷兰的服务业和政府部门的就业增加，而农业和制造业的就业份额减少。就业的改变可以分成两个主要的因素：劳动生产率增长和产出增长。Baumol 成本病预测了服务业就业份额增加主要是因为服务业劳动生产率下降，而真实产出份额不变。这对非市场服务而言是正确的，对市场服务而言就不适应了。非市场服务的产出增长几乎等于所有部门的平均产出增长，而劳动生产率改变显著下降。而市场服务的劳动生产率只比所有部门平均劳动生产率低 0.5 个百分点，而产出增长显著地有助于就业增长（Brus，1998）。

Bernard & Jones（1996）考察了 14 个 OECD 国家在 1970～1987 年生产率总趋同中部门的作用。他们得出的主要结论是：制造业部门在劳动生产率与全要素生产率趋同方面表现出的作用并不是很明显。其他部门，尤其是服务部门，正推动着劳动生产率与全要素生产率的总趋同。为了检验趋同结论的稳定性，作者介绍了一种度量全要素生产率的新方法，避免了传统度量方法在生产率水平比较时出现的许多问题。按照这种方法，证明制造业在劳动生产率与全要素生产率方面缺乏趋同，而服务部门正推动着劳动生产率与全要素生产率总趋同的结论是稳定的。

无独有偶，Gouyette & Perelman（1997）也估计 13 个 OECD 国家在 1970～1987 年服务业和制造业的生产率绩效；检验两个国家之间的生产率趋同现象，重点是赶超过程和生产率变化与资本密度变化的相互作用。得出的主要结论是与制造业相反，尽管服务业的增长率很低，但服务业生产率水平仍然出现趋同。而且，新的资本投资对服务业活动的全要素生产率增长施加了未预料到的抑制作用，对制造产业具有正的影响。

Ciccone & Hall（1996）为了解释美国州之间的服务业劳动生产率的异质性增长与就业的关系，作者估计了两个模型。一个是基于本地地理外部性，另一个是基于本地中间服务的外部性，其空间密度导致了总收益递增。两个模型都得出了国家就业密度与地方服务业生产率水平两者之间的双重关系。作者运用美国州的总产出数据，通过计量检验发现就业密度平均增加地方服务业劳动生产率水平 6 个百分点左右，这种报酬递增的程度能够解释美国州服务业劳动生产率变化的一半以上。

就业密度的递增报酬在解释美国州之间平均的服务劳动生产率差异起了重要的作用。作者的工具变量估计是建立在如下的假设基础之上：18 世纪和 19 世纪中期的集群模式没有反映对服务业劳动生产率有重要贡献的那些要素，但现在通过集群的滞后作用对这些生产要素有残余影响（Ciccone & Hall, 1996）。

作者的估计控制了国家层面上的服务劳动质量和州层面上的可利用的公共资本的差异。作者也比较了国家层面上的规模递增报酬与就业密度递增报酬，发现就业密度递增报酬比规模递增报酬能更好地描述这些数据。作者的实证研究也表明日益上升的服务就业密度是经济增长中的重要因素。美国的大城市比早些时候更加密集，大城市或其他稠密地区的服务就业人口占了很大的比重（Ciccone & Hall, 1996）。

Ruttan（2002）通过数值模拟证明了服务业的低生产率可以降低经济的总生产率，而且服务业生产率越低，经济的总生产率越有可能趋于零。而服务业生产率总是低于制造业生产率是经济学家做出的一个错误假定。在美国，服务业生产率对总生产率的贡献达到 70% 左右，成为经济增长的新引擎。

Wölfl（2003）也考察了服务产业生产率增长模式，在总生产率水平上，可以观察到非平衡增长的两个部门，即动态的制造部门和相当滞后的服务部门。然而，服务部门本身是由许多异质性的服务产业构成，这些产业的生产率变化幅度很大，既有低或负增长的服务产业，也有超过制造业增长率的服务产业。

服务业生产率异质性增长也能解释不同国家之间服务业工资水平的差异。为什么欧美和日本的服务业工资相对于美国要高，传统的解释是强势工会的力量，或者是为了维护社会的稳定和慷慨的社会福利体制、最低工资制等都限制了个人接受低工资给付的必要。而服务业生产率异质性增长的解释是当在增加雇员和使用资本密集型设备中权衡时，美国的服务业企业家选择了增加雇员以最小化成本的服务业发展路径，而欧洲和日本的企业家却选择了使用新设备以最小化成本的服务业发展路径。因为新设备来自于新技术，所以产生了迅速的服务业生产率增长，使得欧洲和日本的服务企业能够以更少的工人生产更多的服务，而美国不能（Rubalcaba，2007）。

许多经济学家注意到了虽然服务业名义产出份额的上升与就业向服务业的转移，但是随着人均收入增加服务业的真实产出份额并没有改变，甚至在非农产业中还有所下降。服务业名义产出份额的上升主要是由于制造业与服务业中相对价格的生产率非平衡增长所致。服务业的低生产率增长导致了该部门的相对高价格，进而导致了相对较高的名义产出份额。真实情况是，许多经济学家发现制造业与服务业的产出份额实际并未发生改变。各部门中真实产出份额不变，不是由对部门真实产出需求转移引起，而是产品部门就业份额平稳的下降和服务部门就业份额的上升与产品生产部门比服务部门具有相对较高的生产率增长所致。这样，价格变化影响了服务名义产出的份额，但相对价格对真实产出份额没有影响。经济体中产品部门与服务部门的真实产出以相同速率增长，不依赖于两部门相对价格的变化趋势。

既然相对价格趋势影响服务需求的数量，当价格变化时，服务真实产出份额保持不变的条件和环境相当受限制，存在两种情况。第一，在两部门中需求的收入弹性是正的且等于 1，而需求的价格弹性等于 0。在这种情况，只有真实收入变化是重要的，价格变化没有影响；第二，需求的收入弹性是正的，但在两部门中是不同的。然而每部门中真实收入增长对产出增长的差别化效应刚好被每部门中价格弹性差别和相对价格趋势所抵消。在这种情况，收入和价格变化影响相对产出份额。第一种情况相当不可能，既然需求价格弹性等于要求两部门中垂直的需求曲线。而且，忽视相对价格趋势会导致部门产出与就业份额未来发展的错误结论。

过去真实人均收入的快速增长和相对价格的缓慢变化应该是服务真实产出份额不变的原因。但现在正在发生着变化。在美国，人均收入在 70 年代停滞，在 80 年代缓慢增长，但是制造品的相对价格较服务业下降得更快。真实产出份额不变与低的生产率增长是保持服务就业相对扩张的必要条件。服务部门的生产率增长不仅能提高经济的总生产率，而且能增加服务的真实产出份额，加快就业向服务部门进行转移（Appelbaum & Schettkat，1999）。

最近 Fernandes（2009）也分析了东欧转型经济体 1997～2004 年服务部门之间生产率的异质性增长，发现服务部门作为一个整体，它们的生产率绩效与不同区域内部的各服务部门的生产率绩效存在很大的异质性。高频率使用信息通讯技术和高技能劳动者的服务部门表现出最高的劳动生产率增长。作者估计出了与技术前沿越接近的服务部门对服务劳动生产率和下游制造业部门有显著的正效应。

四、服务业生产率异质性增长的影响因素及服务业产业政策

服务业生产率异质性影响的因素与服务业生产率度量的影响因素是不相同的。服务业生产率度量的影响因素正像本文第二部分所综述的一样，主要是国外经济学者所认为的关于服务业生产率的定义，服务业劳动投入指标的选取，服务业产出指标的选取，相对价格指数的选取，以及获取这些指标的数据途径和具体的计算方法选取等都影响服务业生产率的度量结果。影响服务业生产率异质性增长的因素除了服务业产出和就业两个基本要素及其对它们度量产生的主观偏差外，很多学者也认为服务业生产率异质性增长自身也会受到一些诸如竞争压力、服务外包等客观因素的影响。

正如本文第一部分指出的，不少国外经济学者从实证的角度对 Baumol 的服务业"成本病"理论提出了严厉的批评，认为服务业生产率的相对不变增长是一个错误的假说，各种外界的客观因素影响了服务业生产率的异质性增长，为了更好地促进服务业生产率增长，相关的措施和服务产业政策也是必不可少的。

国外经济学者基本认同服务产出需求增加和就业扩大是影响服务业生产率增长的基本因素。随着国家居民收入水平的提高，国民的偏好逐渐转向服务产品。大多数的工业化国家，服务部门容纳了一半以上的就业，并且就业的份额还一直在增长。日益变化着的消费者口味偏好定制的差异化产品使得定制化的服务需求更大。

对"呆滞"服务的相对稳定需求也是服务部门就业份额增大的原因。与其他产业部门相比，这类服务产出很少需要生产率的提高。为了满足相对不变的"呆滞"服务需求，配置给这些产业生产的就业份额必须随时间增长而增长。三种形式的证据支持了这种解释。第一，服务业和制造业就业份额的这种显著变化趋势在实际的服务业和制造业产出中找不到；第二，服务业的相对价格和服务业在总名义支出中的份额随时间一直在增长；第三，服务部门的就业增加日益被服务部门中低增长生产率的产业部门所吸收（Bernard & Jones，1996）。

制造业部门和服务部门的竞争压力不同也是解释两者劳动生产率差异的基本因素。国内与国外制造业者之间对市场份额的竞争使得国内制造业者不断寻找方法提高劳动生产率。而直到现在服务部门很少有来自国外竞争的压力。因为服务产品特性要求即时生产即时消费，对服务生产者和消费者的地理临近性有利于国内企业。另外，有关服务竞争的自然壁垒，政府管制也保护了一些服务产业，如电信、银行、公共事业，使它们减少了竞争压力，从而妨碍了服务生产率提高（Thurow，1989）。

此外，服务外包活动产生的服务度量问题使制造部门和服务部门的就业

和产出发生非对称性变化从而影响服务业生产率的异质性增长。服务部门生产率下降，主要是因为服务部门的就业份额剧增，而总产出没有相应的增加，造成服务业部门生产率与制造业差距加大的因素有外包而产生的服务度量问题。所谓外包，就是在生产过程的一些阶段企业的非核心环节租用分包商，制造业越来越把一些非核心的环节，如运输、电脑数据处理、文秘、甚至人事管理等外包给提供服务外包的企业（Waldstein，1989）。

服务外包与服务度量问题可能使服务部门的实际生产率比报告的要小。制造业部门的部分业务外包给了生产者服务部门，这一定程度上造成了制造业部门就业份额的下降和服务部门就业份额的上升。在度量部门投入增加值时，服务部门的投入增加值比制造部门投入增加值增加，而产出增加值也计算在制造部门，这样，服务部门的劳动生产率可能被低估，而制造部门的劳动生产率可能被高估（Kozicki，1997）。

有学者认为则影响服务业部门生产率异质性增长的因素除了服务就业与服务产出两个基本的因素外，更多的是服务部门的高技术研发资本投入和服务业的国际贸易。在 90 年代许多发达国家的服务部门生产率快速增长，主要是由于一些市场服务，如通讯交通、物流贸易、金融服务、保险和商务服务发展很快。这些服务的一个主要特征就是更多地利用能促进生产率提高的技术，如 ICT，这样就导致了这些国家，如澳大利亚、日本和美国，服务业劳动生产率的快速增长（Waldstein，1989）。

但也有学者 Hempll（2005）认为技术吸收和企业家的技术投资是影响国家之间服务业生产率异质性增长的重要因素之一。这主要是因为像制造业一样，当使用劳动力的成本相对上涨时，企业家为了降低生产成本，会偏向于加大对先进技术的投资，用资本替代劳动，从而可以提高生产率。同样，服务业企业家为了降低服务业劳动力使用成本，更加愿意投资资本密集型的技术，例如，服务业中普遍使用自动售票机、自动检票机、指纹考勤机等。这种服务业企业家更加愿意使用资本密集型先进技术生产的普遍激励倾向对服务业生产率的差异化影响可以通过国家之间服务业生产率差异与服务部门同制造部门相对工资差异的一致性体现出来。如美国的服务业生产率比德国和日本的低，但美国私人服务业部门的工资只有制造业部门工资的 67%，而德国和日本分别为 83% 和 95%。这种现象在金融服务部门更加加剧，在美国金融服务部门的工资为制造业的 85%，而日本和德国分别为 134% 和 122%。

服务业中的技术投资激发了技术本身的创新动态化：首先服务企业使用新技术主要是为了更加有效地进行生产和提供服务，只有在后续阶段，当新技术确实有助于改进服务质量和定制化并最终产生新的服务时，服务业企业家才会对技术进行持续投资以推动服务技术持续动态创新。但服务业中的技术是软的、无形的或者不能外化的，具体包括人的技能、法律、金融、医生、教师的专业知识，组织或者运营实践等，服务技术投资更多地体现在个人的教育、培训和经验获取的投资上（Hempll，2005）。

当服务业中的工资相对较低，服务业企业家就没有必要去使用资本密集型的技术，也就没有动机去进行服务技术的创新。因此，只有制定相关的服务产业规制政策，鼓励技术技能培训，提高服务业中的人力资本回报，提高服务业企业家自身的报酬和他们的相对生产成本，他们才会有动力和压力去使用资本密集型的服务业技术和进行服务业技术创新以降低服务生产成本（Gadrey & Gallouj，2002）。

ICT 作为服务业企业家技术吸收和技术投资过程一部分的重要性不是指技术过程完全暗含在 ICT 里，而是要求它的使用者，即企业家及其管理下的员工具有互补性的知识和创新活动。创新一方面在于拥有某种专业化的技术，另一方面在于企业或者企业家的技术吸收能力，创新活动，特别是研发不仅仅产生新的信息、而且提高了企业家鉴别、吸收、利用外部可以利用的知识的能力（Hempll，2005）。

Hempll（2005）认为对信息和通讯技术的投资与当代创新紧密关联，在那些创新更早的企业，这些投资最富生产率。作者运用 1994～1999 年企业层面的面板数据和一个拓展生产函数框架的系统广义矩阵估计方法进行实证分析，揭示了德国服务部门信息通讯技术的显著生产率效应，而且强烈地支持了下列假说：从过去创新过程获得的经验能使信息通讯技术更具生产率，但没有影响其他资本品的生产率。

服务业的全要素生产率降低能否归结为服务业的技术吸收强度不够，或者能否认为服务业会由于通过"干中学"或专业化等途径提高其生产率，Mohnen & Raa（2000）通过进行整体经济的一般均衡分析对这些问题做出了很好的回答，作者在资源禀赋与商品平衡的约束下最大化国内的消费者水平，与资源禀赋约束相关的拉格朗日乘数度量了劳动与资本的边际生产力，而影子价格则是要素生产率，得出的主要结论是在加拿大滞后的服务业生产率主要受制于金融、保险、地产与商务和个人服务业，提高服务业生产率总体水平要制定合适的服务业产业规制政策大力发展金融、保险、交通、通讯等专业化和技术性很强的服务部门以及服务贸易获取"干中学"的技术外溢效益。

到 20 世纪 90 年代早期，服务部门还不能利用潜在的新技术，信息技术没有提高使用计算机的白领工人的生产率。而制造部门对计算机技术投资能迅速使得工人生产富有效率以降低劳动成本。

服务企业组织形式与服务技术类型也是影响服务业生产率异质性增长的技术组织因素。Broadberry & Ghosal（2005）通过比较美国和英国自 1870 年以来服务业与制造业的生产率绩效，表明服务业变化的重要性，作者把基于网络组织的定制化、低交易量和高边际收益的市场服务向基于科层管理的标准化、高交易量和低边际收益的市场服务转型作为关键的解释因素，并且提供了一个技术、组织和服务业生产率绩效相互作用的模型，重点说明服务组织由网络向科层的转型对服务业生产率的影响。

此外，服务业中高质量的人力资本投资也是影响服务部门生产率异质性增长的一个不可忽视的因素。贡献在人力资本积聚中服务份额变化很容易影响服务业的生产率和质量，由于服务价格上升导致的服务产出份额下降可能通过正向影响人力资本积聚的家庭偏好的转移而被阻止甚至发生逆转，因此，政府应该进行干预与调节提高家庭服务的生产率和质量，包括提高教育、公共医疗卫生等其他公共资源的配置效率（Pugno, 2006）。

关于服务业生产率的证据表明必须长期改善与服务部门发展相关的规制政策。阻碍服务业生产率发展的因素有劳动力的低效率使用、创新壁垒、低度竞争、企业规模过小、市场条件的差异等。因此，提高服务业生产率政策必须在解决创新、就业、竞争或规制的框架内加以考虑。

发展服务业的政策执行不应该与其他部门的发展政策隔离开来。因为许多服务，如商业服务、金融活动、交通与通讯等本身与制造业密切相关。服务产业生产率对其他产业生产率正的影响主要在于它的三个溢出效应：原始创新、技术扩散与企业层面人力资本个人化的减少（Bryson & Daniels, 2007）。

一些服务产业的要素特征，如劳动力的密集使用、创新障碍、低强度竞争、服务企业的小规模以及劳动市场的内在差异化，都表明了有必要考虑一个更有效的服务业长期发展政策。然而，由于许多服务，如商务服务，金融活动、交通通讯等与制造产业的内在联系以及从这种联系中获得的总生产率增长收益，这些政策措施应该，但还没有依照服务部门生产率增长的异质性而差别化执行（Maroto & Rubalcaba, 2008）。

五、主要结论和可能需要进一步研究的方向

从本文展开的分析可以得到多个相关性结论（Rubalcaba, 2007）。

第一，关于服务部门生产率分析，特别是关于服务业的定义和度量是越来越多争论的核心。由于缺乏数据给服务业生产率的后续研究增添了一些概念性的问题。关于服务业生产率度量这些问题的重要性在于它对任何当代发达国家的全要素生产率和总经济增长有重要的意义。

第二，关于服务业和生产率重要差别的经验性关系主要表现在部门层次上。在大多数国家单位雇员的服务业生产率增长都表明了在进步和发展较快的制造业部门和几乎停滞发展的服务业部门中存在重大差别，这跟传统关于服务业生产率的观点是一致的。但是，通过实证研究发现，服务部门本身不能够被认为是非生产性的。如果把服务部门作分解分析，就可以发现第三产业部门经济活动的绩效模式与传统的关于服务业生产率假设是

不相符合的。

第三，发达经济体中服务业部门生产率的双重性和异质性是显著的。许多服务部门表现出了像高生产性制造业部门一样的生产率增长。像交通通讯和金融服务就表现出了很高的生产率增长，物流贸易稍微次一些。另外，与 ICT 相关的服务和一些商务服务看上去对另外一些部门和经济活动生产率增长有间接的正效应，进而对发达经济体中的总生产率增长产生正的影响。然而，有些服务部门尽管增加了技术使用和竞争的程度但还是表现出了零甚至是负的生产率增长。

有一些重要的因素解释了服务业生产率绩效的差异（Gadrey & Gallouj，2002）。这些因素既有正效应的，也有负效应的，既有整体的，也有部门的。这些因素主要是物质资本（资本化过程，或者资本—劳动关系的改进）；技术创新和企业家技术吸收能力（服务部门的创新和制造业部门的创新有很大的差别）；部门之间雇员的质量和培训；规制的存在和自由竞争开放度；服务技术和组织类型；商务服务内在的一些缺陷；劳动市场的一些专门化特征；全球产业价值链重组和服务外包化活动。这些因素并不是在所有的国家和所有的服务领域有相同的展现，但是已有的差别是在不同的经济体和服务活动中存在异质性生产率绩效的重要原因。

需要强调的是，服务业生产率的定义和度量方法（服务业劳动生产率和全要素生产率）对整体经济增长的误差效应以及服务部门内部自身生产率增长的异质性形成原因仍需要更进一步的研究。特别是从企业家注意力配置角度和企业家技术吸收能力角度去研究服务业部门生产率增长的空间差异仍然是一个薄弱环节。

现代服务业主要是提供知识和技术密集型的服务活动满足企业生产、商业发展和公共管理的需要，传统生活服务的技术密集化程度也越来越高。提供这些服务活动的服务企业也就越来越要求知识和技术密集化。随着现代服务的专业化、知识化和密集化程度提高，现代服务的社会需求和服务企业的利润空间也会越来越大，企业家能否把注意力才能配置到服务领域中去以及企业家能否吸收现代服务企业发展所必需的技术和知识，对一个国家或地区的服务业发展和服务业生产率增长至关重要（Bryson & Daniels，2007）。

虽然西方经济学界很早就关注了企业家精神对经济增长的重要作用，但很少有学者从企业家注意力配置的角度去考虑服务业产出的增长效率。马歇尔首次把组织（企业家才能）作为生产要素引入经济学分析，认为企业家运用资本的才能在企业管理中的作用无可替代。Schumpeter（1976）认为企业家的才能主要是包括进行技术、组织、市场和原材料等方面的创新。Baumol（1990）则认为企业家并不天生就具有创新的才能，而是把企业家的活动分成生产性、非生产性和破坏性三种。

　　与此同时，North（1990）从制度和制度变迁的角度考虑其对经济绩效的影响，提供了一个组织和企业家才能发展的制度演化分析框架，认为制度环境决定了一个社会的博弈规则，这些正式的或非正式的规则规范约束了包括企业家活动在内的人类交往行为，减少了交易和生产成本，相应地提高了经济绩效。

　　后来的西方学者大都遵循市场自由对企业家才能配置影响的制度分析方法。Kirzner（1997）把企业家发现获利机会的才能引入市场过程分析，认为如果政府对市场干预过多，企业家发现市场获利机会存在进入壁垒，那企业家就会通过寻租等方式进入市场，这样的非生产性活动会对经济绩效产生负面影响。Kreft & Sobel（2005）认为市场经济中经济自由程度越高，企业家越有激励通过迎合消费者的偏好去追求经济利润，然而，如果经济自由消失，则企业家可能通过寻租而不是生产性活动获得更大的收益。

　　Stephan et al.（2008）正式把经济自由与企业家才能配置引入美国服务产业增长的分析，通过实证检验发现在一些商务与个人服务产业，经济自由度的增加会导致服务企业数和服务就业人数的增加，而在一些如医疗卫生、社会与法律服务则会导致相反的结果。Parker（2008）则实证检验了政府政策对企业家进行生产性、非生产性甚至破坏性活动的作用，认为政府政策形成了企业家进行决策的制度环境。

　　最近有学者开始考虑企业家注意力配置和企业家进入对经济绩效的影响。Lévesque et al.（2009）认为企业家掌握进入市场的时间对经济绩效的提高至关重要，进入的最优时间依靠企业家熟知环境的恶劣程度。Kacperczyk et al.（2009）分析了以信息技术为基础的一些服务产业企业家注意力配置对商业循环中企业家总投资和总收益的影响。这些文献对于分析企业家注意力配置与服务业产出效率的关系具有积极的借鉴意义，也是进一步研究的方向。

参 考 文 献

［1］ Appelbaum, E. and Schettkat, R., 1999：Are Prices Unimportant? The Changing Structure of the Industrialized Economies, *Journal of Post Keynesian Economics*, Vol. 21, No. 3.

［2］ Baumol, W. J., 1967：Macroeconomics of Unbalanced Growth：The Anatomy of Urban Crises, *The American Economic Review*, Vol. 57, No. 3.

［3］ Baumol, W. J., 1990：Entrepreneurship：Productive, Unproductive, and Destructive, *The Journal of Political Economy*, Vol. 98, No. 5.

［4］ Baumol, W. J., Blackman, S. A. B. and Wolff, E. N, 1989：*Productivity and American Leadership*, MIT Press.

［5］ Bernard, A. B. and Jones, C. J., 1996：Comparing Apples to Oranges：Productivity Convergence and Measurement Across Industries and Countries, *The American Economic Review*, Vol. 86, No. 5.

［6］ Berndt, E. R., Cutler, D., Frank, R., Griliches, Z., Newhouse, J. and Triplett, J., 1998: *Price Indexes for Medical Care Goods and Service: An Overview of Measurement Issues*, NBER Working Paper, No. 6187.

［7］ Bonatti, L. and Felice, G., 2007: Endogenous Growth and Changing Sectoral Composition in Advanced Economies, *Structure Change and Economic Dynamics*, Vol. 43.

［8］ Broadberry, S. and Ghosal, S., 2005: Technology, Organization and Productivity Performance in Services, Lessons from Britain and the United States Since 1870, *Structural and Economic Dynamics*, Vol. 16.

［9］ Brus, D., 1998: Baumol's Disease in the Netherlands, *CBP Report*, No, 4.

［10］ Bryson, J. R. and Daniels, P. W., 2007: *The Handbook of Service Industries*, Edward Elgar Press.

［11］ Casson, M., 2005: Entrepreneurship and the Theory of the Firm, *Journal of Economic Behavior & Organization*, Vol. 58, No. 3.

［12］ Ciccone, A. and Hall, R. E., 1996: Productivity and the Density of Economic Activity, *The American Economic Review*, Vol. 86, No. 1.

［13］ Crespi, G., Criscuolo, C., Haskel, J. and Hawkes, D., 2006: Measuring and Understanding Productivity in UK Market Services, *Oxford Reviev of Economic Policy*, Vol. 22, No. 4.

［14］ Desmet, K. and Rossi, H. E., 2009: Spatial Development, *NBER Working Paper*, No. 15349.

［15］ Fernandes, A. M., 2009: Structure and Performance of the Service Sector in Transition Economies, *Economics of Transition*, Vol. 17, No. 3.

［16］ Fuchs, V. R., 1965: The Growing Importance of the Service Industries, *The Journal of Business*, Vol. 38, No. 4.

［17］ Fuchs, V. R., 1968: *The Service Economy*, New York: Columbia University Press.

［18］ Fuchs, V. R. and Wilburn, J. A., 1967: *Productivity Differences Within the Service Sector*, NewYork: Columbia University Press.

［19］ Gadrey, J., 1996: *Service: la productivité en question*, Paris: Desclée de Brouwer.

［20］ Gadrey, J. and Gallouj, F., 2002: *Productivity, Innovation and Knowledge in Service*, Edward Elgar Press.

［21］ Gouyette, C. and Perelman, S., 1997: Productivity Convergence in OECD Service Industries, *Structure Change and Economic Dynamics*, Vol. 8.

［22］ Griffith, R., Redding, S. and Simpson, H., 2004: Foreign Ownership and Productiviy: New Evidence from the Service Sector and the R&D lab, *Oxford Review of Economic Policy*, Vol. 20, No 3.

［23］ Griliches, Z., 1999: *Productivity and Competitiveness*, NIESR/Cambridge University Press.

［24］ Hempll, T., 2005: Dose Experience Matter? Innovations and the Productivity of Information and Communication Technologies in German Services, *Economic Innovation and New Technology*, Vol. 14, No. 4.

［25］ Heston, A. and Summers, R., 1992: *Output Measurement in the Service*, NBER, Chicago: The University of Chicago Press.

［26］ Kacperczyk, M., Nieuwerburgh, S. V. and Veldkamp, L., 2009: Attention Allocation

Over the Business Cycle, *NBER Working Paper*, No. 15450.

[27] Katouzian, M. A. , 1970: The Development of the Service Sector: A New Approach, *Oxford Economic Papers*, Vol. 22, No. 3.

[28] Kendrick, J. W. , 1985: *Managing the Service Economy, Prospects and Problems*, Cambridge: Cambridge University Press.

[29] Kirzner, I. M. , 1997: Entrepreneurial Discovery and the Competitive Market Process: An Austrian Approach, *Journal of Economic Literature*, Vol. 35, No. 1.

[30] Kozicki, S. , 1997: The Productivity Growth Slowdown: Diverging Trends in the Manufacturing and Service Sectors, *Federal Reserve Bank Of Kansas CityEconomic Review*, Vol. 5.

[31] Kreft, S. F. and Sobel, R. S. , 2005: Public policy, Entrepreneurship, and Economic Freedom, *Cato Journal*, Vol. 25, No. 3.

[32] Lévesque, M. , Minniti, M. and Shepherd, D. , 2009: Entrepreneurs' Decisions on Timing of Entry: Learning from Participation and from the Experiences of Others, *Entrepreneurship Theory and Practice*, Vol. 33, No. 2.

[33] Maroto, A. and Rubalcaba, L. , 2008: Services Productivity Revisited, *The Service Industries Journal*, Vol. 28, No. 3.

[34] Maurizio, P. , 2006: The Service Paradox and Endogenous Economic Growth, *Structural Change and Economic Dynamics*, Vol. 17.

[35] Mohnen, P. and Raa, T. T. , 2000: A General Equilibrium Analysis of the Evolution of Canadian Service Productivity, *Structural Change and Economic Dynamics*, Vol. 11.

[36] North, D. C. , 1990: *Institutions, Institutional Change and Economic Performance*, Cambridge: Cambridge University Press.

[37] Oulton, N. , 2001: Must the Growth Rate Decline? Baumol's Unbalanced Growth Revisited, *Oxford Economic Papers*, Vol. 53, No. 3.

[38] Paige, D. and Bombach, G. , 1959: *A Comparison of National Output and Productivity*, Paris: OECD.

[39] Parker, R. , 2008: Governance and the Entrepreneurial Economy: A Comparative Analysis of Three Regions, *Entrepreneurship Theory and Practice*, Vol. 34, No. 2.

[40] Petit, P. , 1999: Sectoral Patterns of Distribution in Slowly Growing Economies: The Case of Nine OECD Countries in the 1980s and 1990s, *International Review of Applied Economics*, Vol. 13, No. 3.

[41] Pugno, M. , 2006: The Service Paradox and Endogenous Economic Growth, *Structural Change and Economic Dynamics*, Vol. 17, No. 3.

[42] Rubalcaba, L. , 2007: *The New Service Economy: Challenge and Policy Implications for Europe*, Edward Elgar Press.

[43] Ruttan, V. W. , 2002: *Can Economic Growth Be Sustained? A Post-Malthusian Perspective*, Population and Development Review, Vol. 28, No. 1.

[44] Sasaki, H. , 2007: The Rise of Service Employment and Its Impact on Aggregate Productivity Growth, *Structural Change and Economic Dynamics*, Vol. 6.

[45] Schumpeter, J. A. , 1934: *The Thoery of Economic Development*, Cambridge, Havard University Press.

[46] Schreyer, P. , 2001: Computer Price Indices and International Growth and Productivity Comparisons, *Statistical Working Papers*, STD/DOC (2001) 1.

[47] Schreyer, P. And Pilat, D. , 2001: *Measuring Productivity*, *OECD Economic Studies*, Vol. , 33, No. 2.

[48] Stephan, F. G. , Bradley, K. H. and Myra, M. C. , 2008: Economic Freedom and Service Industry Growth in the United States, *Entrepreneurship Theory and Practice*, Vol. 32, No. 5.

[49] Stiron, K. , 2001: *Information Technology and the US Productivity Revival: What do the Industry Data Say*, New York: Reserve Bank of New York.

[50] Thurow, L. , 1989: *Toward a High Wage, High-Productivity Service Sector*, Economic Policy Institute.

[51] Thomas, H. , 2005: Dose Experience Matter? Innovations and the Productivity of Information and Communication Technologies in German Services, *Economic Innovation and New Technology*, Vol. 14, No. 4.

[52] Triplett, A. E. and Barry, P. B. , 2002: *"Baumol's disease" has been Cured: it and Multifactor Productivity in U. S Services Industries*, Prepared for the Texas A&M Conference.

[53] Van, A. B. and Piatkowski, M. , 2004: Productivity Innovation and ICT in Old and New Europe, *Research Memorandum*, GD – 69, Groningen: GGDC.

[54] Vernon, W. R. , 2002: Can Economic Growth Be Sustained? A Post-Malthusian Perspective, *Population and Development Review*, Vol. 28, No. 1.

[55] Waldstein, L. , 1989: *Service Sector Wages, Productivity and Job Creation in the US and Other Countries*, Economic Policy Institute.

[56] Wölfl, A. , 2003: Productivity Growth in Service Industries: an Assessment of Recent Patterns and the role of Measurement, *STI Working Paper*, Paris: OECD.

[57] Wölfl, A. , 2005: The Service Economy in OECD Countries, *STI Working Paper*, Paris: OECD.

[58] Wölfl, A. , 2007: Business Service and Baumol's Cost Disease, in Rubalcaba, L. and Kox, H. (eds) *Business Services in European Economic Growth*, Lodon: MicMillan/Palgrave.

[59] Wolff, E. N. , 1999: The Productivity Paradox: Evidence from Indirect Indicators of Service Sector Productivity Growth, *The Canadian Journal of Economics*, Vol. 32, No. 2.

Research of Service Productivity in Foreign Economic Circles: A Survey

Zeng Shihong   Zheng Jianghuai   Ding Huiguan

Abstract: Whether the service productivity is high or low is the important mark that measures whether the modern economy is mature or not. The service productivity in foreign economics is also a sensitive research field. This paper outlines the dynamic path of service productivity study and reviews its many respects in the relationship between service and productivity, the service productivity measureing, the factors affecting the service productivity growth, the heterogeneity growth of service productivity and the future study problems.

Keywords：Service Industry　Productivity　Entrepreneurial Behavior

JEL Classification：L80　D24　M13

《产业经济评论》 投稿体例

《产业经济评论》是由山东大学经济学院、山东大学产业经济研究所主办，由经济科学出版社出版的开放性产业经济专业学术文集。它以推进中国产业经济科学领域的学术研究、进一步推动中国产业经济理论的发展，加强产业经济领域中海内外学者之间的学术交流与合作为宗旨。《产业经济评论》为中文社会科学引文索引（CSSCI）来源集刊。

《产业经济评论》是一个中国经济理论与实践研究者的理论、思想交流平台，倡导规范、严谨的研究方法，鼓励理论和经验研究相结合的研究路线。《产业经济评论》欢迎原创性的理论、经验和评论性研究论文，特别欢迎有关中国产业经济问题的基础理论研究和比较研究论文。

《产业经济评论》设“综述”、“论文”和“书评”三个栏目。其中：“综述”发表关于产业经济领域最新学术动态的综述性文章，目的是帮助国内学者及时掌握国际前沿研究动态；“论文”发表原创性的产业经济理论、经验实证研究文章；“书评”发表有关产业经济理论新书、新作的介绍和评论。

《产业经济评论》真诚欢迎大家投稿，以下是有关投稿体例说明。

1. 稿件请寄至：山东省济南市山大南路 27 号，山东大学经济学院《产业经济评论》编辑部，邮编：250100；或发送电子邮件至：rie@ sdu. edu. cn。

2. 义章首负应包括：

（1）中文文章标题；（2）200 字左右的中文摘要；（3）3～5 个关键词；（4）作者姓名、署名单位、详细通信地址、邮编、联系电话和 E-mail 地址。

3. 文章的正文标题、表格、图形、公式须分别连续编号，脚注每页单独编号。大标题居中，编号用一、二、三；小标题左齐，编号用（一）、（二）、（三）；其他用阿拉伯数字。

4. 正文中文献引用格式：

单人作者：

“Stigler（1951）……”、“……（Stigler, 1951）”、“杨小凯（2003）……”、“……（杨小凯，2003）”。

双人作者：

“Baumol & Willig（1981）……”、“……（Baumol & Willig, 1981）”、“武力、温锐（2006）……”、“……（武力、温锐，2006）”。

三人以上作者：

“Baumol et al.（1977）……”、“……（Baumol et al., 1977）”、请注意

"*et al.*" 为斜体。

"于立等（2002）……"、"……（于立等，2002）"。

文献引用不需要另加脚注，所引文献列在文末参考文献中即可。请确认包括脚注在内的每一个引用均有对应的参考文献。

5. 文章末页应包括：参考文献目录，按作者姓名的汉语拼音或英文字母顺序排列，中文在前，word 自动编号；英文文章标题；与中文摘要和关键词对应的英文摘要和英文关键词；2～4 个 JEL（*Journal of Economic Literature*）分类号。

　　参考文献格式如下，请注意英文书名和期刊名为斜体：

[1] 武力、温锐：《1949 年以来中国工业化的"轻重"之辨》，载《经济研究》2006 年第 9 期。

[2] 杨小凯：《经济学——新兴古典与新古典框架》，社会科学文献出版社 2003 年版。

[3] 于立、于左、陈艳利：《企业集团的性质、边界与规制难题》，载《产业经济评论》2002 年第 2 期。

[4] Baumol, W. J. and Willig, R. D., 1981: Fixed Costs, Sunk Costs, Entry Barriers, and Sustainability of Monopoly, *The Quarterly Journal of Economics*, Vol. 96, No. 3.

[5] Baumol, W. J., Bailey, E. E. and Willig, R. D., 1977: Weak Invisible Hand Theorems on the Sustainability of Multiproduct Natural Monopoly, *The American Economic Review*, Vol. 67, No. 3.

[6] Stigler, G. J., 1951: The Division of Labor is Limited by the Extent of the Market, *Journal of Political Economy*, Vol. 59, No. 3.

[7] Williamson, O. E., 1975: *Markets and Hierarchies*, New York: Free Press.

6. 稿件不做严格的字数限制，《综述》、《论文》栏目的文章宜在 6000 字以上，欢迎长稿。

7. 投稿以中文为主，海外学者可用英文投稿，但须是未发表的稿件。稿件如果录用，由本刊负责翻译成中文，由作者审查定稿。文章在本刊发表后，作者可以继续在中国以外以英文发表。

8. 在收到您的稿件时，即认定您的稿件已专投《产业经济评论》并授权刊出。《产业经济评论》已被《中国学术期刊网络出版总库》及 CNKI 系列数据库收录，如果作者不同意文章被收录，请在投稿时说明。

《产业经济评论》的成长与提高离不开各位同仁的鼎力支持，我们诚挚地邀请海内外经济学界的同仁踊跃投稿，并感谢您惠赐佳作。我们的愿望是：经过各位同仁的共同努力，中国产业经济研究能够结出更丰硕的果实！

让我们共同迎接产业经济理论繁荣发展的世纪！